JN077338

経理実務が スマートになる

CSVの"超"活用術

Comma Separated Values

税理士・中小企業診断士
上野 一也
Ueno Kazuya

清文社

―はじめに―

会計業務の周りは CSVだらけ

いきなりですが、「CSV」ファイルをご存知ですか?

「CSV」というのは「Comma Separated Values」の略称で、その名の通りカンマ（,）で値を区切ったテキストファイルのことです。
「.csv」の拡張子で表される、単なるファイル形式の1つです。

この「CSV」ファイル、会計業務をしていると、いろんなところでよく目にします。
その理由は、次章以降で明らかにしていきますが、よく目にするファイルだけに、会計業務においてはその取扱いに慣れていると効率が上がる場面が多々あります。

ただ、この「CSV」ファイル、微妙に扱いづらいところがあります。
実際に、次のような声を非常によく聞きます。

「Excelファイルに似ているけど、ちょっと違っていて面倒くさい」
「どうして最初からExcelファイルにしてくれないの?」
「なんだかデータを壊しそうで怖い」

これらを感じる理由として、共通しているのは「CSVについてよく知らない」ということだと思います。
ただ、少し不思議ではないですか?

よく知らないものなのに、扱っていてもよいのでしょうか?
そもそも、よく知らないものなのにどうして扱うことができてしまうのでしょうか?

良くも悪くも、これもCSVファイルの特徴の1つです。
単純なファイルなので、何となくでも扱えますし、あまり詳しく知らなくても、とりあえず編集はできてしまうファイルなのです。

ただ、たまに使うだけであれば、あまり気になりませんし、特に困る事もないのですが、こと会計業務においては、この何となく扱えてしまうことが問題になります。

会計業務では、いろんな場面で頻繁に出てくるファイルなので、毎回、よく知らないまま、時に不安を感じながら扱うことは業務効率を悪化させてしまうことに繋がるからです。

背景を知っておけば、正しく取り扱える

そこで、本書ではCSVが使われてきた理由やその背景から確認していきます。

- 最初からExcelファイルではなく、わざわざ、いったんCSVなんて形式にするのは、なぜなのか?
- なぜ会計業務の周りではCSVを特によく見かけるのか?
- データを壊さないようするにはどこを注意したらよいか?

そんなCSVについてのちょっとした疑問を解消しておくだけで、変なストレスや不安を感じることなく、CSVに接することができるようになります。

その上で、実際の会計・経理業務におけるCSVの扱い方を見ていきますので、よりスムーズにCSVについての理解が進むような構成になっています。

具体的な事例を使って、操作イメージと一緒に、会計・経理業務において、どんな場面で、どう活用していくと効果的なのかを見ていきます。

「データ形式の変遷」という側面から見ると、また面白い

昨今のDXや電子取引など話題のトピックにおいて、データのやり取りでよく使われるXML(※)というデータ形式があります。

※注:XML

XMLとは「eXtensible Markup Language」の略称で、日本語にすると「拡張可能なマークアップ言語」となります。「.xml」の拡張子が使われるファイルで、昨今の電子取引や企業間のデータ通信において、よく使われている形式になります。

このXMLについては「難しそう」とか「よくわからない」といった声をよく聞きますが、データ形式の1つという意味では CSV と同じです。
データ利用のされ方としてもよく似ていますので、CSV の延長線上でXMLを見てみると、XMLという形式を理解しやすくなります。

つまり、CSV →XMLという、データ形式の変遷という側面から眺めてみると、昨今のDXや電子取引といったトピックで使われるデータ形式が「なぜXMLなのか?」を理解しやすくなるのです。

CSV は、昔から使われてきたデータ形式ですので、それ自体の扱いについては
「そんなの、もう知ってるよ」
「いまさら CSV ?」
と思われる方もいるかもしれません。

でも、データ形式の変遷という側面から掘り下げてみると、最近話題のトピック（DXや電子取引等）にも通ずる部分があるので、そういった方でも楽しんでもらえる内容になっています。
（そのあたりの詳細は、CSV の扱いを一通り押さえた後の第6章で見ていきます）

本書では、CSV の特徴を押さえた上で、その具体的な取扱い方を学びます。
さらに、最近話題の電子取引などの流れについても、データ形式という側面からアプローチしています。

「単純でありながら、割と奥深さもある」、「古くもあり、新しい話に通ずる部分もある」そんな CSV に焦点を当てた本になっています。

それでは早速、「そもそも CSV とは何のか?」から見ていくことにしましょう。

サンプルデータのダウンロードについて（第3章、第4章）

本書では、第3章と第4章でCSVの活用事例としてCSVファイルの加工・編集方法を紹介しています。

そこで使用しているExcelファイルとCSVファイル（パワークエリへの読込用サンプル）については、下記の清文社のホームページからダウンロードできるようになっています。実際のExcelファイルやCSVファイルの中身を参照しながら、本書を読んでいただければ、さらに理解が深まると思います。

ぜひ、本書の解説とあわせてご活用いただければと思います。

〈ダウンロード方法〉

下記、清文社のホームページにある「ダウンロード」のリンクをクリックしてください。

https://store.skattsei.co.jp/book/products/view/2161

【注意】Excelのバージョンについて

本書で説明している機能や操作方法は、すべてExcel2019もしくはExcel365を前提としたものです。それ以前のバージョンであっても多くの機能は対応している、もしくはアドインをインストールすることで機能を追加することができるものですが、画面イメージや操作方法が異なる部分もありますので、その点はご了承ください。

＊Excelは、米国Microsoft Corporationの米国及びその他の国における商品または登録商標です。

＊弥生会計は、弥生株式会社の商品または登録商標です。

＊本書内に記載の商品名、会社名等は、一般に各社の商品または登録商標です。

＊本書では、™、® マークは明記しておりません。

第 3 章
会計業務での活用場面 1
―会計ソフトへのインポート

第4章
会計業務での活用場面2
―エクスポートデータの編集

第5章
税務申告まわりのCSV
―送信形式の選択肢の1つとして

第6章 XMLという別の形式へ —電子取引の主役 XML とは

第1章

CSVとは何か？

いろんな場面で
目にするファイル

そもそも CSV とは？

改めて CSV とは「Comma Separated Values」の略称で、カンマ（,）で区切ったテキストファイルのことです。

ほんとうに何の変哲もない､単にカンマ（,）で区切っただけのシンプルなテキストファイルなのです。

```
月,売上高,粗利益,営業利益↓
1月,200000,80000,4000↓
2月,220000,90000,4500↓
3月,210000,87000,4000↓
4月,240000,95000,4700↓
5月,190000,75000,3500↓
6月,180000,70000,3000↓
```

カンマで区切っただけの
シンプルなテキストファイル

この何の変哲もないテキストファイルが、なぜこんなにもよく使われるようになったのか？なぜ多くのソフトでは CSV 形式で出力することが多いのか？

まずはそこから見ていきましょう。

なぜ、いつも CSV 形式なの？

最近では Excel 形式や他の形式にも出力できるシステムが増えてきていますが、少し前までは CSV 形式でしか出力できないソフトやシステムがほとんどでした。いまでも CSV 形式の出力にしか対応していないソフトもたくさんあります。

そもそも、なぜこの形式じゃないといけなかったのでしょうか？

皆さんも一度は感じたことがあるかもしれませんが、この CSV という形式は「結構扱いづらい」ところがあります。

詳しくは後で見ていきますが、Excel で CSV 形式のファイルを編集するときには、注意しないとデータを壊してしまうことがよくあります。

「どうして初めから Excel 形式で出力してくれないの？」なんて思ったことがあるかもしれません。

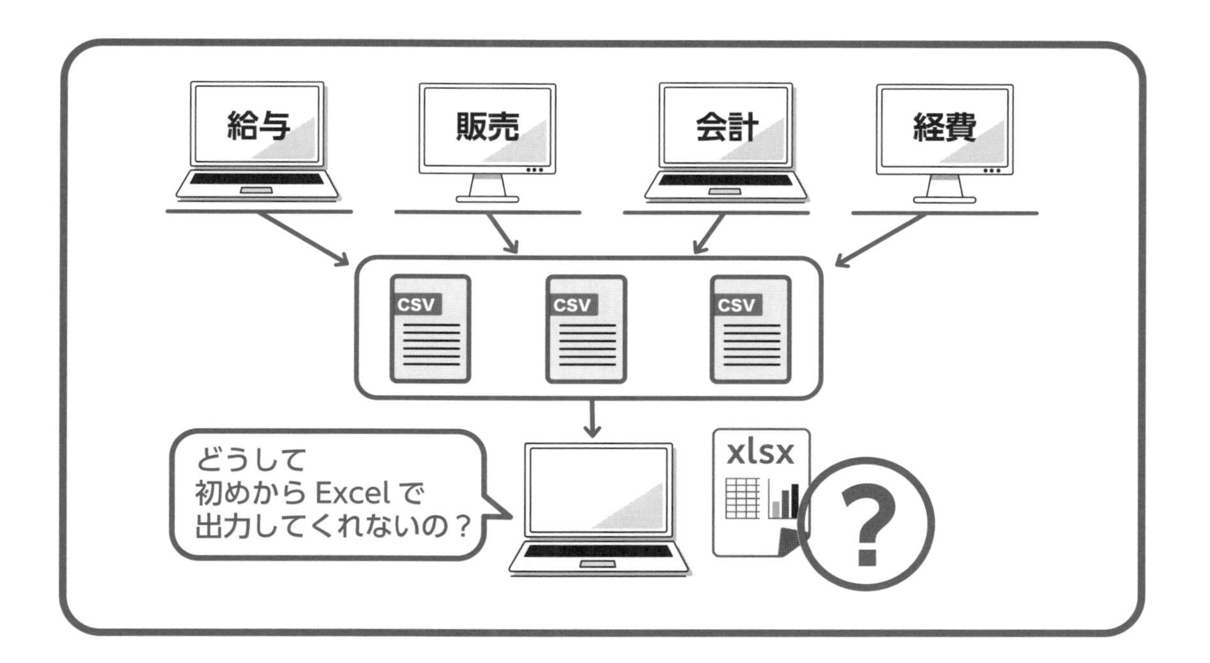

もともとCSVは特定のソフトやシステムに依存しないデータ形式です。「汎用データ」なんて呼ばれたりもします。これは、どんなソフトやシステムでも参照や編集ができるデータという意味です。カンマで区切っただけのテキストですから当たり前ですね。ですので、ほんとうに数字や文字の必要最低限の情報しか持っていません。

そのため、Excelデータのように文字の色とか、太字かどうか、明朝体かゴシック体か等の気の利いた付加情報は一切持てません。

これの何がいいのかというと、異なるソフトやシステム間でデータのやり取りするときに非常に使い勝手がよいのです。

相手のソフトやシステムの色が一切入っておらず、「汎用データ」である（どんなソフトやシステムでも扱うことができる）ため、システム間でデータのやり取りをするのに適したデータ形式なのです。

（このデータのやり取りのことを「データ交換」と言ったりします）

多くの会社では、各業務別にそれぞれが使いやすい異なるソフトやシステムを導入して効率化を進めてきたという歴史があります。

たとえば、会計ソフトはA社のもので、販売管理システムは自社開発したもの、経費精算と給与計算はB社のもの、業務報告資料はExcelで作ってます、といった感じです。

このとき、2重入力はなるべく避けたいので、「販売管理のデータを会計に受け渡したい」や、「経費精算と給与のデータも会計に受け渡したい」、「会計処理後のデータは業務報告用 Excel に渡したい」、といったニーズが生まれてきます。

で、このデータの受け渡し（データ交換）に最もよく使われてきた形式が CSV なのです。

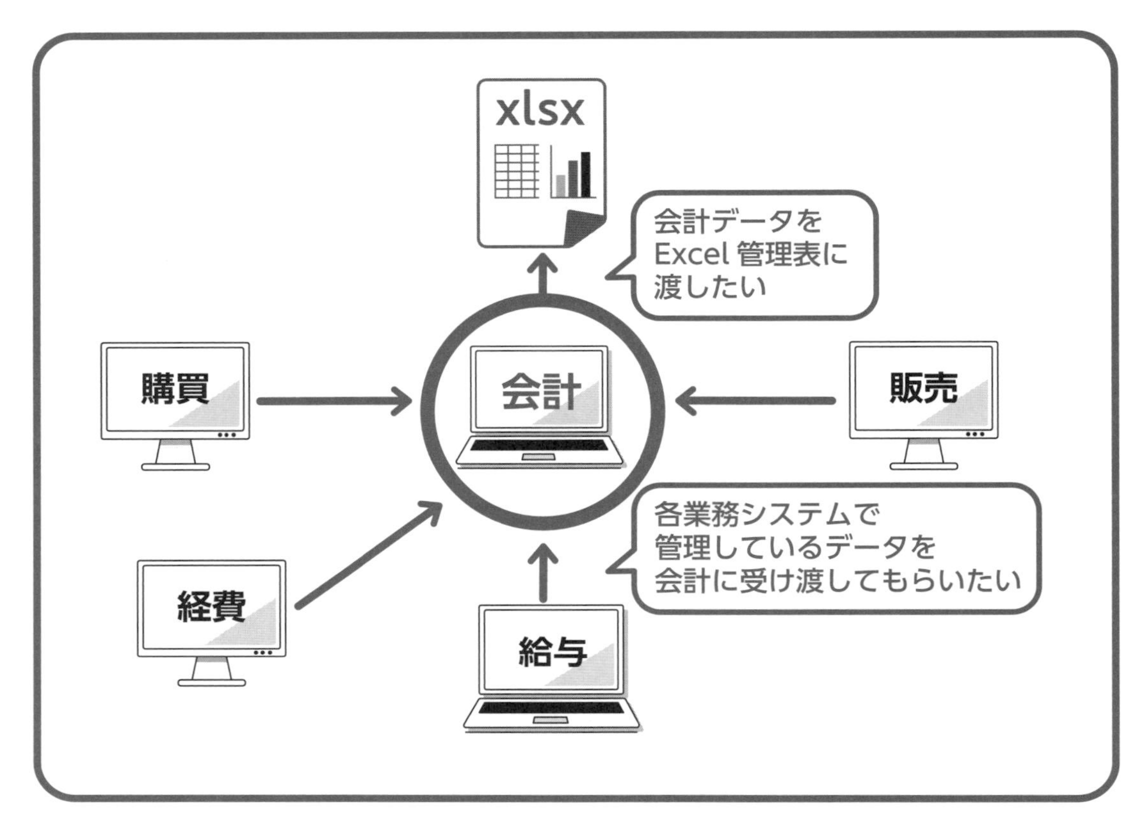

大企業などでは、統合管理システム（ERP システム ※注）でデータを共通化している場合もありますが、個別のカスタマイズを施して、各業務システム別にデータを分けて保持しているケースも多いので、やはり各業務間でデータのやり取りをしたいというニーズは発生しています。

※注 :ERP システム

ERP とは「Enterprise Resources Planning」の略称で、そのまま訳すと「企業資源計画」となりますが、そう言われてもあまりイメージがわかないと思います。

一般的に ERP システムというは、「会計」や「販売」、「購買」、「人事」など企業の基幹となる業務を統合したシステムのことです。各業務に分散されて管理されていたデータ（ベース）を統合（共通化）して、情報の一元化をはかることをコンセプトとしたシステムになります。

ただ、現実的にはデータを完全に一元化してしまうと、個別業務の都合でデータをむやみに変更できなくなるといったデメリットもあるため、完全に一元化してしまうのではなく、それぞれの会社の事情に応じて、共通化する業務範囲やデータ範囲を限定して、融通を利かしながら運用しているケースが多くあります。

CSV形式であれば、どんなソフトやシステムでも取り扱えるというメリットがあります。

また、「シンプル」ゆえに、出力時にも受取時にもデータの形式的なチェックくらいで済むので、複雑なエラーチェックやシステムチェックの必要がありません。

さらに、余計な情報を一切持たないことで、データ容量があまり大きくならないという点も、データのやり取りをする上では大きなメリットになります。

100件、200件程度であれば、あまり気になりませんが、数千件、数万件のデータになってきたときに、容量があまり大きくならないというのは、非常に大きな利点になってきます。

特に昔は、貧弱なネット環境の下、貧弱なパワーのコンピュータで処理をしていたので、限られた資源の中で、より効率的にデータ交換処理を行おうとすると、CSVのように容量を圧迫しない形式でないと、難しかったと思います。

つまり、そのシンプルさと汎用性、そしてデータ容量の小ささゆえに、異なるソフトやシステム間でのデータ交換用として重宝され、頻繁に使われてきた代表的なデータ形式がCSVなのです。

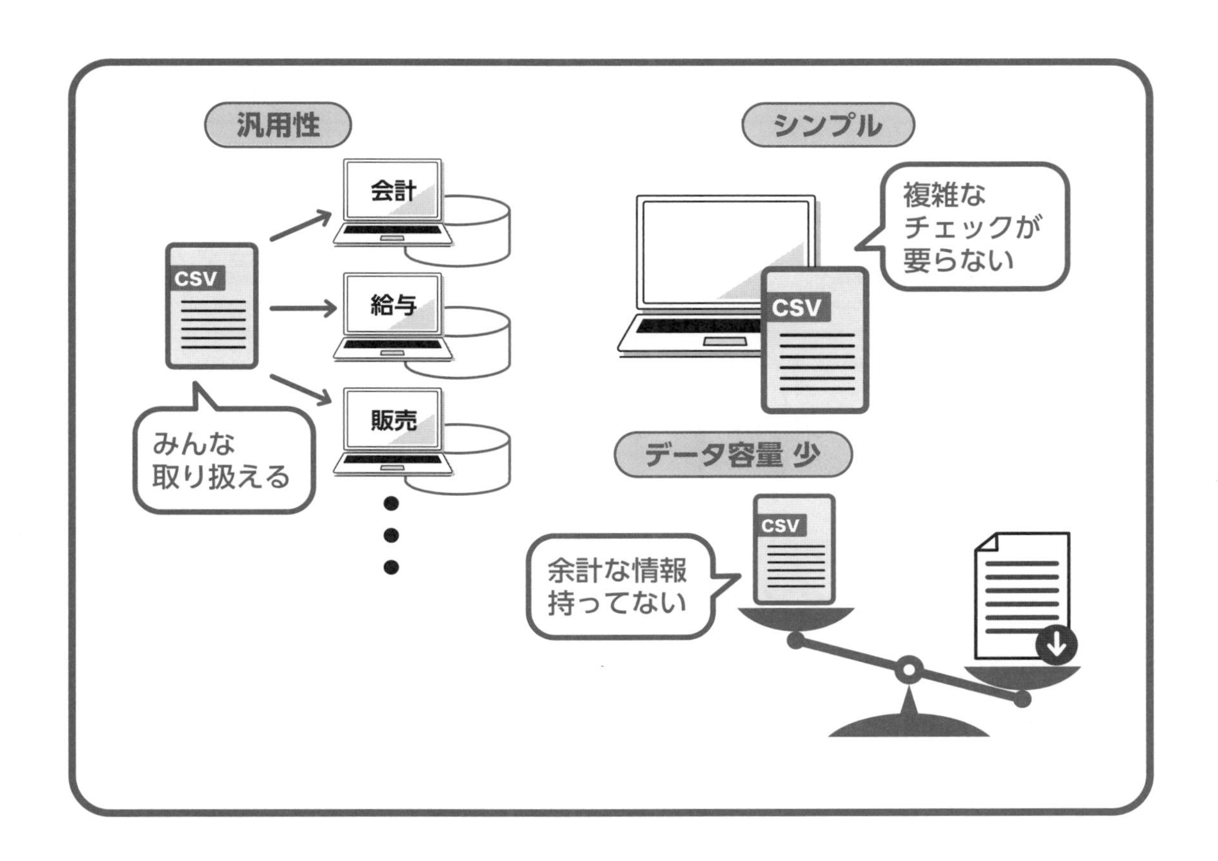

そう考えると、CSV ファイルの扱いづらさの理由も、少しわかってくるかと思います。それは、「もともとデータ交換、すなわちシステムでの加工を想定したファイルだから」です。

単純なファイルなので、Excel で人が加工することもできるのですが（というか、今はそっちの方が多いのですが）、基本は他のソフトやシステムで扱いやすいように、余分な情報がそぎ落とされているため、人が加工するには少し扱いづらくなっているのです。

いろんなところにCSV

したがって、システム間でのデータのやり取りが多ければ多いほど、CSV ファイルを見かける機会も必然的に増えていきます。

それぞれのソフトやシステムで、

「とりあえず、CSV 形式で出力できるようにしておくから、あとは好きなように加工してね」という対応が取られているからです。

受取側のソフト・システムで、あるいは Excel を使って、それぞれの都合にあわせて、項目を並び変えたり、不要な項目を削ったりといった編集作業がいたるところで行われています。

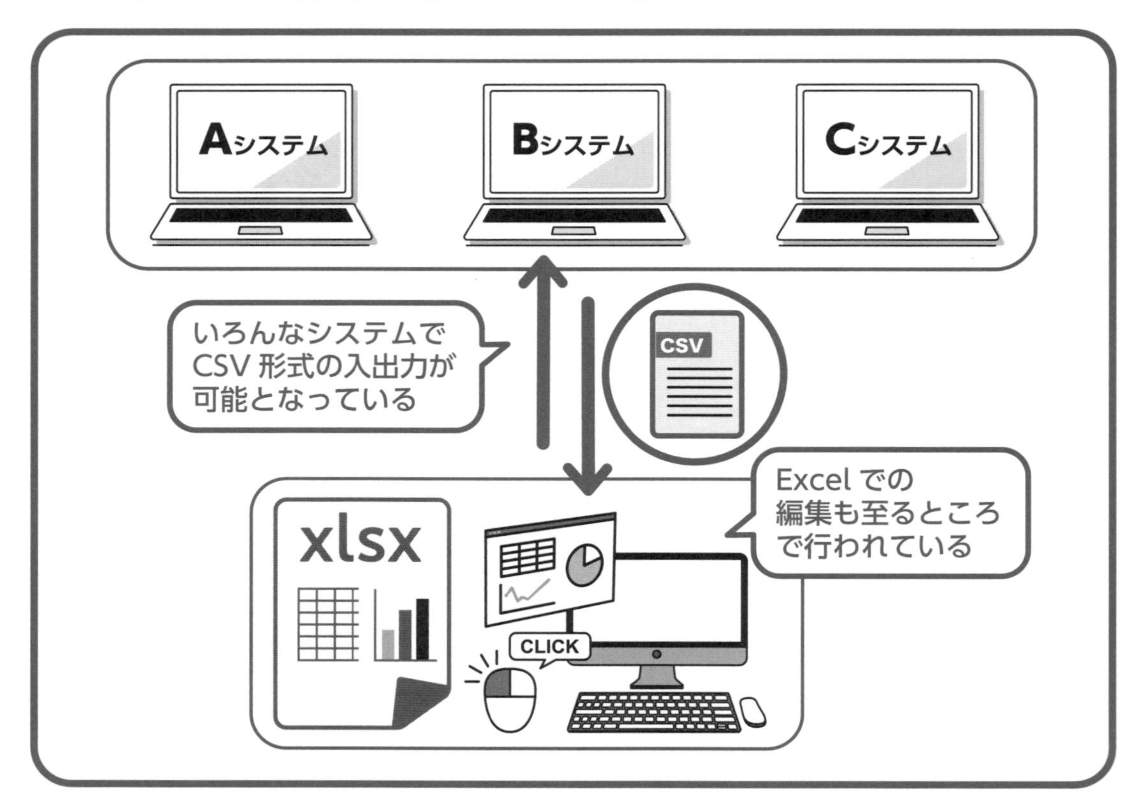

これが、会計業務において頻繁にCSVファイルを見かける理由です。会計という業務の性質上、あらゆる業務システムから取引データを受け取って処理する必要があるからです。

最近はExcel形式で出力できるソフトも増えてきた

ただ、最近ではCSV形式だけでなく、Excel形式で直接出力してくれるソフトやシステムも増えてきています。

ネット環境やコンピュータの性能が進歩して、そこまでデータ容量を気にする必要がなくなってきたということもあると思いますが、一番の理由は「結局、ほとんどExcelで編集してるから」だと思います。

Excelがあらゆる業務に浸透し、多くの人が使い慣れているので、他のソフトやシステムで加工するケースよりも、Excelで編集するケースが増えました。

そのため、「汎用的なファイルよりもExcel形式の方がいい」というニーズが大きくなっています。

特に会計ソフトでは、処理後のデータを加工する際に、他の管理会計ソフト等に受け渡して加工するよりも、Excelで報告資料や分析資料を作成することの方が圧倒的に多くなっているので、そういったニーズに応える形で、Excel形式に直接ダウンロードできるものが増えています。

もちろん、これまで通りシステム間でデータのやり取りをするニーズもあるため、CSV形式での出力も残しつつ、Excel形式へのダウンロードも両方とも可能なものが増えてきています。

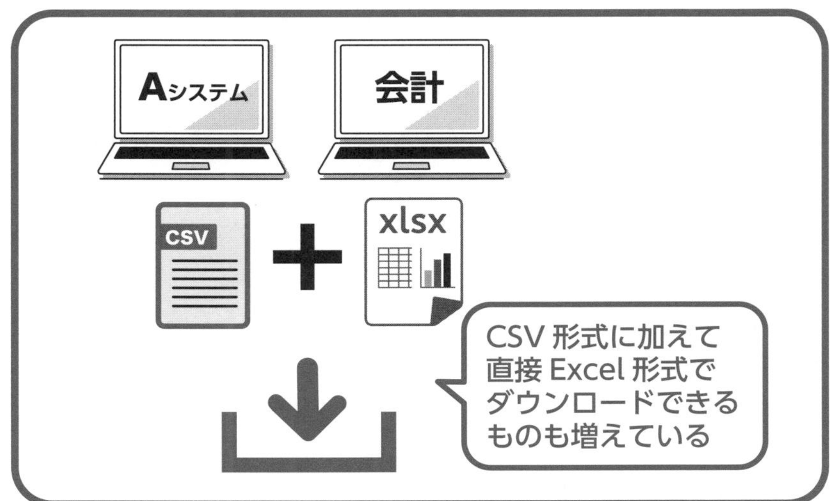

見えてくる
会計業務でCSVを活かす場面

このようにCSVが使われてきた背景や、その特性について押さえてみると、CSVを扱えると、どんな場面でより役に立つのか、どこで活かせばより効果的なのかが見えてきます。

「データ交換（システム間でのやり取り）」に使われてきた背景と「Excelとの相性のよさ」という特性を考えれば、ポイントとなるのは、「データ入力時」と「データ出力後」のところです。

会計業務で言うと、「仕訳入力の部分」と「報告・分析資料の編集」のところでいかに上手く活かしてあげるかがポイントになってきます。

仕訳入力（既存データの活用）

1つめの大きな活かしどころは、「データ入力時」、会計業務でいう「仕訳入力の部分」です。

特に会計業務ではこの「仕訳入力」が業務の効率を大きく左右します。先に述べたように、会計業務では、他の業務に比べて圧倒的にCSVファイルを見かける機会が多くなります。

その理由は、会計というのが、そもそも全ての業務から結果を受け取って集計を行う場所だからです。

会計システムには、全ての業務システムからの結果データが最終的に集まってきます。

つまり、その性質上、会計システムでは、全ての業務システムとの間でデータ交換（データ連携）が必要となってくるのです。

データ交換をしない限り、あらゆる業務システムとの間で2重入力が発生してきます。

もちろん、同じメーカーのシリーズ同士であれば、会計システムにそのまま取り込めるように業務システム側が対応してくれていますので、2重入力をしないで済むということもあります。

ただ、現実的には、全てを同じシリーズのソフトで揃えられるケースは少なく、それぞれの業務の都合上、いろんなメーカーのものを使っていたり、自社独自のシステムや、Excelで管理表を作っていたりなど様々です。

このときに2重入力を避けようとすれば、各業務システムとの間でデータ交換（既存データの活用）が必要となり、つなぎのデータであるCSVを扱う機会が必然的に多くなってきます。

ですから、特に会計業務においては、「データ（仕訳）入力時」におけるCSVの取扱い方に習熟しておくと有利です。

あらゆる取引（データ）を記録しておく必要がある会計においては、その一部でもデータ交換ができれば、大きな効率化につながります。

この「データ入力時」（仕訳入力時）におけるCSVの取扱いについては、第3章で詳しくみていきます。

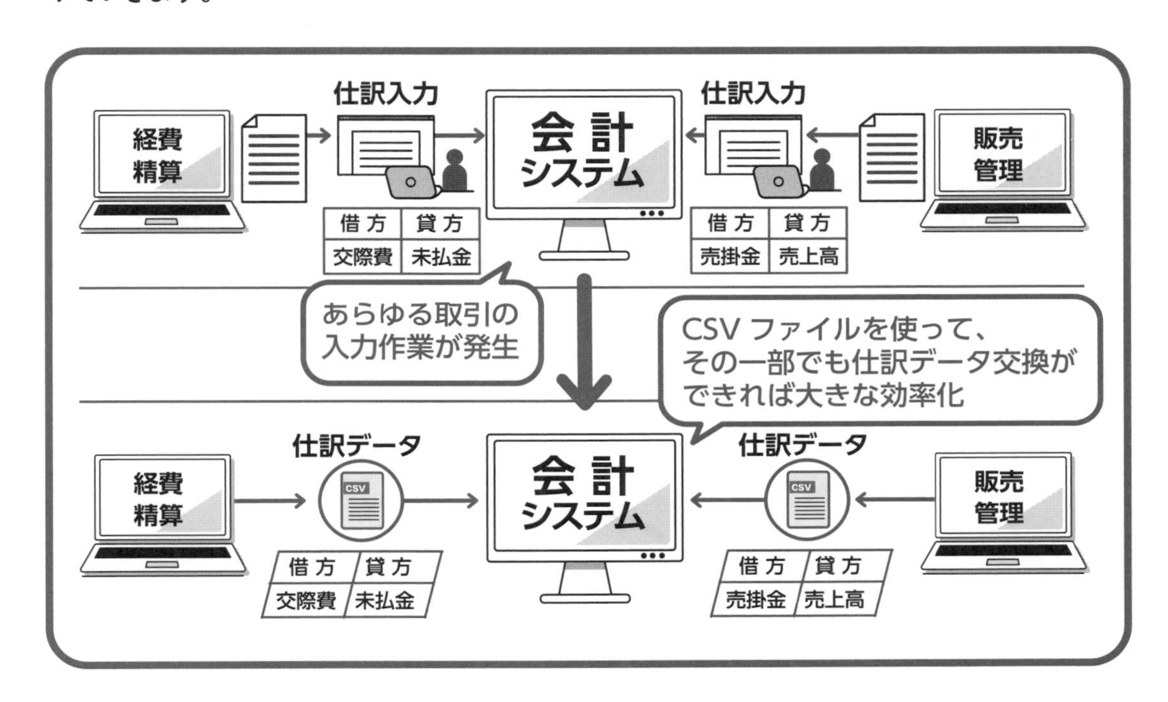

報告・分析資料の編集（出力データの加工）

CSVのもう1つの大きな活かしどころが、「データ出力後」です。会計業務でいうと「報告・分析資料の編集」部分です。

会計データやその他の業務データを使って、報告資料や分析資料をExcelで作成している会社も多いと思います。

Excelは、あらゆる業務に浸透しており、数字の加工がしやすく、簡単にグラフ化や、色付けもしやすいので、報告資料の作成ツールとしてよく使われています。

報告資料の作成は毎月のことですので、会計システムや他の業務システムから出力されたCSVファイルの加工がスムーズにできると、大幅な時間短縮につながります。

会計データや業務データをCSVに出力して、Excel上で編集する際の詳細については、第4章でみていきます。Excelの機能の話も交えつつ、各種CSVファイルをExcelに取り込んで加工する際のポイントについて押さえましょう。

ちなみに、先に見たように、最近では直接Excel形式に出力できるソフトやシステムも多くなってきています。

ただ、CSV形式にしか出力できないソフトやシステムもまだ多くありますので、その取扱いに慣れておいた方がよいことには変わりません。

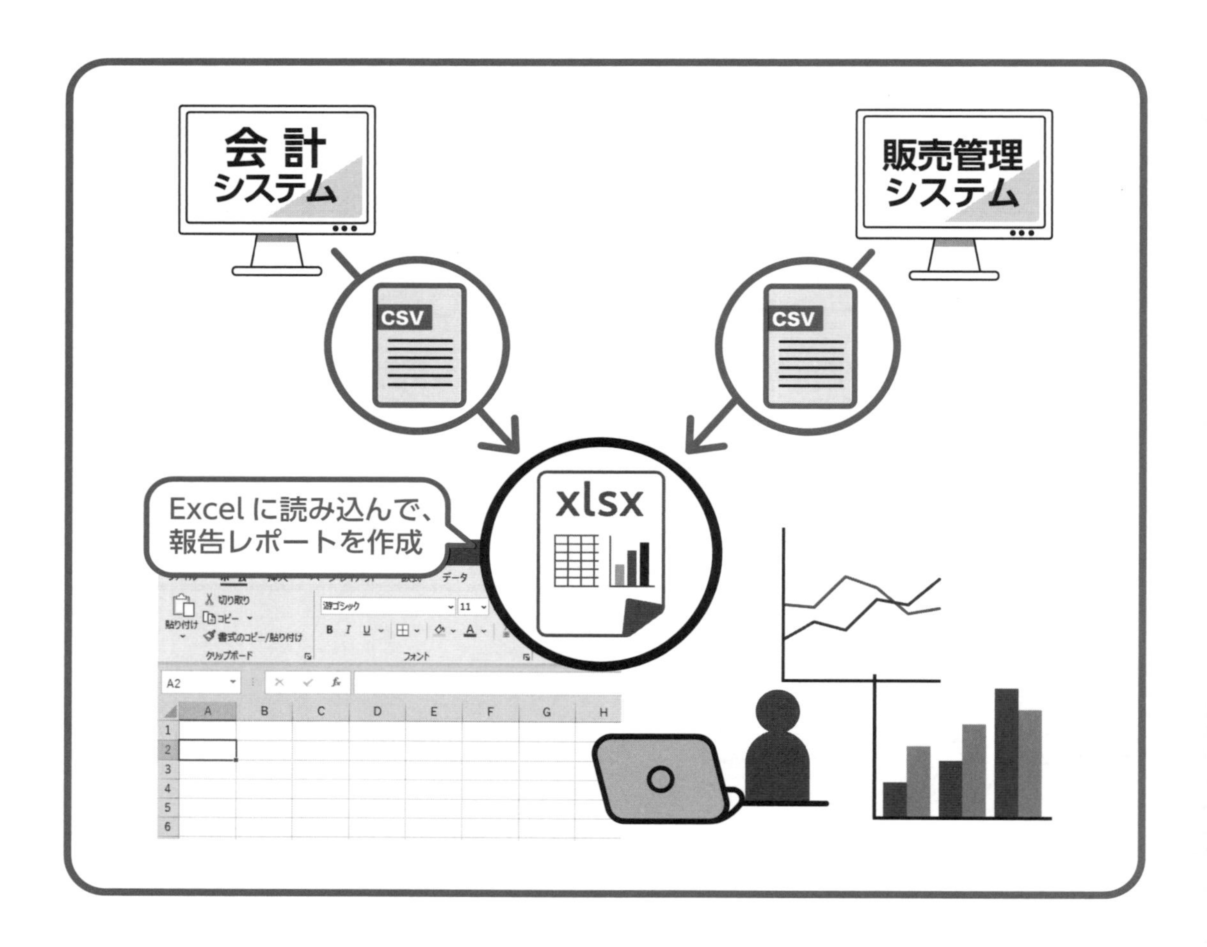

なぜ CSV の加工といえば Excel なのか？

CSVの加工の際に、よく聞かれる質問ですので、こちらも少し触れておきたいと思います。

CSV を加工する際には Excel を使うことが一番多いと思います。本書でも Excel で加工することを前提で話を進めています。ただ、別にExcelでなければいけないことはありません。

先に見たように特定のソフトやシステムに依存しないデータ形式なので、メモ帳などのテキストエディタでの編集も可能です。

でも、なぜ CSV といえば、Excel なのでしょうか。

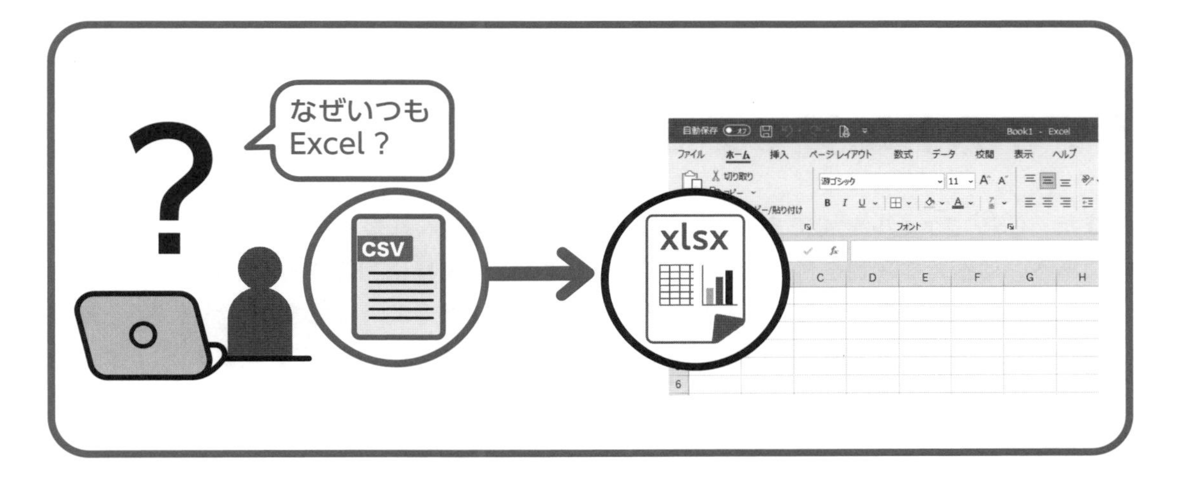

真っ先に思いつく理由としては、CSV を開くときのソフトとして、Excel が標準アプリとして関連づけられていることがあります。そのため、パソコンで CSV ファイルをダブルクリックすると通常は Excel が立ち上がると思います。

これは、Excel では、カンマを読み取ると次のセルに飛んで表示してくれるようになっているためです。

ですから、項目の区切り記号としてカンマを使っている CSV ファイルを Excel で開くと項目をセルごとに分けて表示してくれるので、Excel データと同じように編集できるようになっています。

もともと紐づけられていて、同じ表形式で相性のよい Excel が使われるのが、まずは自然な流れだと言えます。

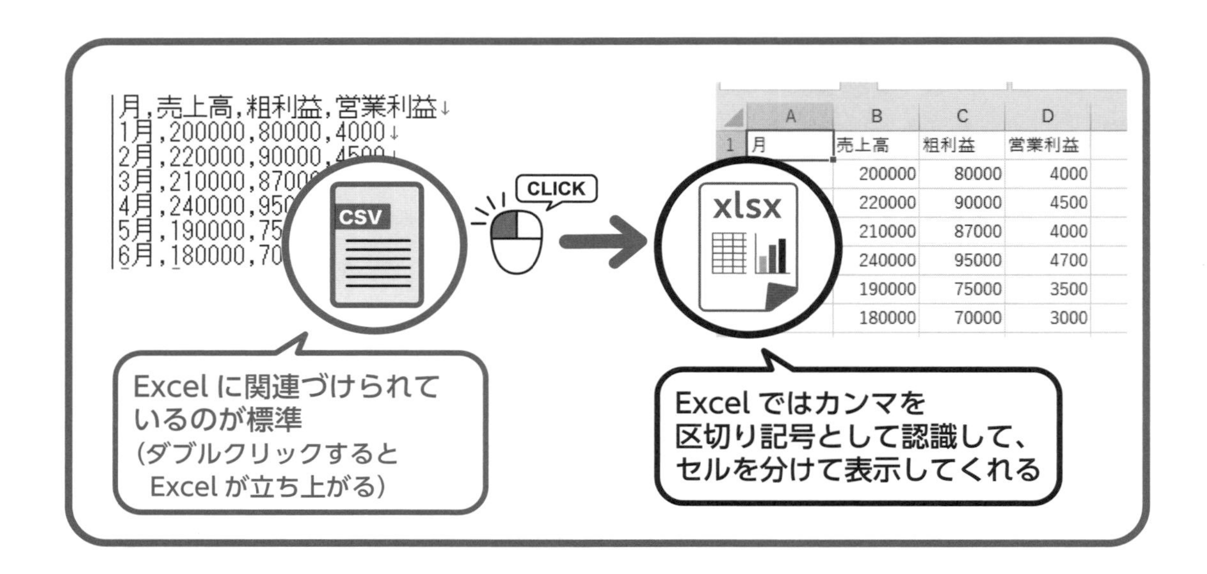

大きな変更にテキストエディタは不向き

また、CSV ファイルを加工する際には、列単位で項目を入れ替えたり、不要な列を削ったり、あるいは新たな項目を付け加えたりといったように、大幅に加工することが多くなります。

1、2 か所を少し直す程度であれば、テキストエディタでもよいのですが、大きく手を加える場合には、テキストエディタよりも、Excel の方が編集に適していると言えます。

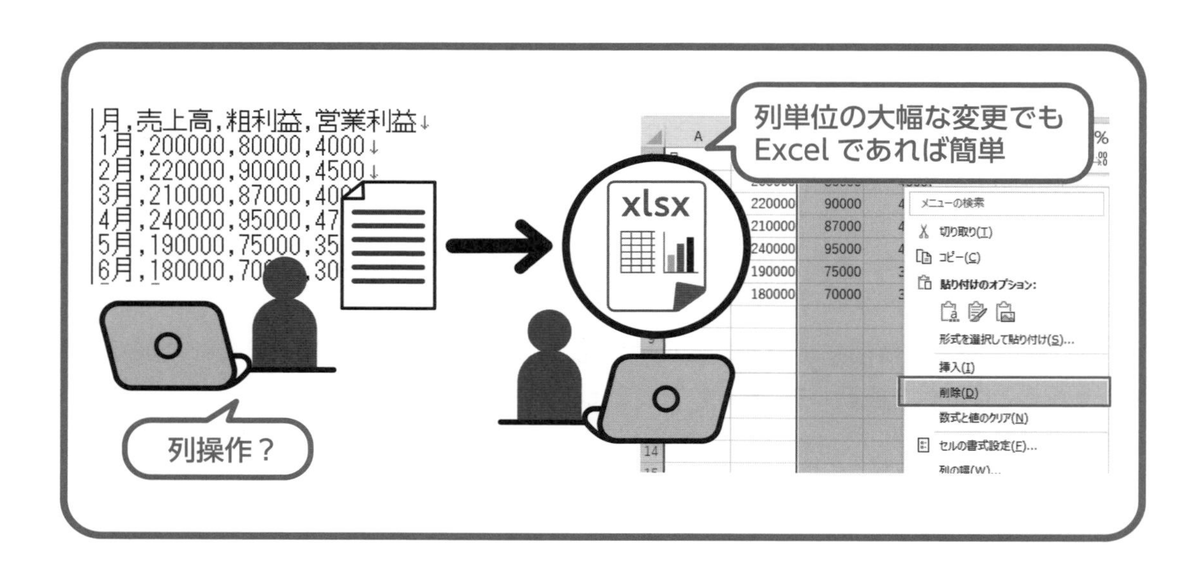

関数などExcelの機能を使って多彩な変形が可能

もう1つ言えるのは、Excelならテキストエディタと違って、関数などを使って、一律で文字列に変更を加えたり、決まった文字列を挿入したり、といった手の込んだ変形が割と簡単にできる、というのもあります。

たとえば、下記のような経費精算のデータを会計の仕訳データに加工する際に、元データの内容をもとに、摘要欄の文字を「精算書No　担当者名　経費内容」というように、Excelの関数を使って自動生成することが簡単にできます。

関数の機能を使って文字列を作ったとしても、これをCSV形式として保存すれば、関数の情報は一切排除されて、見た目の文字列のまま、単なるカンマ区切りのテキストファイルが生成されます。

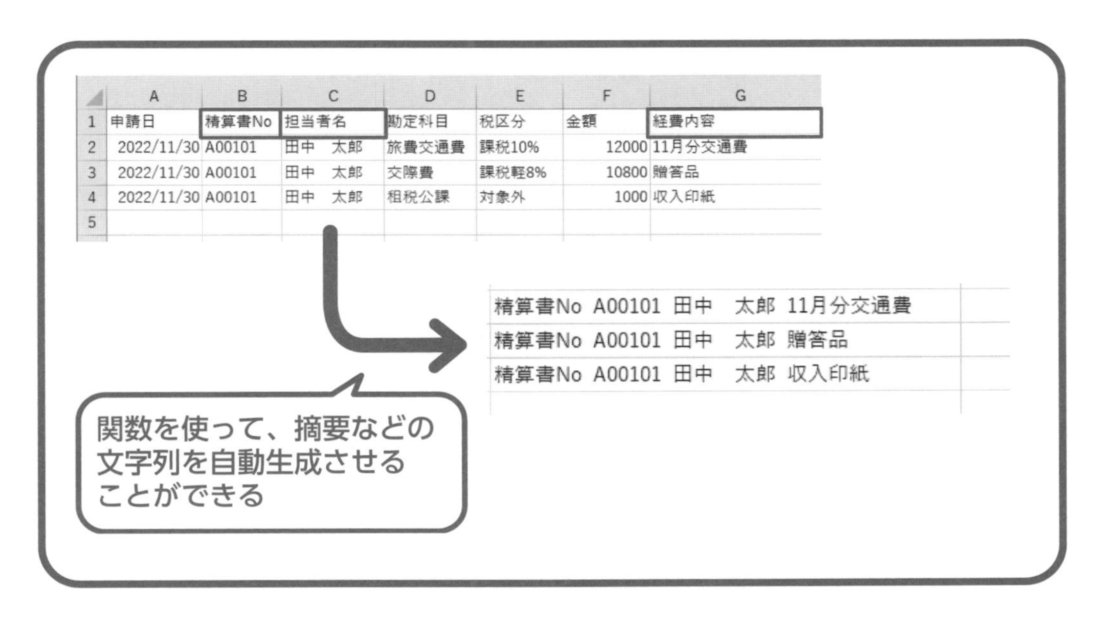

	A	B	C	D	E	F	G
1	申請日	精算書No	担当者名	勘定科目	税区分	金額	経費内容
2	2022/11/30	A00101	田中　太郎	旅費交通費	課税10%	12000	11月分交通費
3	2022/11/30	A00101	田中　太郎	交際費	課税軽8%	10800	贈答品
4	2022/11/30	A00101	田中　太郎	租税公課	対象外	1000	収入印紙
5							

精算書No A00101 田中　太郎 11月分交通費
精算書No A00101 田中　太郎 贈答品
精算書No A00101 田中　太郎 収入印紙

あとは、やはり多くの人がExcel操作に慣れている点が大きいです。

Excelなら、並べ替えや文字列置換などの高度な編集機能も普通に使いこなせる人がほとんどなので、多少、複雑な変形でも対処することが可能です。

結局、同じ表形式であるCSVをそのまま表示でき、大きな加工をする際にも様々な機能を使うことができて、多くの人が操作に慣れていているExcelが最もよく使われているということになります。

CSVは今後も使われていくのか？

ここまで、

- **なぜCSVが使われてきたのか**
- **どこで活用すると効果的なのか**

について見てきました。

その他によく聞かれるCSVについての質問が、「CSVという形式が今後も引き続き使われていくのか？」です。

実際、CSVの欠点を補うべくXMLというデータ形式でのやり取りが最近では増えています。

（最近の「DX」という流れの中で最もよく使われるデータ形式です）

詳細は後述（第6章）しますが、確かにCSVからXMLへという流れがあります。

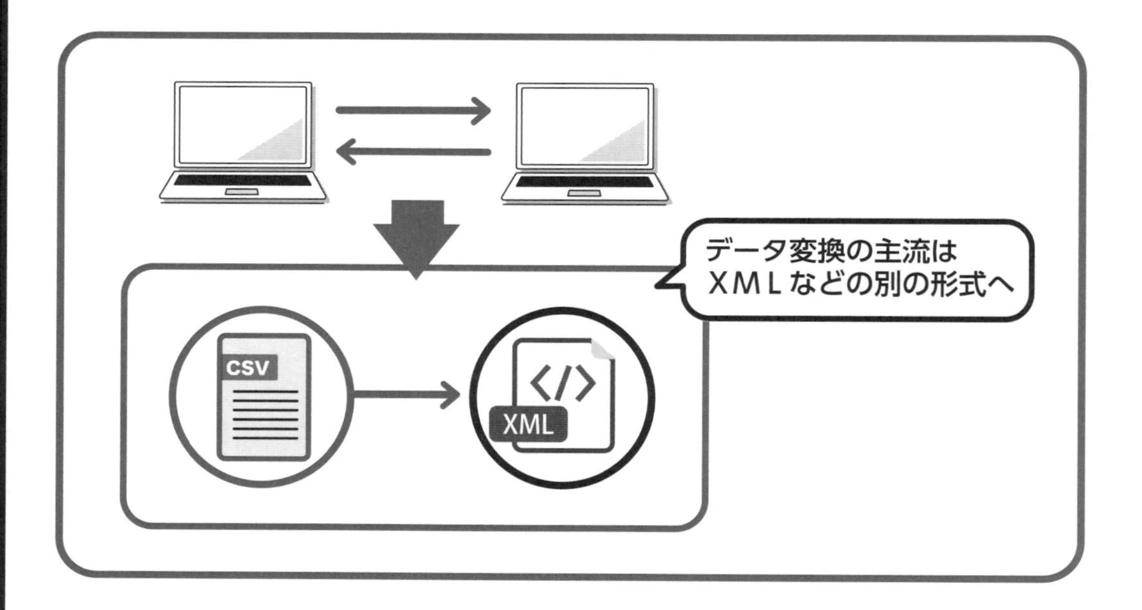

であれば、将来的に廃れていきそうな古い形式を、今さら扱えるようにならなくてもよいのではないか、と思えてきます。

ただ、CSVが完全に無くなっていくかというと、そうはならないと思います。少なくともすぐに無くなることはないでしょう。

CSVでのやり取りも引き続き残りつつ、XMLなど他の形式でもやり取りできるといった形に選択肢が増えていくのではないかと思います。

なので、しばらくはCSVを扱えた方が仕事をやりやすい状況は続くでしょう。

で、こちらの方がポイントなのですが、

XMLなどの新しい形式を理解する上でも、先にCSVについて押さえておいた方が、圧倒的に理解しやすいのです。

XMLは「データ交換」で主に使われてきたCSVの流れをくんで、その欠点を補うべく使われるようになってきたファイル形式です。

なので、いきなり新しい形式の理解から入るよりも、

- CSVとどう違うのか
- なぜそんな形式が出てきたのか
- CSVではできなかった何ができるのか 等々

のようにCSVと比較しながら、その特性を押さえていった方が、圧倒的に理解が進むのです。

本書（第6章）でも、CSVを通して、その違いに着目しながら、今後のXMLの流れについて解説していきます。

そういう意味では、今（さら）CSVを押さえておくことは、そんなに無意味なことでもありません。

当面は引き続き、仕事上の直接的なメリットを得つつ、仮に将来的に廃れていくとしても、新しい形式の理解につながる話になってきます。

なので、「CSVは今後も使われていくのか？」という質問の答えについては、「今後しばらくは使われていく可能性が高く、また、徐々に別の形式に主流が移っていくとしても、その流れ自体がCSVの延長線上で考えられるものなので、CSVの知識やノウハウはムダにならない」ということになります。

税務の場面で CSVでの受付が可能に

そう思える出来事の1つが、税務申告（電子申告）のときに一部のデータをCSV形式でも受け付けてくれるようになったことです。

これも詳細は第5章で見ていきますが、国税、地方税において、いくつかの書類はCSVでの送信も可能になっています。

以前は、XML などの形式のみで、CSV は含まれていなかったのですが、これらの書類については大企業の電子申告必須化のタイミングで、CSV 形式でも送信できるようになりました。

時代に逆行するような流れとみる向きもありますが、これまでの「データ交換」の流れを押さえておくと、むしろ選択肢が増えたとみることができます。

いろんな形式でやり取りできるようになっていく、という 1 つの例だと思います。

具体的に、どんな書類の CSV 送信が可能になったのか、また、実際の操作はどんな感じでやるのか、といったことは、第 5 章でご紹介します。

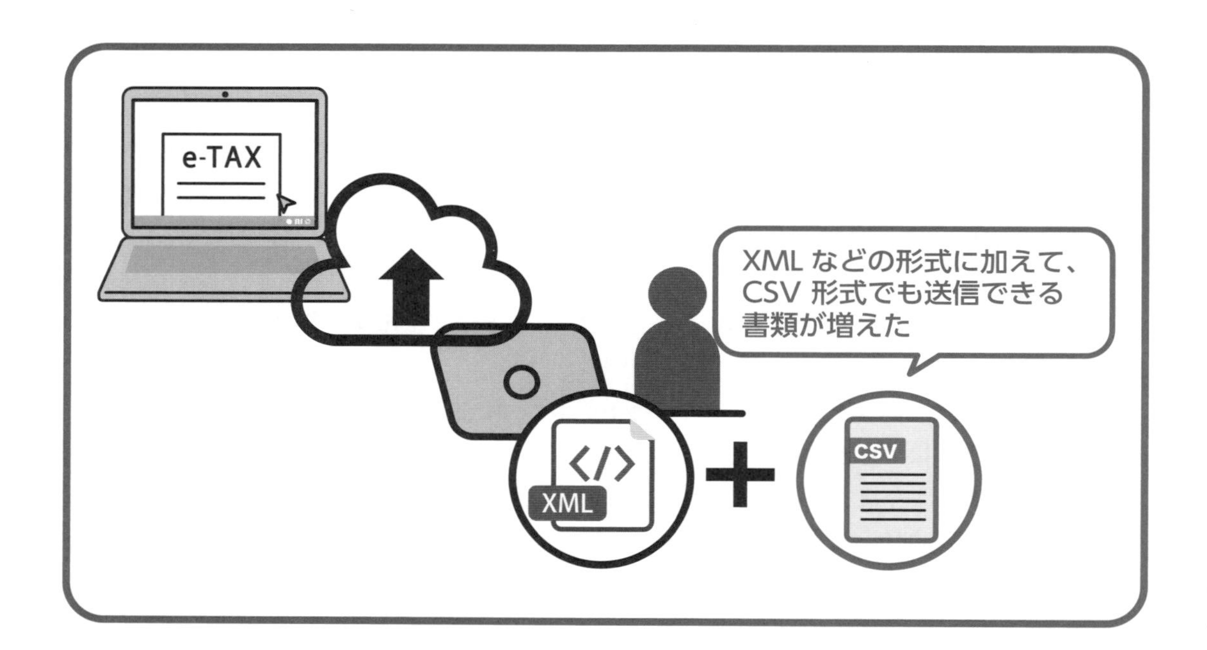

第１章　まとめ
（単純ゆえに意外と奥が深いCSV）

第１章ではCSVの概要について見てきました。

そもそも、CSVとは「Comma Separated Values」の略で、その名の示す通り、値をカンマで区切っただけのデータです。

その特徴としては

● シンプル（単純）

● データ容量が軽い

● 汎用的（いろんなソフト・システムで扱える）

の３つです。

この３つの特徴から、システムやソフト間のデータ交換（つなぎ）のためのファイルとして、頻繁に使われてきました。

したがって、そういったシステム・ソフト間のつなぎの部分に存在するような業務での活用がポイントとなってきます。

会計業務でいうと、

● 仕訳入力の場面

と

● 報告・分析資料の編集場面

です。

この２つの場面の活用に焦点を当てて後の章で詳しくみていきます。
（具体例については第３章と第４章で解説します）

CSVの今後については、確かに「データ交換」での主流は他の形式に移っていくかもしれませんが、完全にCSVが無くなってしまうのではなく、選択肢の１つとして、引き続き残り続ける可能性が高いでしょう（税務申告の場面が1つの例）。

ですので、当面の直接的なメリットを得つつ、昨今の「データ交換」の流れも理解しやすくなるという点から、CSV を押さえておくことは、決してムダにはなりません。

CSV の概要について押さえたら、第 2 章では、具体的な CSV ファイルの取扱いについて見ていきましょう。

第2章

CSVの基本

実際にCSV ファイル
をさわってみよう

CSV ファイルを開いてみる

CSV ファイルがどういうものかを理解するには、開いて中身を見てみるのが一番です。どんなファイルかを実感することができます。

単純にこれをダブルクリックして開くと、通常は Excel で開かれますが、あえて先にこれをテキストエディタ（メモ帳）で開いてみましょう。

テキストでデータの内容を確認した上で、それを Excel で開くとどうなるか、その違いを押さえてもらうためです。

ファイルを右クリック → 「プログラムから開く」を選択して、その中にある「メモ帳」をクリックします。

そうするとテキストエディタ（メモ帳）で CSV ファイルを開くことができます。

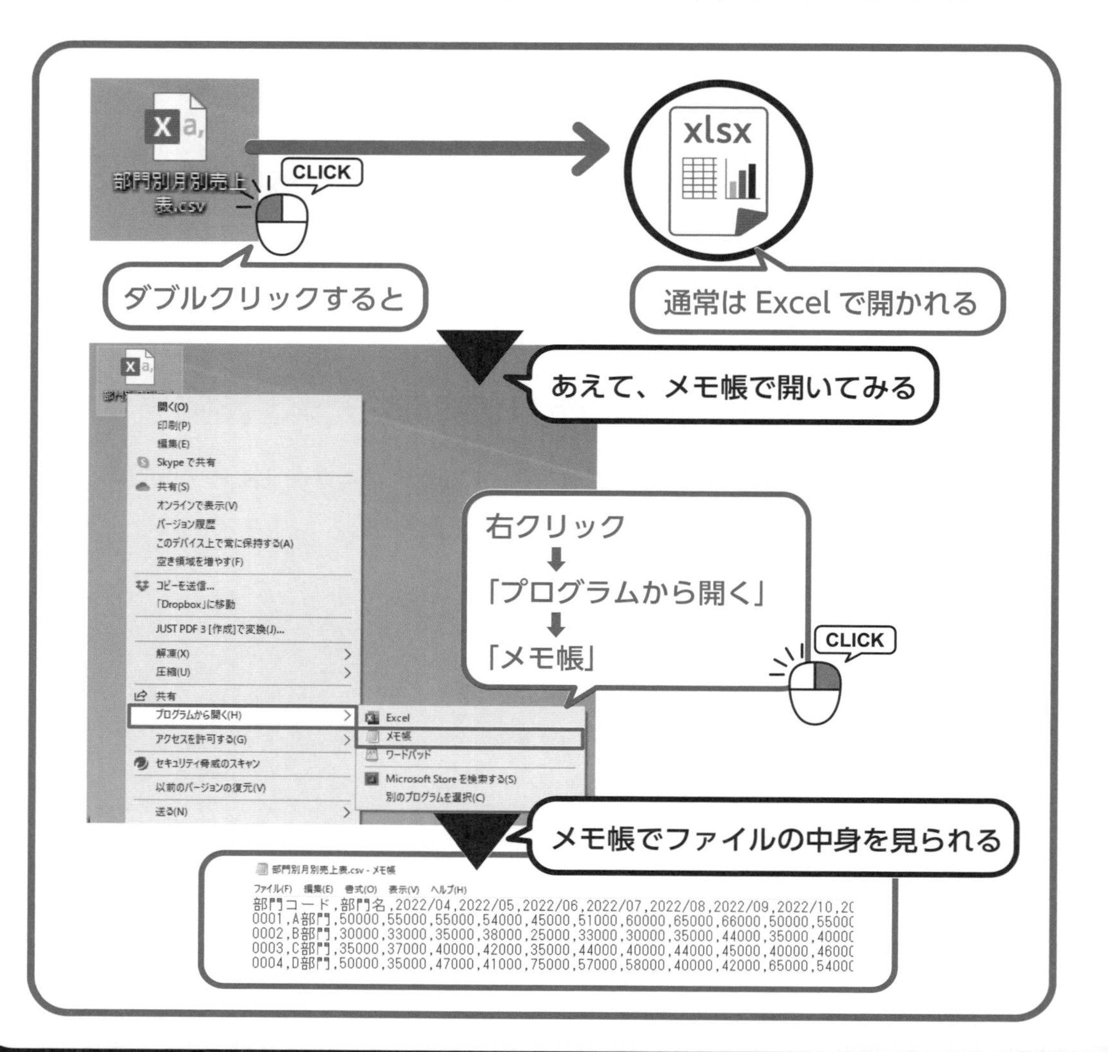

たびたび述べてきたように、ファイルの中身は単純に項目をカンマで区切っただけのテキストですので、Excel に比べると少し見づらくなっています。

テキストエディタで開いた場合、このように各項目の区切り（カンマ位置）が一定でないため、編集がしにくくなっています。特にまとめて変更を加えようとする場合などには不向きです。

この例のデータ内容としては、部門別の月別売上表で、部門コード・部門名と各月別の売上推移表です。

では、テキストエディタ（メモ帳）で開く場合の利点は何かというと、データを壊す心配がない点です。

どういうことかというと、Excel で開いた場合と比較するとわかりやすいので、次に、これを Excel で開いてみます。

通常はそのままダブルクリックすれば、Excel で開くと思いますが、別のソフトが立ち上がる場合は、右クリックの「プログラムから開く」から「Excel」を指定すれば Excel で開くことができます。

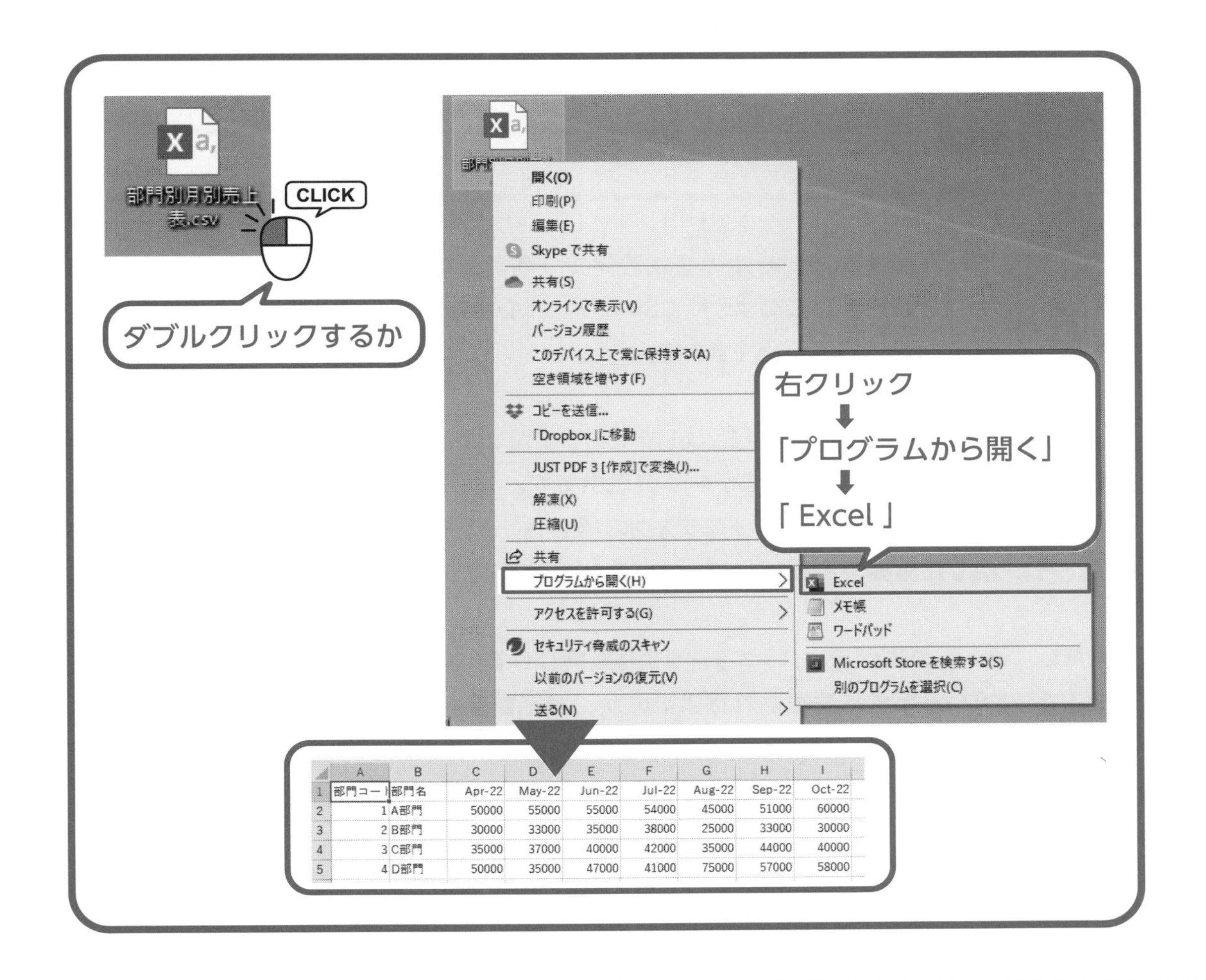

	A	B	C	D	E	F	G	H	I
1	部門コー	部門名	Apr-22	May-22	Jun-22	Jul-22	Aug-22	Sep-22	Oct-22
2	1	A部門	50000	55000	55000	54000	45000	51000	60000
3	2	B部門	30000	33000	35000	38000	25000	33000	30000
4	3	C部門	35000	37000	40000	42000	35000	44000	40000
5	4	D部門	50000	35000	47000	41000	75000	57000	58000

Excel でそのまま開いた場合、データの内容が先ほどのテキストエディタと大きく違っている箇所が 1 つあります。「部門コード」のところです。

テキストエディタの場合「0001」、「0002」……となっていたのが、Excel の場合だと「1」、「2」……のように、前のゼロがすべて消えてしまっています。

Excel の仕様として、表示上このように前のゼロが消えてしまいます。

また、1 行目の「年月」の表示も変わってしまっています。

テキストエディタでは「2022/04」、「2022/05」のようにスラッシュ（/）区切りの表記になっていましたが、Excel 上の表示は「Apr-22」、「May-22」のような表示になっていることがわかります。

	A	B	C	D	E	F	G	H	I
1	部門コー	部門名	Apr-22	May-22	Jun-22	Jul-22	Aug-22	Sep-22	Oct-22
2	1	A部門	50000	55000	55000	54000	45000	51000	60000
3	2	B部門	30000	33000					
4	3	C部門	35000	37000					
5	4	D部門	50000	35000					

表示が変わってしまう項目が出てくる

もちろん、Excel ですので、セルの書式設定で「年月」の表示方法は後で好きなように切り替えることができますが、このように CSV ファイルをそのまま Excel で開いた場合は、表示内容が変わってしまう項目が出てきます。

これが CSV ファイルに対して「Excel でそのまま開いてもいいのか？」とか「データを壊しそうで怖い」と不安に思ってしまう 1 つの理由です。

それに対して、先に見たテキストエディタの場合は、データ内容をそのまま表示してくれるので、ちょっとした編集であれば、データを壊す（変える）心配がないという利点はあります。

ただし、Excel の方がテキストエディタより編集しやすいのは事実です。

そこで、どういった点に注意すればよいのか、表示が変わらないように開くにはどうすればよいのか、についてこの後見ていきます。

ただ、その前にもう 1 つの基本である「CSV ファイルの作り方」を先に見ておきましょう。

CSV ファイルを作ってみる

「CSV ファイルの作り方」といっても、その方法は単純で、Excel 上でリストを作成したら、それを CSV 形式で保存するだけです。

CSV ファイルを作成するときはこのように Excel を使うことが多いのですが、それは操作が簡単なのと、開く場合とは違って、元のデータの内容を気にする必要がないからです。

たとえば、次のような得意先リストを Excel で作成して、これを CSV 形式で保存してみます。

リストを作成したら、「名前を付けて保存」で「ファイルの種類」を「CSV（コンマ区切り）」に切り替えて保存するだけです。

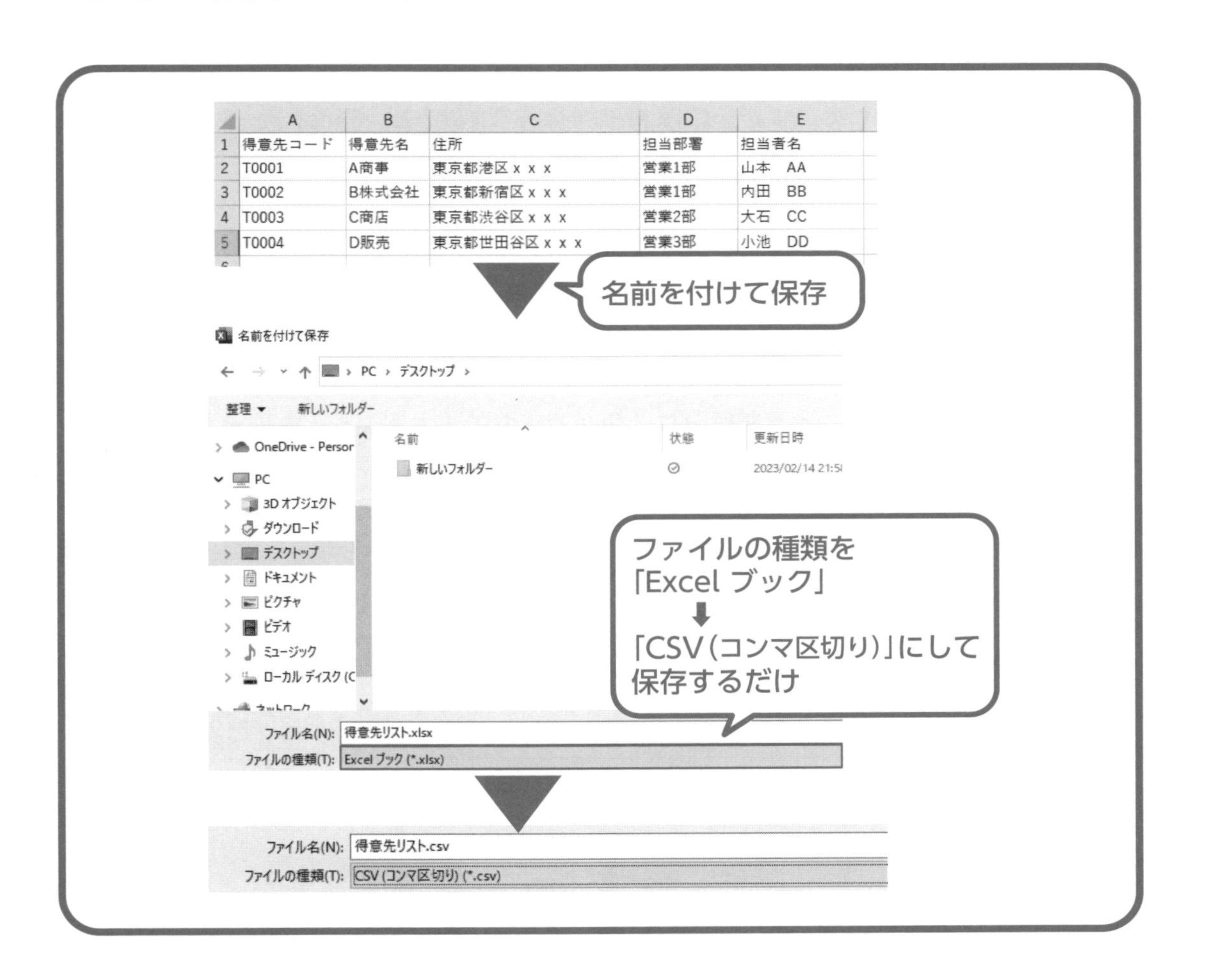

これで、CSV ファイルが作成されます。

テキストエディタ（メモ帳）で作成したファイルの中身を見てみると、カンマ区切りのデータになっていることを確認できます。

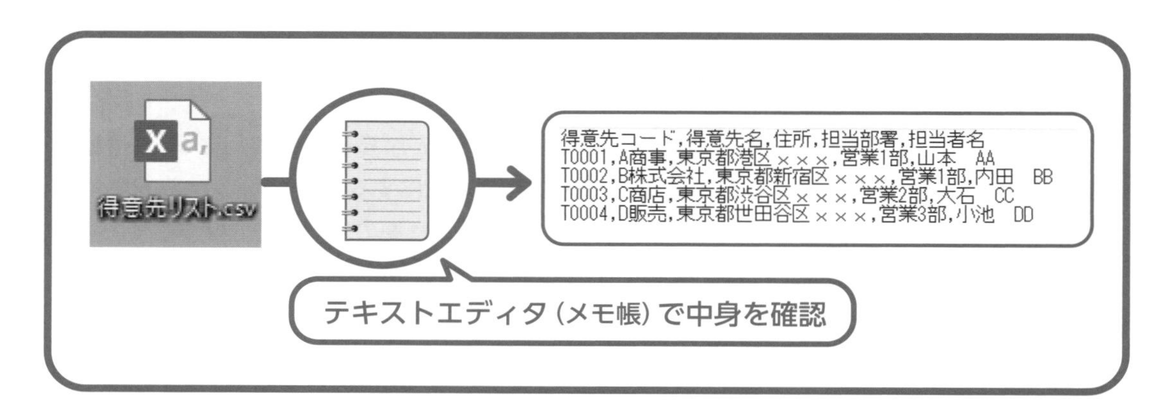

作成方法はこれだけなのですが、CSV 形式で保存してみると、Excel データとの違いがより実感できます。

第 1 章で、Excel データと違って CSV では気の利いた情報は一切持てないという話をしました。実際に CSV 形式で保存して、これを確認してみましょう。

先ほどの簡単な得意先リストに少し手を加えて、まず Excel ファイルとして保存してみます。

表に「罫線」を引いて、ヘッダ部分に「色付け」して「太字」&「中央揃え」に加工して保存します。

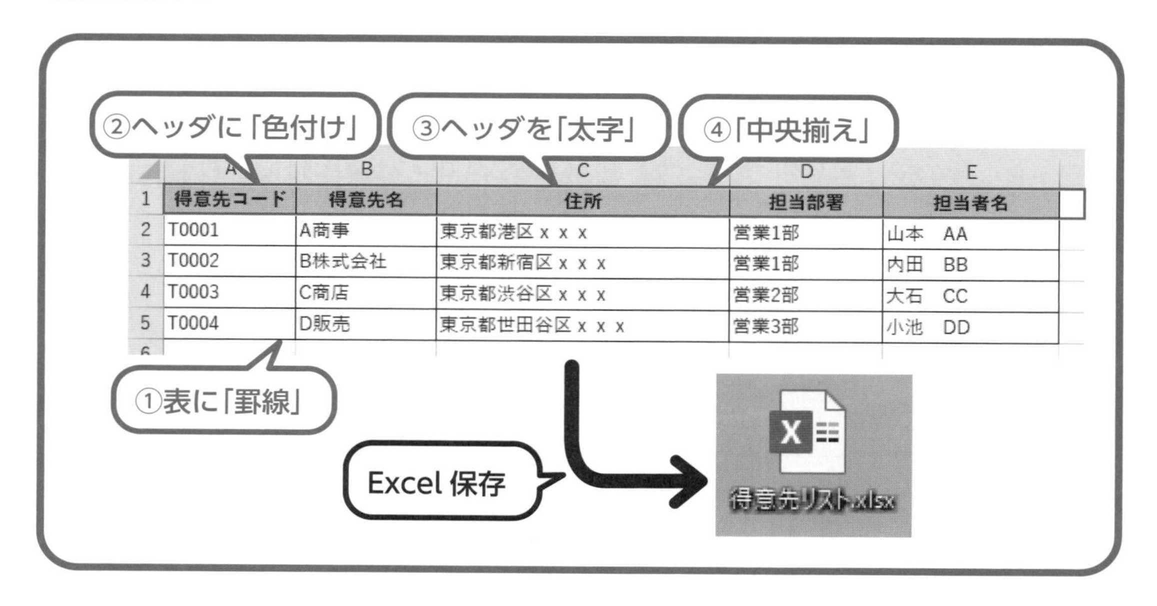

	A	B	C	D	E
1	得意先コード	得意先名	住所	担当部署	担当者名
2	T0001	A商事	東京都港区ｘｘｘ	営業1部	山本　AA
3	T0002	B株式会社	東京都新宿区ｘｘｘ	営業1部	内田　BB
4	T0003	C商店	東京都渋谷区ｘｘｘ	営業2部	大石　CC
5	T0004	D販売	東京都世田谷区ｘｘｘ	営業3部	小池　DD

保存したExcelファイルを開けば、当たり前ですが、保存したときの状態で展開され表示されます。

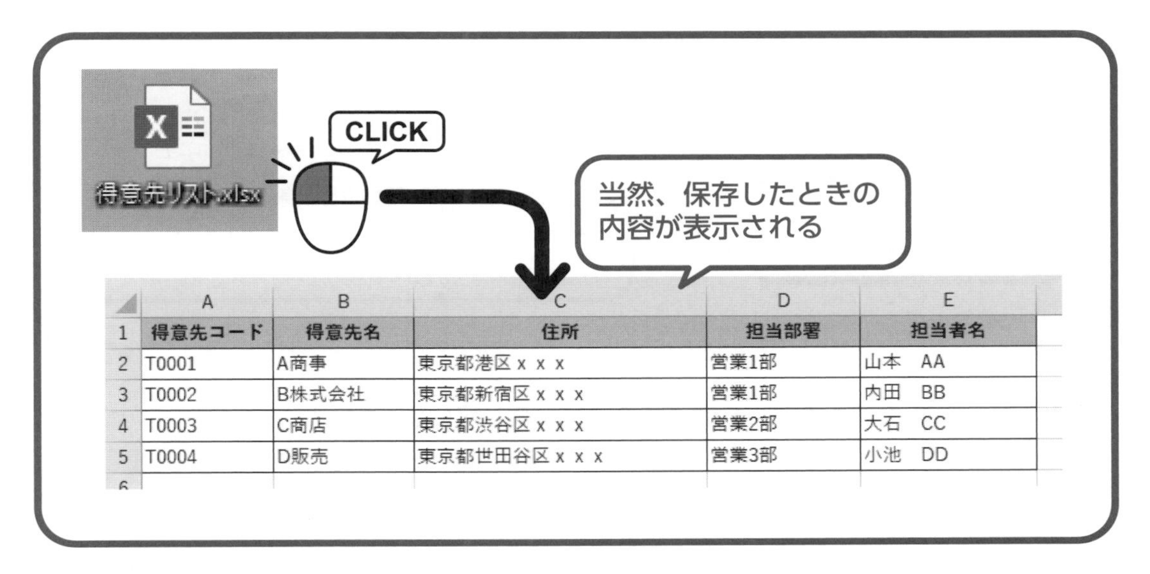

	A	B	C	D	E
1	得意先コード	得意先名	住所	担当部署	担当者名
2	T0001	A商事	東京都港区ｘｘｘ	営業1部	山本　AA
3	T0002	B株式会社	東京都新宿区ｘｘｘ	営業1部	内田　BB
4	T0003	C商店	東京都渋谷区ｘｘｘ	営業2部	大石　CC
5	T0004	D販売	東京都世田谷区ｘｘｘ	営業3部	小池　DD

次にこの罫線や色づけされたExcel表をCSV形式で保存してみます。

先ほどと同じように「ファイルの種類」を「CSV（コンマ区切り）」に切り替えて「名前を付けて保存」します。

「CSV(コンマ区切り)」に切り替えて保存する

ファイル名(N): 得意先リスト.csv
ファイルの種類(T): CSV (コンマ区切り) (*.csv)

できたCSVファイルをダブルクリックして再度Excelで開いてみます。

そうすると、Excelファイルで設定した、罫線や色付けの情報、太字や中央揃えした情報は一切そぎ落され、テキストのみのシンプルな内容に置き換わっています。

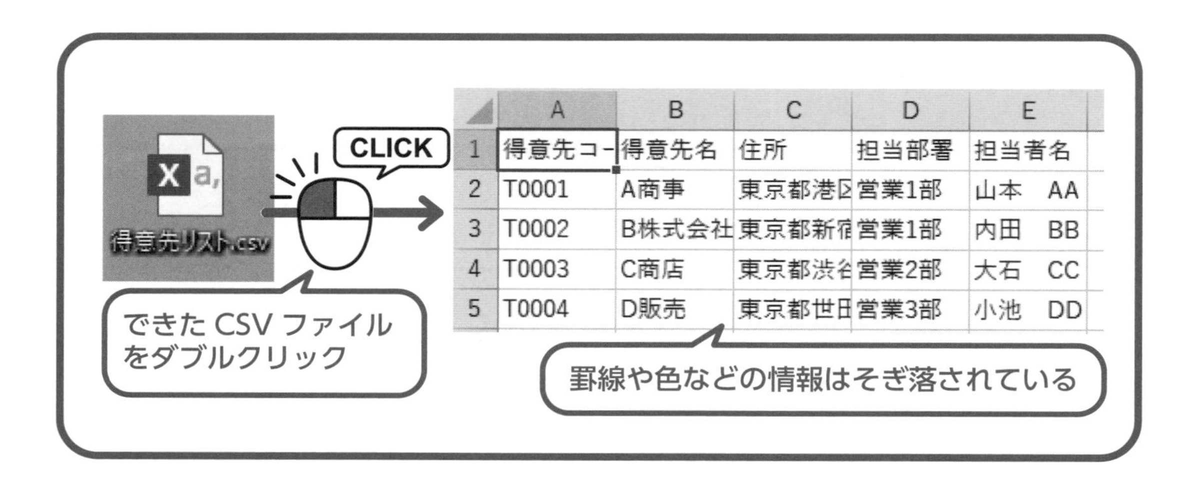

	A	B	C	D	E
1	得意先コー	得意先名	住所	担当部署	担当者名
2	T0001	A商事	東京都港区	営業1部	山本　AA
3	T0002	B株式会社	東京都新宿	営業1部	内田　BB
4	T0003	C商店	東京都渋谷	営業2部	大石　CC
5	T0004	D販売	東京都世田	営業3部	小池　DD

ちなみに、セルの幅もA列~E列までの全てが同じ幅になっています。

Excelファイルでは、文字の長さに応じて、それぞれのセルの幅を調整してありましたが、CSVファイルで保存すると、セルの情報もそぎ落とされます。

Excel ファイル

	A	B	C	D	E
1	得意先コード	得意先名	住所	担当部署	担当者名
2	T0001	A商事	東京都港区ｘｘｘ	営業1部	山本　AA
3	T0002	B株式会社	東京都新宿区ｘｘｘ	営業1部	内田　BB
4	T0003	C商店	東京都渋谷区ｘｘｘ	営業2部	大石　CC
5	T0004	D販売	東京都世田谷区ｘｘｘ	営業3部	小池　DD

セルの幅の情報も
持てない

CSV ファイル

	A	B	C	D	E
1	得意先コー	得意先名	住所	担当部署	担当者名
2	T0001	A商事	東京都港区	営業1部	山本　AA
3	T0002	B株式会社	東京都新宿	営業1部	内田　BB
4	T0003	C商店	東京都渋谷	営業2部	大石　CC
5	T0004	D販売	東京都世田	営業3部	小池　DD

一切の付加情報を持てないのがCSVファイルで、それゆえ、あらゆるシステムで扱えるファイル形式になっています。

Excel での見た目のままに保存される

Excel での CSV 保存で、もう 1 つ付け加えておくと、「Excel 上の見た目のまま」がデータとして保存されます。

どういうことかというと、先ほど見たように Excel では「2022/4/1」とセルに入っていたとしても表示方法を切り替えることができます。

たとえば、「2022 年 4 月 1 日」としたり、「2022 年 4 月」だけにしてみたり、あるいは「令和 4 年 4 月 1 日」のように和暦表示することも可能です。

また数字の場合も、セルに「50000」と入っていたとしても「50,000」のように千円単位にカンマを付けた表示に切り替えることができます。

これを CSV 形式で保存した場合、実際の値がどうであれ、表示されている見た目のままテキストとしてデータ化されます。

実際の値が「2022/4/1」や「50000」でも、表示上「2022 年 4 月」や「50,000」となっていれば、その表示の値がデータ化されます。

ちなみに、「50,000」のように値の中に「カンマ」が入っている場合に、これを CSV 形式で保存すると「"50,000"」のように、値が「"」(ダブルクォーテーション)で囲まれ、識別子としてのカンマとは区別されて保存されます。

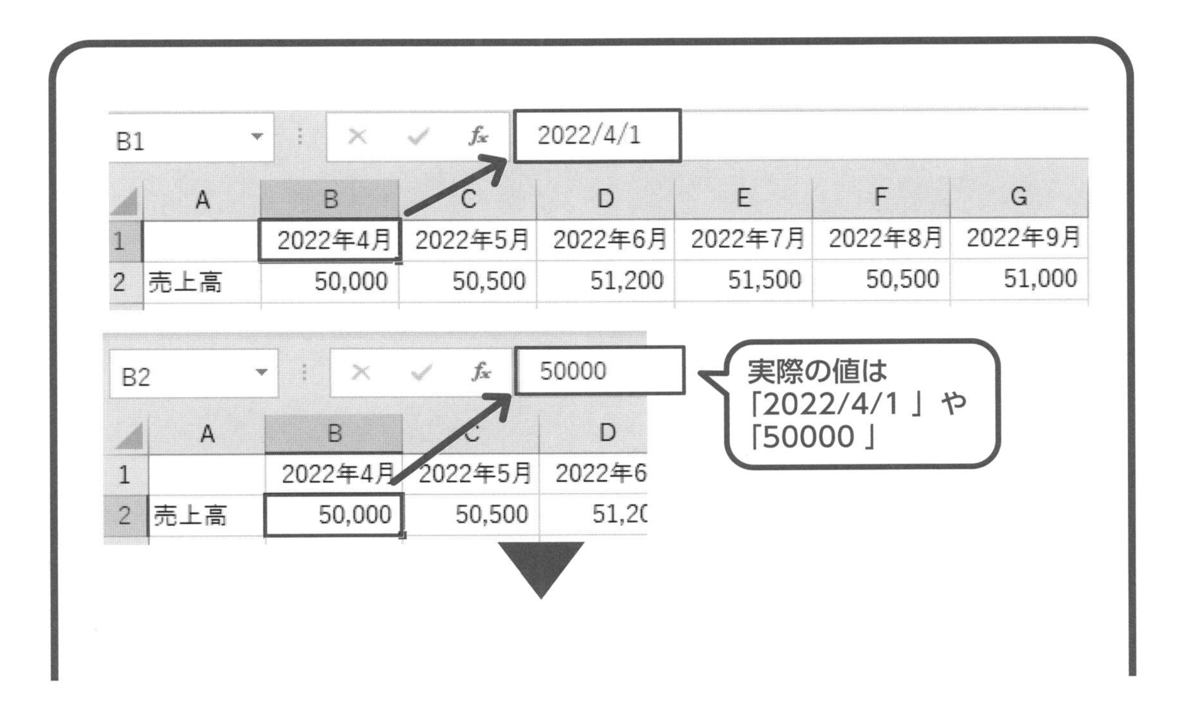

CSV ファイルにすると Excel 上の
表示のままテキスト化される

```
,2022年4月,2022年5月,2022年6月,2022年7月,2022年8月,2022年9月
売上高,"50,000 ","50,500 ","51,200 ","51,500 ","50,500 ","51,000 "
```

値の中に「カンマ」が入っているときは「"」で囲まれる

このように、よくも悪くも複雑な情報がそぎ落されるのが CSV ファイルの特徴です。

ダブルクリックで注意する項目

CSVファイルをダブルクリックしてExcelで開いたときに、表示が変わってしまう項目が出てくるという話をしました。

そのため、CSVに対して何となく「扱いにくい」とか「すぐにデータが壊れそう」と思っている人も多くいます。

もちろん、それを回避するためのデータの読み込み方（「データのインポート」機能）もあり、件数の多いファイルや重要なファイルを編集する場合は、その方法で開いた方がデータを壊す心配がないので安心です（この機能については34ページで解説します）。

ですが、表示が変わってしまうような項目は限られています。

そういった項目がなく、かつ一時的なCSVファイルをちょっと編集したいだけ、という場合であれば、あえてダブルクリックで開いてしまった方が早いこともあります。

そこで、ここではまずダブルクリックで開いた場合に、データが壊れてしまう（変わってしまう）可能性がある項目について先に押さえておきましょう。

主に次の3つが、そういったデータ項目です。

- **日付データ**
- **先頭文字がゼロのデータ**
- **長い文字・桁数が大きい数値**

これらを持つデータの場合には、ダブルクリックするのかどうかを一度立ち止まって考えるようにしましょう。

日付データ

先に見た例でも紹介しましたが、日付データは表示が変わってしまう可能性があります。

会計データでよく出てくるのは「年月」だと思いますので、「年月」の場合にどんな表示に変わってしまうのか、いくつかパターンを見てみましょう。

たとえば、「2023年1月」、「2023/01」、「2023-01」、「202301」という表記の年月データについて、これらをExcelで開くとどうなるでしょうか。

2023年1月,2023/01,2023-01,202301

これをダブルクリックで開くと、次のように Excel に表示されます。

	A	B	C	D
1	#######	Jan-23	Jan-23	202301

「2023 年 1 月」のところは「###」で表示されますが、これはセルの幅が狭いだけなので、セルを広げてあげると「2023 年 1 月」と表示されることがわかります。

	A	B	C	D
1	2023年1月	Jan-23	Jan-23	202301

セルを広げると「2023 年 1 月」と表示されることがわかる

「2023/01」や「2023-01」は「Jan-23」の表記となり、「202301」は数値データと認識され、そのまま数値としての「202301」が表示されます。

つまり、Excel の仕様によって、そのまま同じように表示されるか、表示が切り替わってしまうかは、ケースバイケースです。

先頭文字が
ゼロのデータ

これも先の例で見たように、先頭にゼロが入っているデータはダブルクリックで開くとゼロが消えて表示されます。

「”」ダブルクォーテーションで値を囲った場合も結果は同じです。

どちらも先頭文字のゼロは消えて表示されます。

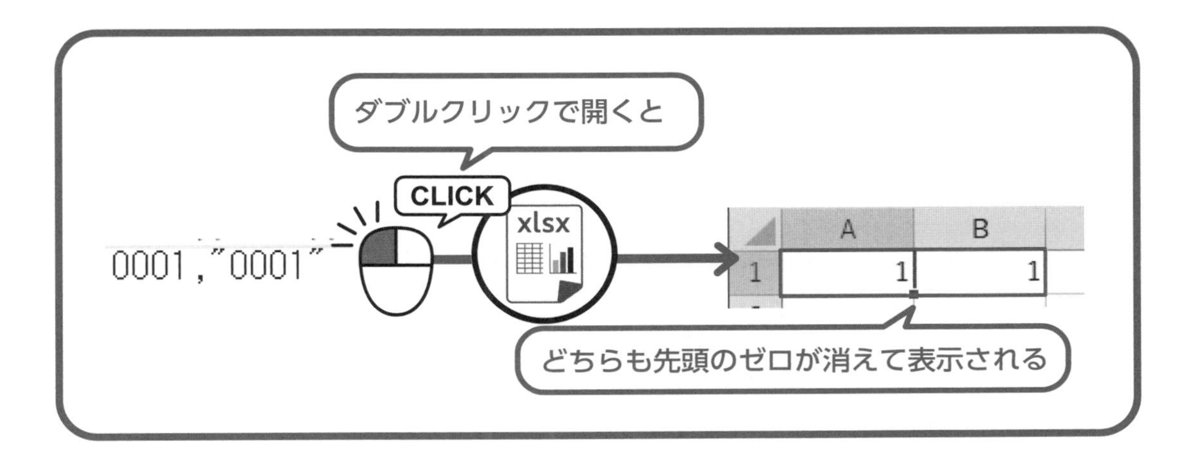

ダブルクリックで開いた場合には、これを回避することはできません。そのため、これらの項目を壊したくない場合はダブルクリックでは開かないようにしましょう。

逆に「今回は他のデータ項目を使いたいだけなので、別にダブルクリックで開いても問題ない（先頭文字のゼロが消えてしまっても関係ない）」という場合には、あえてダブルクリックで開くという判断もできます。

長い文字・
桁数が大きい数値

Excel の場合、文字の長さに対してセルの幅が狭いと「####」という表示になることがあります。

先に見た「年月」でも「2023 年 1 月」というデータが「####」と表示されていました。

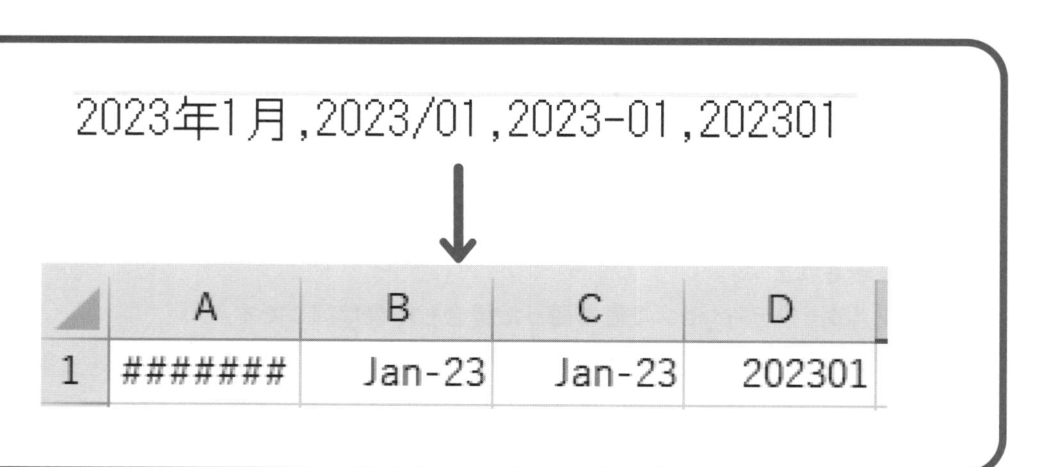

CSV はセルの幅の情報は持っていないので、こういうことが起こりやすくなります。

また、桁数の大きい数値データの場合には、セルの幅が狭いと「E+」を使った次のような指数表記になります。

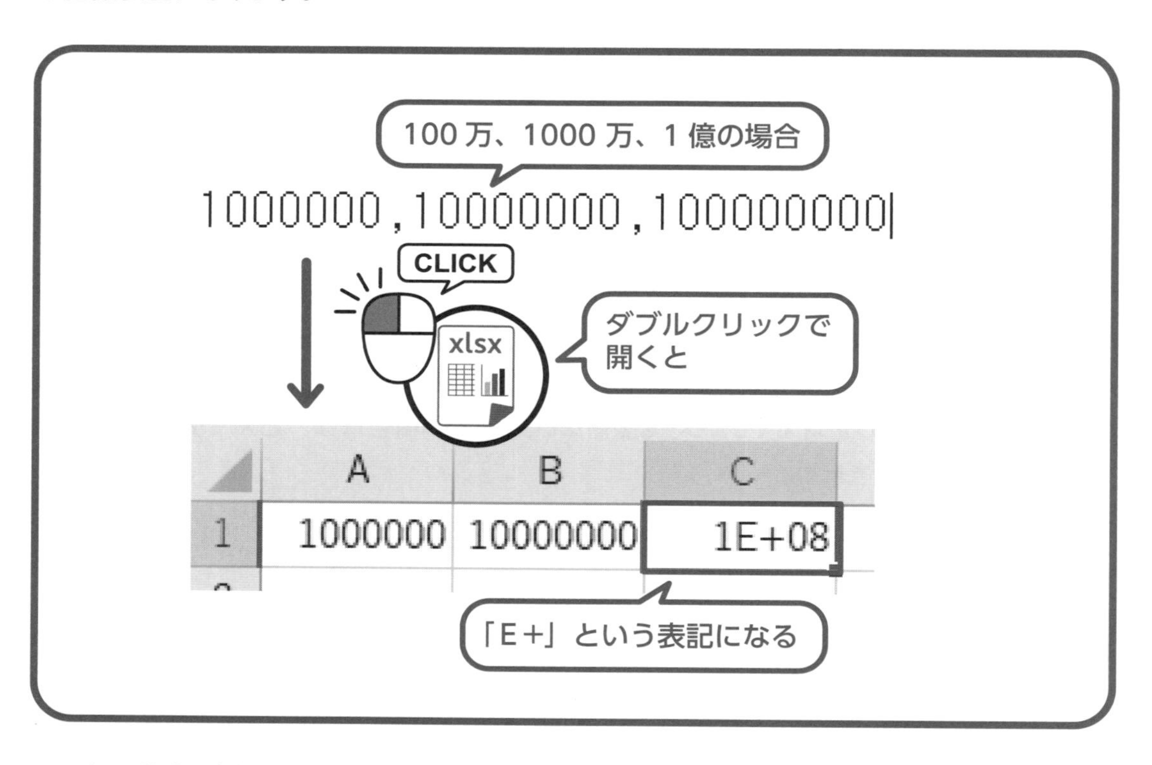

これは桁数が大きい数値を省略した表記で、「1 の後ろに 0 が 8 個並ぶ」といった意味合いになります。

セルの幅を広げてあげれば、もとの表記に戻りますが、いちいち表記が変わっていないかチェックするのも大変です。

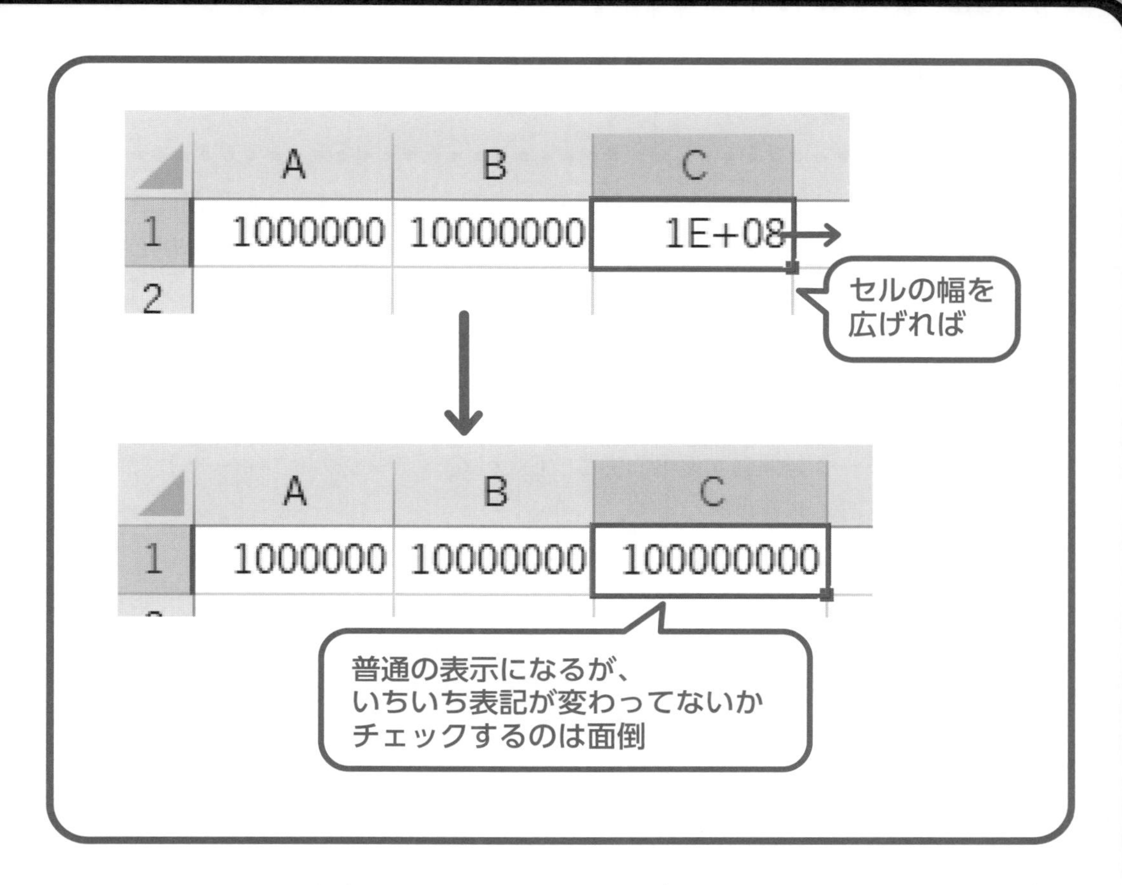

これらのような長い文字列や桁数の大きな数値データをもつ CSV ファイルでは表記が変わる可能性が高いので、これらのデータを持つ場合には、ダブルクリックで開いてもよいのか、次にみるデータを壊さないようにファイルを開く方法（テキスト（CSV）データのインポート機能）で開いた方が安全なのかを判断できるようにしておきましょう。

テキスト（CSV）データのインポート

「日付データ」、「先頭文字がゼロのデータ」、「長い文字列・桁数が大きい数値」を含む CSV ファイルの場合にダブルクリックで開くのは注意が必要なことを確認しました。

ただ、会計データというのは、この注意が必要なパターンに該当するケースがほとんどです。

「日付データ」と「数値データ」で構成されていて、桁数が大きい数値を扱うことも多いからです。

なので、会計データを編集する場面では、Excel の「データのインポート」機能を使って開く方法を知っておく必要があります。

こちらの方法であれば、データを壊さないで編集することができます。

「データのインポート機能」を使って CSV ファイルを読み込むには、Excel のメニューの「データ」→「データの取得」から開くのですが、現在の Excel（※）の仕様上、そのまま普通に読み込むと「パワークエリ」という特殊なデータ編集ツールで読み込まれるのが標準になっています。

この「パワークエリ」については、会計システムやその他のシステムからダウンロードしてきた複数の CSV ファイルを組み合わせて、Excel 上で表を作成するなどの少し高度な加工をしたい場合には有効なツールなのですが、単純にそのファイルだけを Excel 上で加工したい場合には、少し扱いづらい面があります。
（複数の CSV ファイルを「パワークエリ」に読み込んで、データをマッチングさせて表に加工していく方法については、第 4 章で詳しく見ていきます。）

なので、次頁からは、あえて「パワークエリ」ではなく、少し昔の Excel では標準だった普通に Excel シートに読み込む方法を、現在の Excel で使えるようにするやり方についてご紹介します。

（※）パワークエリでの読み込みが標準化されたのは Excel2016 の更新バージョン以降で、それ以前は次頁以降で紹介する、普通に Excel シートに読み込む方法が標準でした。

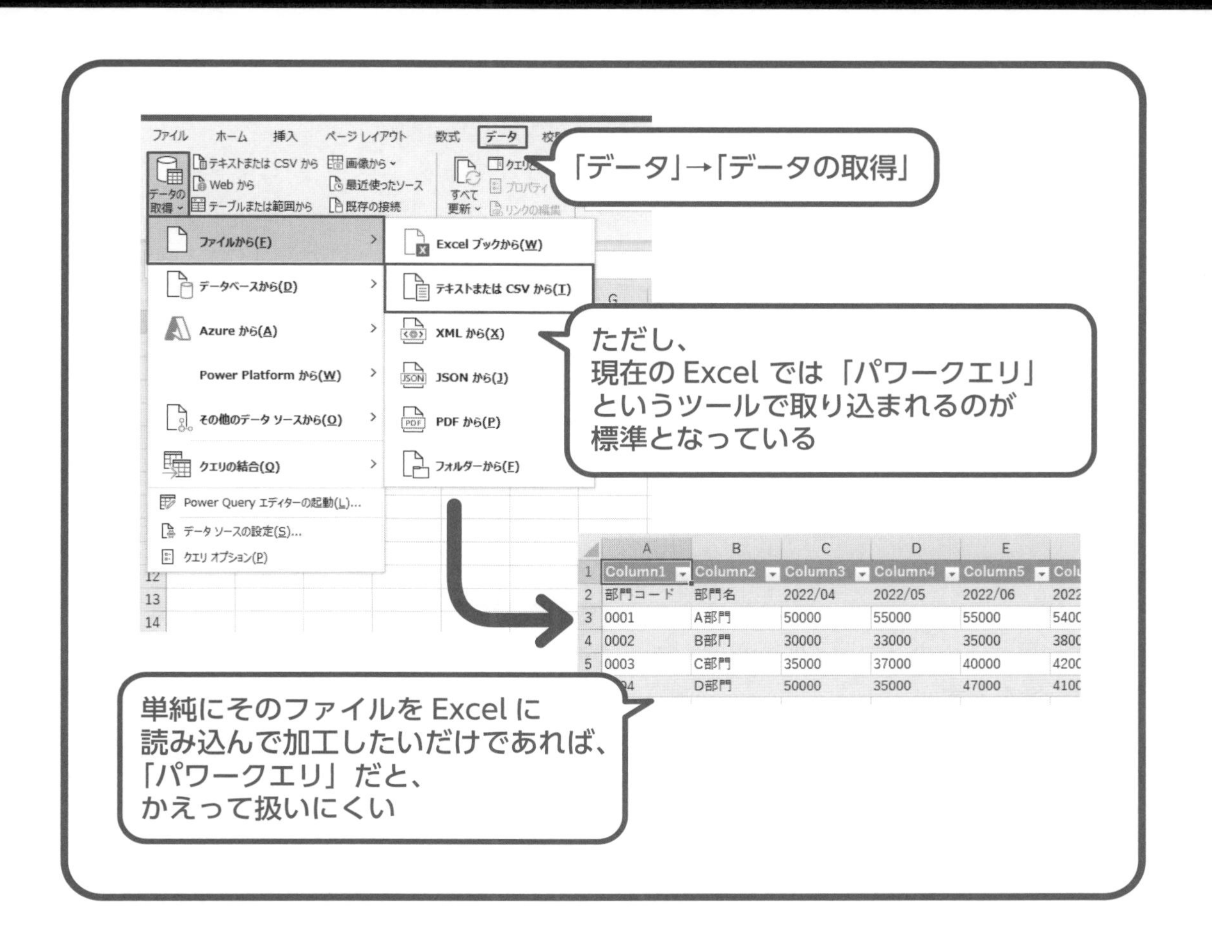

「従来のウィザード」を使った読み込み

現在の Excel では「パワークエリ」での読み込みが前提となっているため、それ以前は標準だった単純に Excel に読み込む方法が、メニュー上に表示されていません。

そこで、まずは「従来のウィザード」（従来の読み込み方法）のメニューを表示させることから始めないといけません。

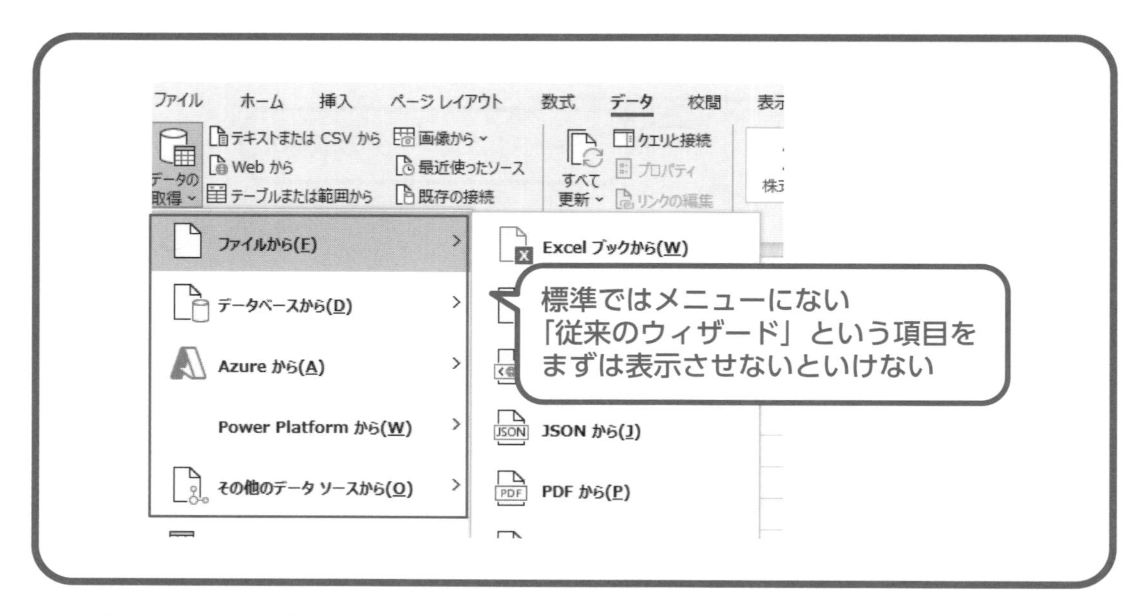

まず、メニューの「ファイル」を選んで、次の画面で左下の方にある「オプション」という項目を選びます。

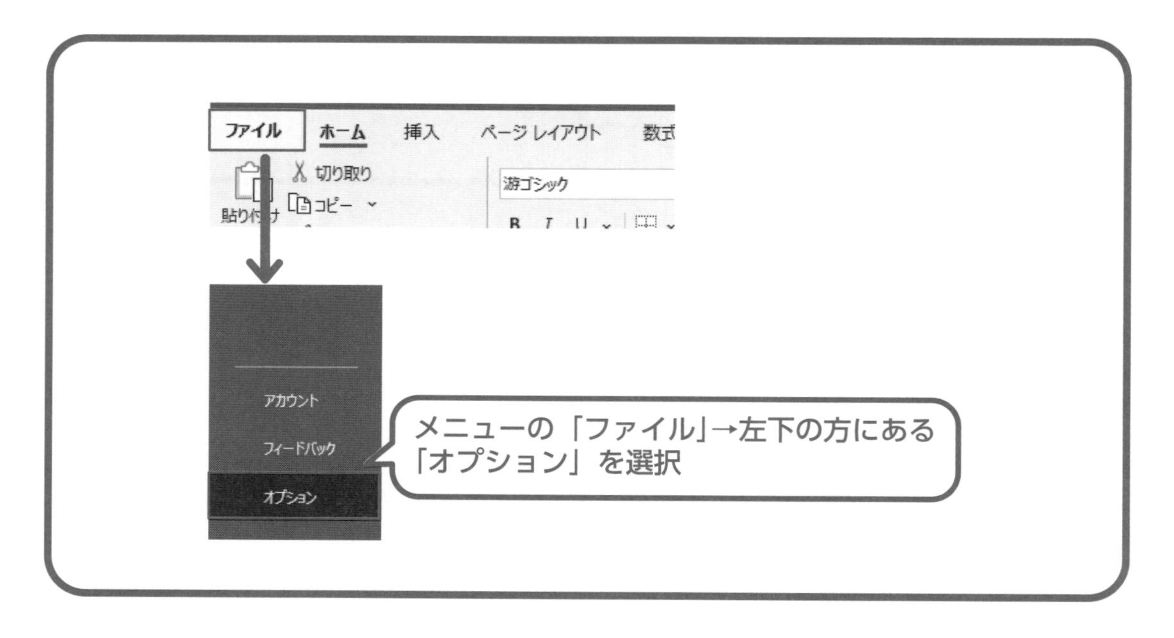

ポップアップ画面が出てくるので、メニューの中の「データ」を選んで、「レガシデータインポートウィザードの表示」欄の中の「テキストから（レガシ）」にチェックを入れて「OK」します。

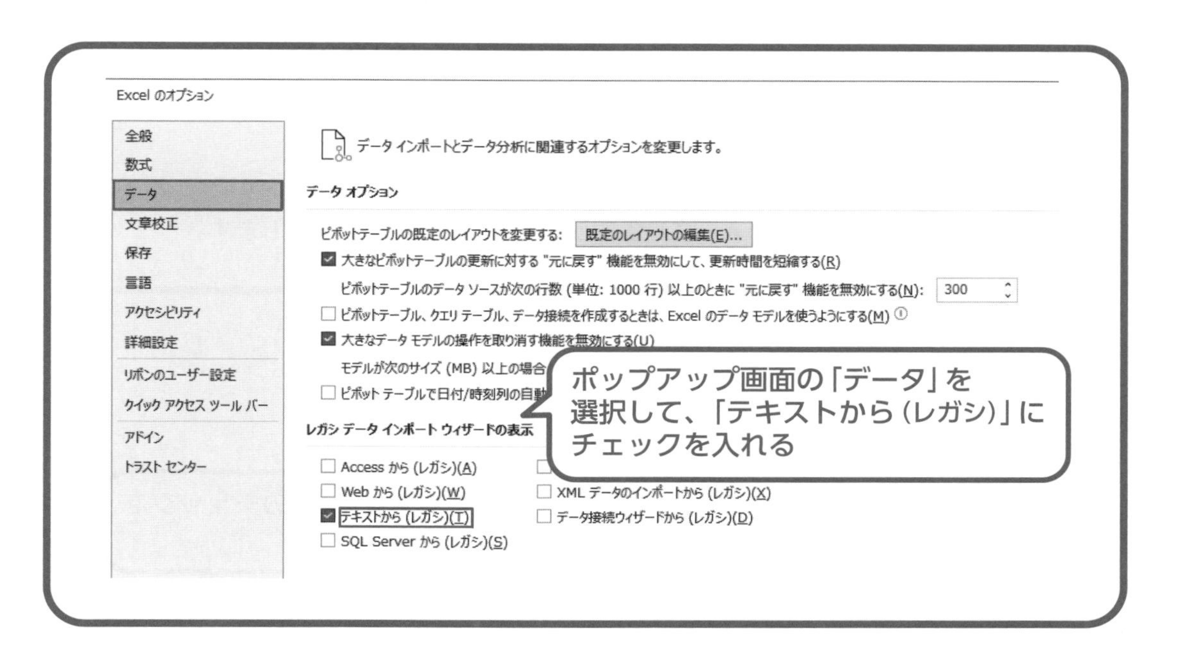

これで、従来の方法でテキスト（CSV 含む）ファイルを普通に Excel に読み込むことができるようになります。

Excel の画面に戻って、先ほどと同じように「データ」→「データの取得」の中に今度は「従来のウィザード」という項目が表示されるようになっています。

先ほどチェックを入れた「テキストから（レガシ）」が選択できるようになっているので、これを選びます。

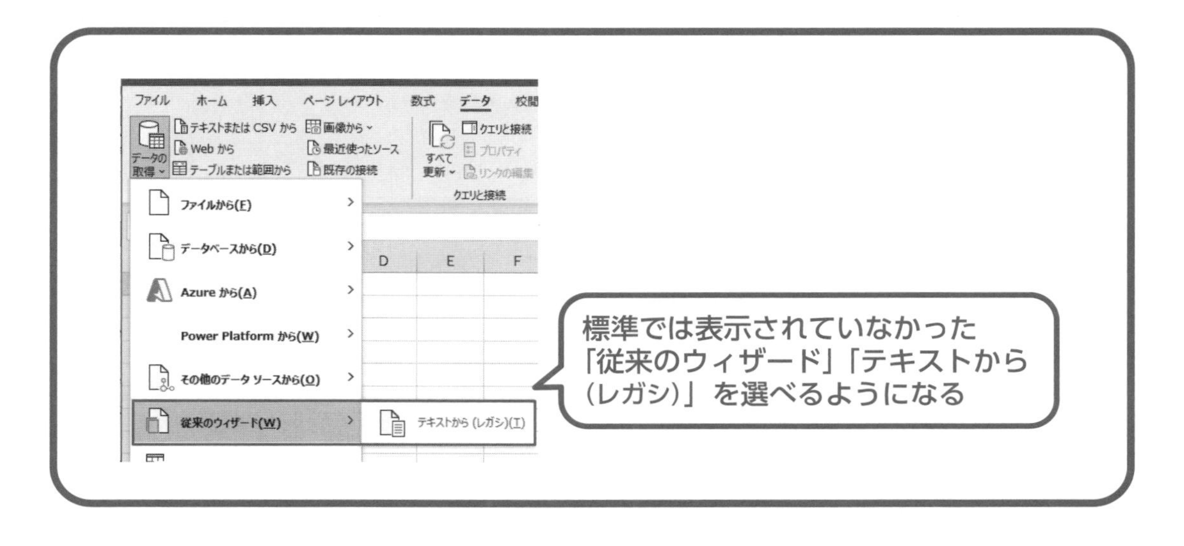

20 ページで紹介した、部門別の月別売上表の CSV ファイルを読み込んでみます。
（先頭文字がゼロの部門コード、部門名と各月別の売上推移データ）
ファイルを選択すると、ウィザードの 1/3 画面が表示されます。
「元のデータの形式」欄の中の「コンマやタブなどの区切り文字によってフィールドごとに区切られたデータ」にチェックが入っていることを確認して「次へ」を押します。

テキスト ファイル ウィザード - 1 / 3
選択したデータは区切り文字で区切られています。
[次へ] をクリックするか、区切るデータの形式を指定してください。
元のデータの形式
データのファイル形式を選択してください：
◉ コンマやタブなどの区切り文字によってフィールドごとに区切られたデータ(D)
○ スペースによって右または左に揃えられた固定長フィールドのデータ(W)
取り込み開始行(R): 1　元のファイル(O): 932：日本語
☐ 先頭行をデータの見出しとして使用する(M)
ファイル C:¥Users¥uenka¥OneDrive¥デスクトップ¥部門別月別売上表.csv のプレビュー
1 部門コード,部門名,2022/04,2022/05,2022/06,2022/07,2022/08,2022/09,2022/10,2022/11,2022/12,2023/01
2 0001,A部門,50000,55000,55000,54000,45000,51000,60000,65000,66000,50000,55000,79000

「コンマやタブ……」のチェックを確認して「次へ」

次の 2/3 の画面で「区切り文字」として「コンマ」にチェックをして「次へ」を押します。

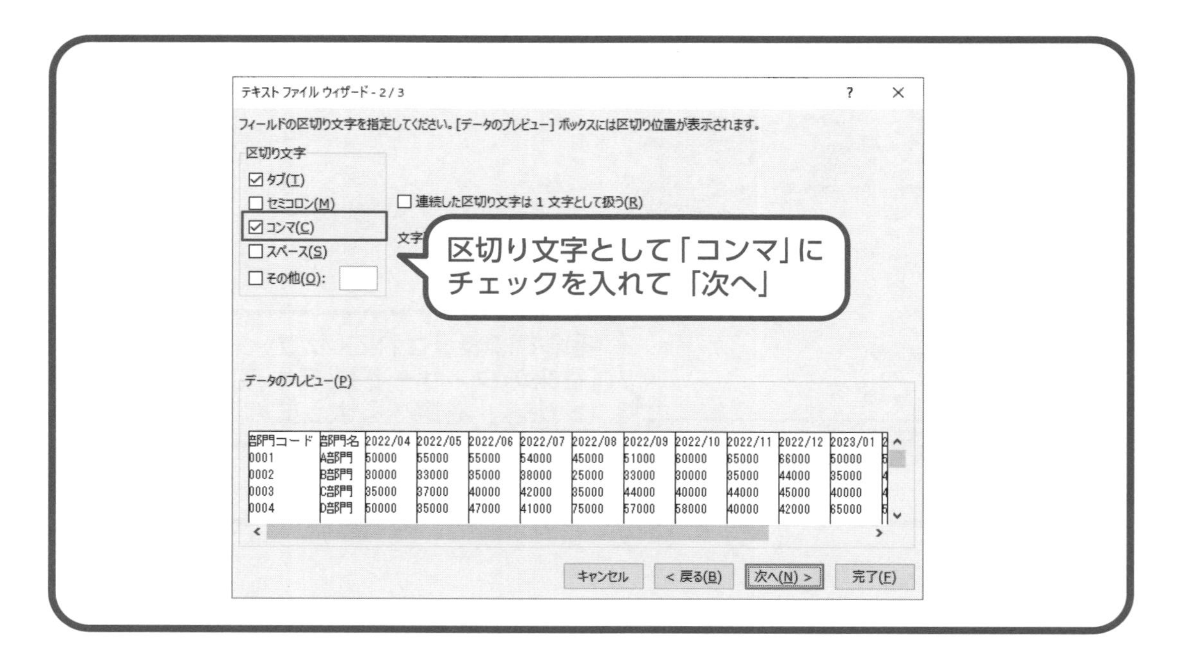

3/3 の画面では読み込む際のデータの形式を指定することができます。

「標準」という形式が、ダブルクリックで開いた場合と同じ読み込みになります。

データのプレビューに表示される列ごとに、どの形式で読み込むのかを選択することができますが、ここでは全ての列を選択して「文字列」として読み込んでみます。

「Shift」キーを押しながら、クリックするとすべての列を選択することができるので、すべての列を選んで「標準」→「文字列」にデータ形式を変更して「完了」を押します。

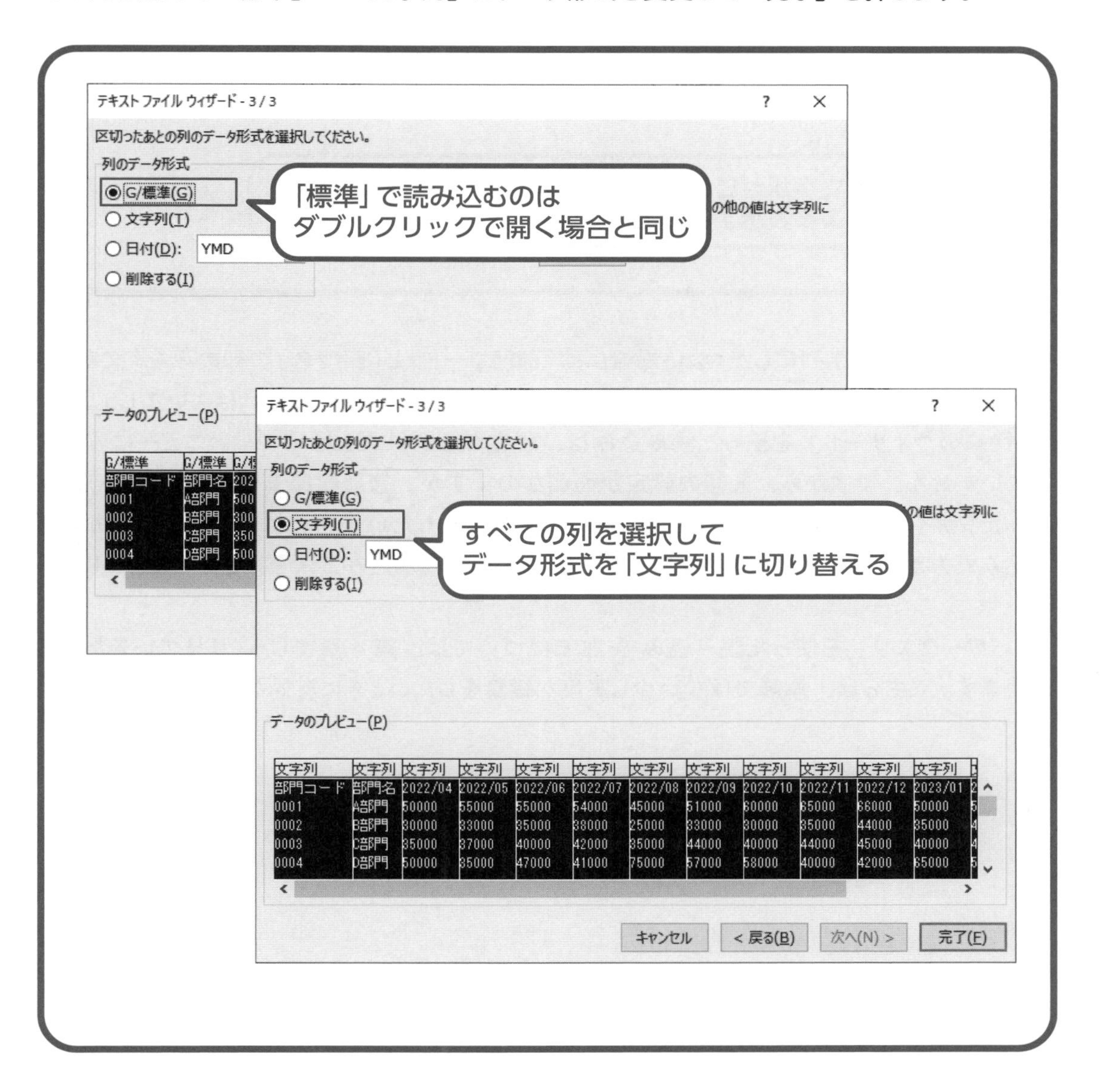

そうすると、CSV に入っているデータ内容をそのまま文字列として、Excel 上に展開することができます。

	A	B	C	D	E	F	G	H	I	
1	部門コード	部門名	2022/04	2022/05	2022/06	2022/07	2022/08	2022/09	2022/10	2(
2	0001	A部門	50000	55000	55000	54000	45000	51000	60000	6!
3	0002	B部門	30000	33000	35000	38000	25000	33000	30000	3!
4	0003	C部門	35000	37000	40000	42000	35000	44000	40000	4.
5	0004	D部門	50000	35000	47000	41000	75000	57000	58000	4(

先頭文字がゼロのデータなど、CSV データの内容をそのまま表示することができる

数値のセルを文字列にしたくない場合には「部門コード」と「部門名」の列のみを「文字列」に切り替えて、数値が入っている列は「標準」のまま読み込むようにすればよいでしょう。

「従来のウィザード」を使った読み込みは、現在の Excel だと標準ではメニューに表示されていません。ですから、最初の設定が面倒なのですが、複雑な加工を必要とせず、読み込んだファイルのみを通常の Excel データとして加工をしたい場合には、こちらの方法で読み込んだ方が扱いやすいと思います。まずは、従来の読み込み方法を押さえておきましょう。

「パワークエリ」を使った読み込み & 加工については、第 4 章でじっくり見ていきたいと思います。こちらは、単純ではない少し高度な編集をしたいときに有効な機能になります。

第2章　まとめ（壊れやすい3つのデータ項目に注意）

第2章ではCSVの基本的な特徴や、編集する上での注意点などを実際のファイルの中身を見ながら確認しました。

ダブルクリックで開いた場合に表示が変わってしまう項目があること、実際にCSVファイルを保存してみて、付加情報（色やセルの情報等）を一切持てないというCSVの特徴を見てもらいました。

ダブルクリックで開く場合に注意が必要なのは、主に次の3つの項目です。

- 日付データ
- 先頭文字がゼロのデータ
- 長い文字・桁数が大きい数値

これらのデータを持つファイルを編集する際は「テキスト（CSV）データのインポート」を使ってExcelに読み込んだ方が確実です。

ただし、現在のExcelでは「パワークエリ」という高度な編集のできる形で読み込むのが標準となっているため、「従来のウィザード」として、普通にExcelデータとして読み込む方法をこの章では確認しました。

CSVファイルの基本的な扱い方について押さえたら、次の第3章からは、実際の会計業務における活用方法を見ていきましょう。

第3章

会計業務での
活用場面 1

会計ソフトへの
インポート

既に存在するデータを仕訳に変換

第3章からは実際の会計業務の場面において、CSVファイルをどのように活用するのかを見ていきます。

第1章で、CSVが「データ交換」に使われてきた背景から、活用のポイントとなるのは「データ入力時」と「データ出力後」になってくるという話をしました。

会計業務で言うと「仕訳入力の部分」と「報告・分析資料の編集」のところになります。

第3章ではこのうちの「仕訳入力の部分」、CSVファイルを会計ソフトにインポートする際の活用法について見ていきます。

多くの会計ソフトではCSV形式で仕訳データをインポートできるようになっています。

また、経費精算ソフトや販売管理ソフトの多くは、いくつかの主要な会計ソフトのインポート形式にあわせて、CSVファイルを生成できるようになっています。

一方で、業務ソフトを使っておらず、Excelで売上や支払いなどの取引情報を管理している場合や、業務ソフトを使っていても、自社の会計ソフトに合ったCSV形式に出力ができない場合は、帳票を見ながら、会計ソフトへ手入力しているケースがほとんどです。

これらのケースにおいても、既に存在しているデータを活用して、CSV形式で会計ソフトに仕訳データとしてインポートすることができれば、入力作業の負荷が軽減されます。

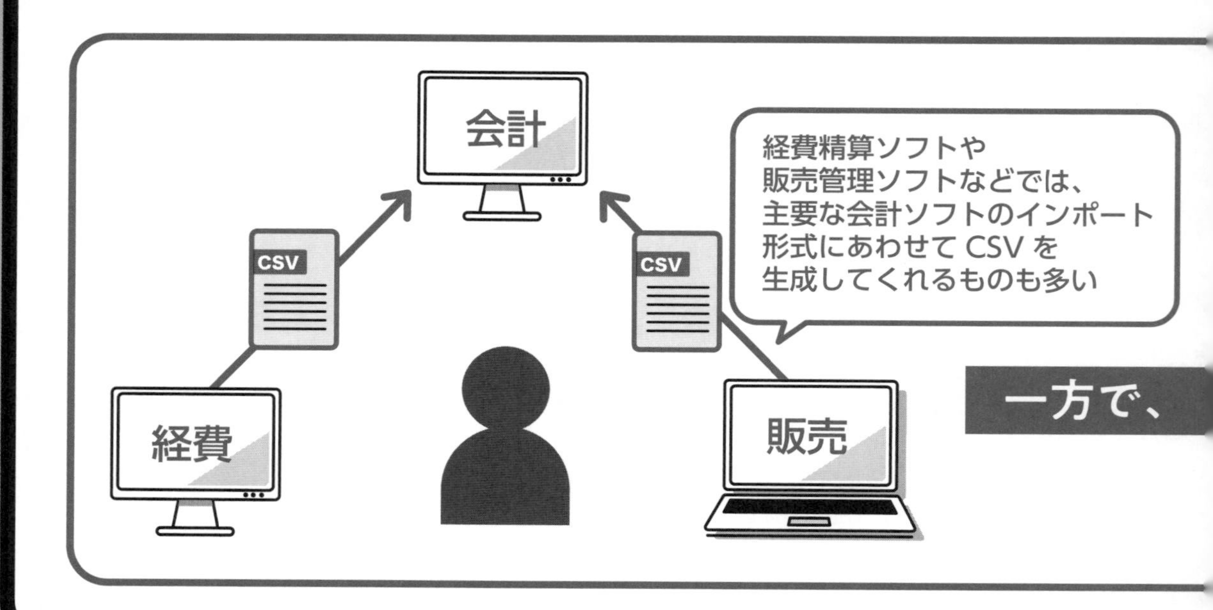

全てをシステム連携できているケースは少なく、多かれ少なかれ、Excelなどで業務データを管理している会社が多いと思います。

そこで、この章では、Excelで管理している表からCSVファイルに加工して、会計ソフトへ読み込むまでのプロセスについて、例示しながら見ていきます。

もちろん、会社によって、管理しているデータの形も違えば、使っている会計ソフトも違うので、例示の内容がそのままピッタリ当てはまるわけではありません。

ただし、基本的な編集のプロセスとしては共通しています。

また、編集の際に注意すべき点や、会計ソフトのインポート形式に合わせて加工する際のExcelの操作も共通していますので、自社のケースに当てはめてアレンジすることもできます。

せっかくデータがあるのに、それを活用せずに再入力するのは勿体ないので、選択肢の1つとして、会計ソフトへのCSVインポートを検討できるようにしておきましょう。

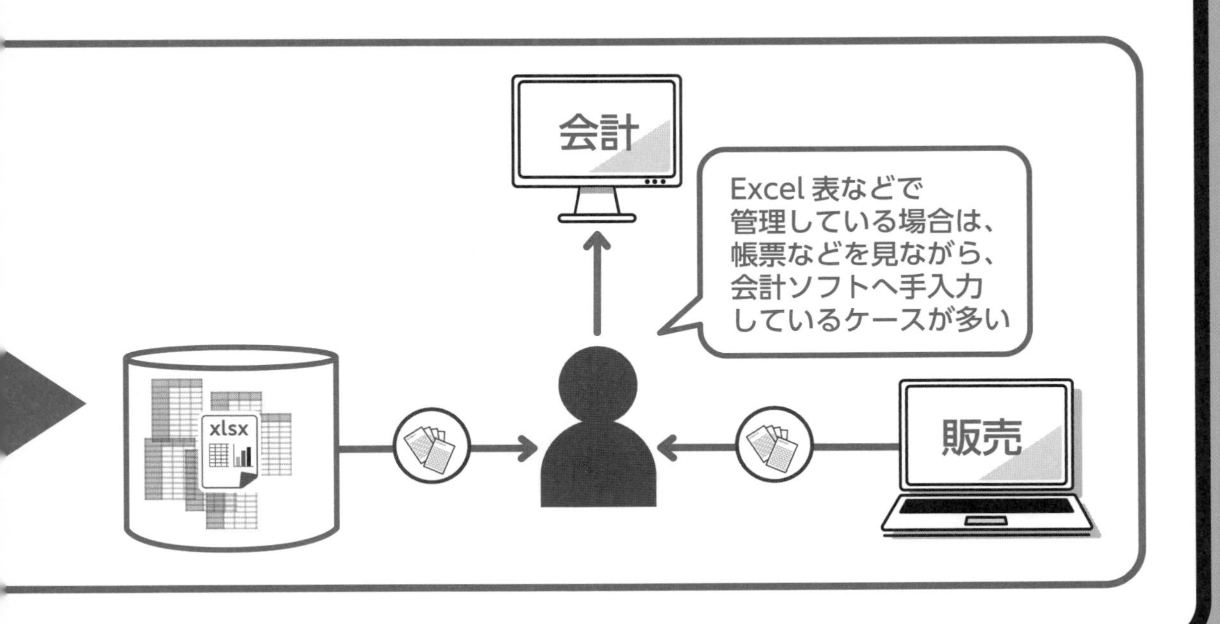

敷居は高くない「会計ソフトへのインポート」

慣れてしまえば、それほど難しいものではないのですが、「会計ソフトへの仕訳のインポート」というと、敷居が高いイメージを持たれる方も多くいます。

その理由として、会計ソフトごとに仕訳データをインポートする際のCSVの形式（項目の並び順や項目数、必須項目など）が異なっているという点が挙げられます。

共通のマニュアルがあるわけではないため、使っている会計ソフトのインポート形式の理解から始めないといけません。

また、いざ理解しようと思ってインポート形式を見てみると、どの会計ソフトでも項目数が多いため、どうしても「難しそう」とか「煩雑そう」という印象を持ってしまいがちです。

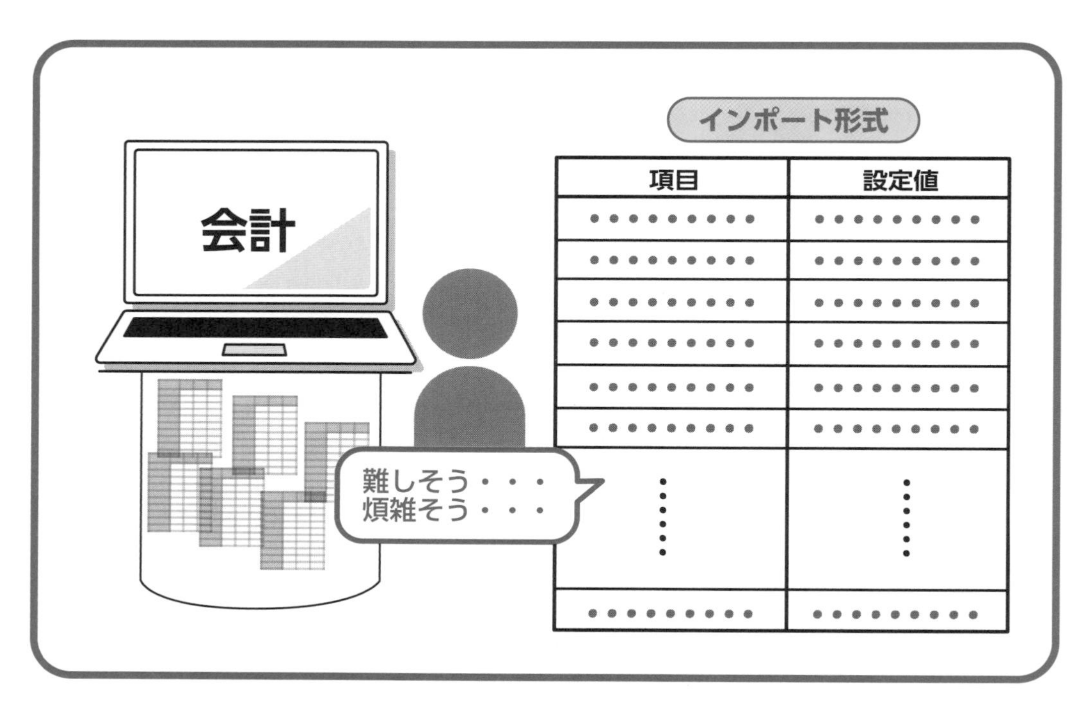

たとえば、今回、この後の例示で使う弥生会計（プロフェッショナル）のインポート形式をまずはざっと眺めてみましょう。

弥生会計インポート形式(プロフェッショナル)

弥生取り込み(インポート)形式(弥生会計 05以降)

	条件	項目名	桁数(半角)	型	備考
1 (A)	必須	識別フラグ	4	文字	仕訳の識別番号を半角数字で記述。 伝票以外の仕訳データ　:2000 1行の伝票データ　:2111 複数行の伝票データ 1行目　:2110 間の行　:2100 最終行　:2101
2 (B)		伝票No.	6	数字	事業所データの[帳簿・伝票設定]で伝票No.の付番方法が「手入力」の場合に記述した伝票No.を反映。 ※複数行の伝票データの場合は1行目を反映。
3 (C)		決算	4	文字	仕訳が決算仕訳の場合に「中決」「本決」を記述。 空白:通常の仕訳(区切り文字のカンマは必要) 中決:中間決算仕訳 本決:本決算仕訳 ※複数行の伝票データの場合は1行目を反映。
4 (D)	必須	取引日付	10	日付	会計期間内の西暦または和暦日付に限る。 (例)2019年7月1日の場合、次のいずれかで記述。「20190701」「2019/07/01」「2019/7/1」「R01/07/01」「R01/7/1」 ※複数行の伝票データの場合は1行目が必須(2行目以降は1行目の内容を反映)。
5 (E)	必須	借方勘定科目	24	文字	弥生会計で登録されている名称と同一文字列が望ましい。異なる文字列を記述した場合、弥生会計で登録されている名称と一致させるための作業が必要。 ▶ [マッチングリスト]画面が表示された場合 ※複数行の伝票データで、借方勘定科目がない場合は空白でも可。 ※複数行の入金伝票の場合は、2行目以降は空白でも可(1行目の科目のみをチェックする)。

6 (F)		借方補助科目	24	文字	同上。
7 (G)		借方部門	24	文字	同上。 ※この項目はスタンダード、やよいの青色申告ではインポートできません。
8 (H)	必須	借方税区分	-	文字	税区分の略称名を記述。記述形式は、 課税方式別税区分・税計算区分一覧 を参照してください。 複数の税率がある税区分で、税区分名に税率が記述されていない場合、税率5%としてインポート。 ※複数行の伝票データで、借方勘定科目がない場合でも必須。借方勘定科目がない場合は「対象外」と記述。
9 (I)	必須	借方金額	11	金額	整数（税込金額を入力）。 ※複数行の伝票データで、借方勘定科目がない場合でも必須。借方勘定科目がない場合は「0」と記述。
10 (J)		借方税金額	11	金額	整数 （税抜処理の場合は税額を自動計算しないため、入力必須）。
11 (K)	必須	貸方勘定科目	24	文字	弥生会計で登録されている名称と同一文字列が望ましい。異なる文字列を記述した場合、弥生会計で登録されている名称と一致させるための作業が必要。 ▶ ［マッチングリスト］画面が表示された場合 ※複数行の伝票データで、貸方勘定科目がない場合は空白でも可。 ※複数行の出金伝票の場合は、2行目以降は空白でも可（1行目の科目のみをチェックする）。
12 (L)		貸方補助科目	24	文字	同上。
13 (M)		貸方部門	24	文字	同上。 ※この項目はスタンダード、やよいの青色申告ではインポートできません。
14 (N)	必須	貸方税区分	-	文字	「借方税区分」と同じ。
15 (O)	必須	貸方金額	11	金額	整数（税込金額を入力）。 ※複数行の伝票データで、貸方勘定科目がない場合でも必須。貸方勘定科目がない場合は「0」と記述。
16 (P)		貸方税金額	11	金額	整数 （税抜処理の場合は税額を自動計算しないため、入力必須）。

17 (Q)		摘要	64	文字	半角64桁を超える文字はインポート時に切り捨て。
18 (R)		番号	10	文字	［受取手形］［支払手形］の手形番号を記述。 半角10桁を超える文字はインポート時に切り捨て。
19 (S)		期日	10	日付	（例）2019年7月1日の場合、次のいずれかで記述。 「20190701」「2019/07/01」「2019/7/1」「R01/07/01」「R01/7/1」
20 (T)	必須	タイプ	1	数字	取引タイプを0～3の数字で記述。 0：仕訳データ 1：出金伝票データ 2：入金伝票データ 3：振替伝票データ ※複数行の伝票データの場合は1行目を反映。
21 (U)		生成元	4	文字	生成元を全角2桁で記述。 受手　：受取手形 支手　：支払手形 償却　：固定資産 預金　：預貯金 借入　：借入金 一括　：一括税抜 按分　：家事按分 給与　：弥生給与 販売　：弥生販売 会OL　：弥生会計 オンライン/やよいの青色申告 オンライン ※複数行の伝票データの場合は1行目を反映。
22 (V)		仕訳メモ	180	文字	半角180桁を超える文字は、インポート時に切り捨て。
23 (W)		付箋1	1	数字	0～5の数字で記述。空欄は0と認識される。 ※0は付箋なし。
24 (X)		付箋2	1	数字	
25 (Y)	必須	調整		文字	調整にチェックを付ける場合は「yes」（または「true」「on」「1」「-1」）を記述。チェックを付けない場合は「no」（または「yes」「true」「on」「1」「-1」以外の文字）を記述。 ※空欄の場合もチェックは付かない。ただし、空欄にする場合でも区切り文字のカンマ「,」は必要。

※グレードにより項目が異なることがあります。

出典：弥生会計　製品サポートページ「仕訳データの項目と記述形式」より

どうでしょうか？

パッと見て、項目が多いので「面倒くさそう」な感じがするかもしれません。それでも、弥生会計の場合は比較的シンプルで、項目は少ない方だと思います。

複数の分類コードを持てるような会計ソフトの場合では、さらに項目数が多くなって、記述ルールも複雑になっていきます。

ですから、CSV のインポート機能の存在を知っていても、「自分には無理そうだからやめておこう」と判断される方も多くいます。

ただ、実際のところ、そこまで恐れる必要はありません。項目を全て埋める必要はないからです。というか、ほとんど埋めません。

仕訳入力のときをイメージしてもらえばわかりやすいのですが、そんなにたくさんの項目を打ち込んではいないと思います。

CSV でインポートするときも仕訳入力と一緒です。
基本的には仕訳入力で打ち込んでいる項目を埋めれば十分です。

どの会計ソフトにおいても、CSV のインポート形式としてかなり多くの項目が提示されています。これは、仕訳の裏にそれだけ多くの情報を持てるような作りになっているためですが、これらの項目を全て使うことはまずありません。

実際に仕訳を入力するときに、何を入力しているかをイメージしながら、使用している会計ソフトのインポート形式に照らし合わせてみると、少し印象は変わってくると思います。設定する項目が限られてくることがわかると思います。

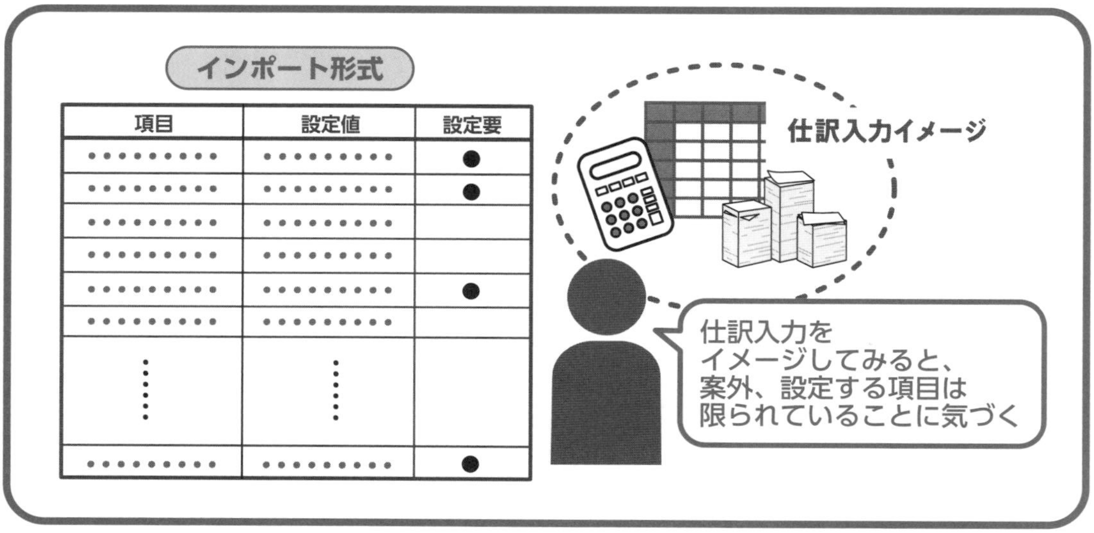

インポート形式

項目	設定値	設定要
・・・・・・・・・	・・・・・・・・・	●
・・・・・・・・・	・・・・・・・・・	●
・・・・・・・・・	・・・・・・・・・	
・・・・・・・・・	・・・・・・・・・	
・・・・・・・・・	・・・・・・・・・	●
・・・・・・・・・	・・・・・・・・・	
⋮	⋮	
・・・・・・・・・	・・・・・・・・・	●

仕訳入力イメージ

仕訳入力を
イメージしてみると、
案外、設定する項目は
限られていることに気づく

インポートファイル（CSV）を作成する際のポイント

どの項目を設定したらいいのか？

既に述べたように、基本的には仕訳入力の際に入力している項目が設定すべき項目になってきます。ですので、そんなにたくさんの項目を設定するわけではありません。

会計ソフトによってインポート形式はマチマチですので、設定ルールは使っているソフトによって違ってきますが、設定項目については共通して考えることができます。そもそもインポートしたいのが「仕訳」であることは同じだからです。

そこで、次のように分類してみると設定項目を考えやすくなります。

（1）会計ソフトの作法上必要な項目
　必須項目、固定値（決まり文句）

（2）仕訳入力に最低限必要な項目
　日付、勘定科目（借方・貸方）、消費税区分（借方・貸方）、金額（借方・貸方）、摘要

（3）会社の管理上、設定する項目
　伝票番号、補助科目（借方・貸方）、部門、その他分類など

（1）はその会計ソフトのルールとして設定が必要な項目になります。

先ほどの弥生会計のインポート形式（47 ～ 49 ページ）でいうと、項目 1（A）の「識別フラグ」であったり、最後の項目 25（Y）の「調整」という項目です。

弥生会計でいうと、通常の 1 行の仕訳（複合仕訳とかでなく）であれば、最初の項目 1（A）には「2000」という固定値を設定し、最後の項目 25（Y）には「no」という固定値をセットすることになります。

これらはインポートするためにシステム上、設定しておく必要がある項目になります。

（2）は、仕訳として成立するために最低限必要な項目です。
必須と言われなくても入力するであろう項目になります。
日付と借方・貸方それぞれの勘定科目・消費税区分・金額、あと摘要は空欄でも登録できますが、通常は何か文言を入力すると思います。

もちろん、項目設定の仕方は、会計ソフトによって違ってきます。
日付の書き方（2023/4/1とか20230401とか）や、勘定科目の指定方法（科目名なのか、科目コードなのか）、消費税区分の記述の仕方など、ソフトごとのルールにあわせて設定する必要があります。
ただ、要素としては絶対に必要な項目です。

（3）が会社ごとに設定が変わってくる項目になります。
補助科目や部門などです。会社として管理上使用している項目は設定が必要になってきます。
ここも記述ルールは会計ソフトの指定に従います。
（コードで指定するのか、名称で指定するのか等）
仕訳入力をイメージしてみて、見たことのない項目があれば、それは使っていない項目になります。

記述ルールは、会計ソフトごとになるので、共通化できませんが、設定項目を考えるところは同じです。
当然、仕訳入力のときに入力している項目が設定する項目になってきますが、（1）（2）（3）のように分けて整理すると考えやすくなります。

CSVインポートの仕訳だとわかるようにする

インポート用のCSVファイルを作成したら、そのまま会計ソフトに読み込めばよいのですが、最初のインポートのときは少し注意するようにしましょう。

テスト的に数件を読み込んでみて、問題なく登録されているかを確認してから、次に数十件と少しずつ読み込んで登録状況を確認しながら進めると安心です。
指定通りにファイルを作成したとしても、やはり最初は何か問題が起きるかもしれません。

なので、いきなり件数の多いデータを読み込まず、面倒であっても最初は段階的にインポートしていくのがよいでしょう。

問題なく登録されていることが確認できれば、処理をルーチン化していって、まとめて読み込むようにしていきましょう。

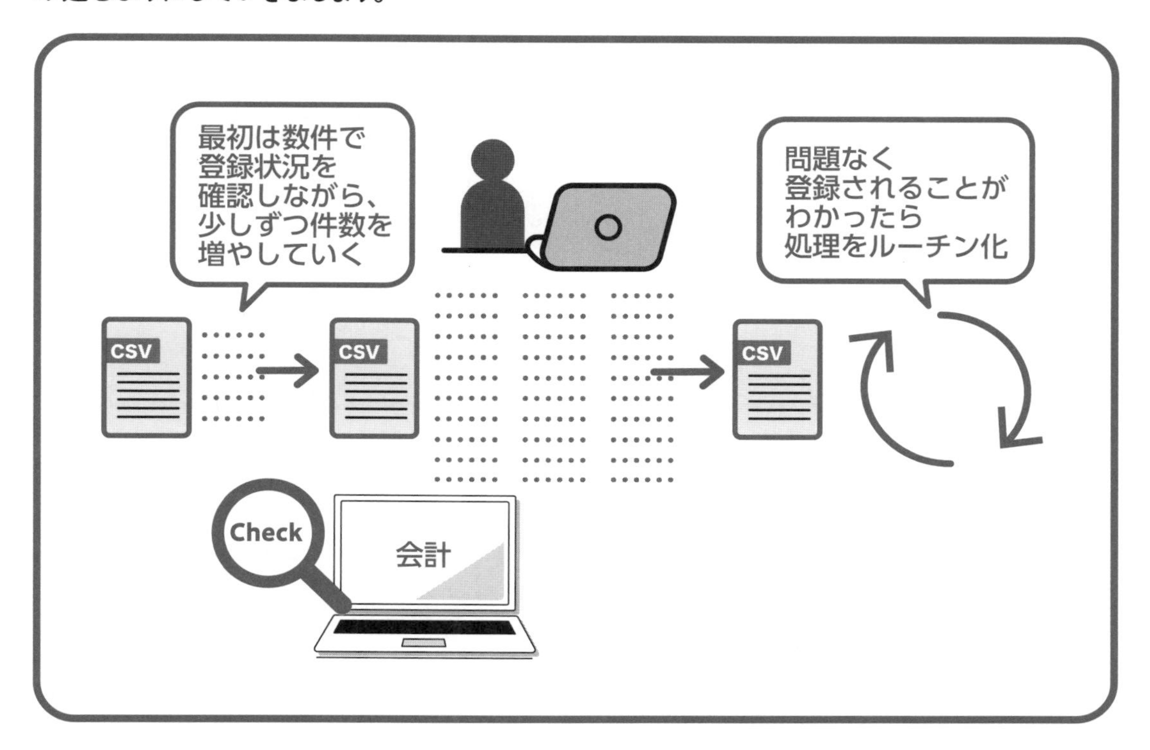

また、読み込んだ後にもし何か問題があったとしても対処できるように、CSV インポートの仕訳だとわかるようなフラグや仕訳メモを設定しておくと 安心です。

インポート形式の中には、任意のフラグや任意の分類コードなど、使用していない項目がたくさんあります。会計ソフトによっては、仕訳メモを設定できるようになっているものもあります。

これらの項目を使って「CSV インポートの仕訳である」とわかるようにしておけば、仮に後から何かあったとしても対象データを探し出せます。

仕訳の登録という意味では必要ない項目ですが、使っていない項目を利用するだけなので、念のためとして設定しておくとよいでしょう。

たとえば、先ほどの弥生会計のインポート形式（47 ～ 49 ページ）でいうと、項目 22（V）の「仕訳メモ」に「CSV インポート」といったメモを設定して、対象データをいつでも探せるようにしておきます。

他の使っていない項目に意味合いを持たせて、利用しても構いません。
いずれにしろ、後で検索しやすいようにしておくのがポイントです。

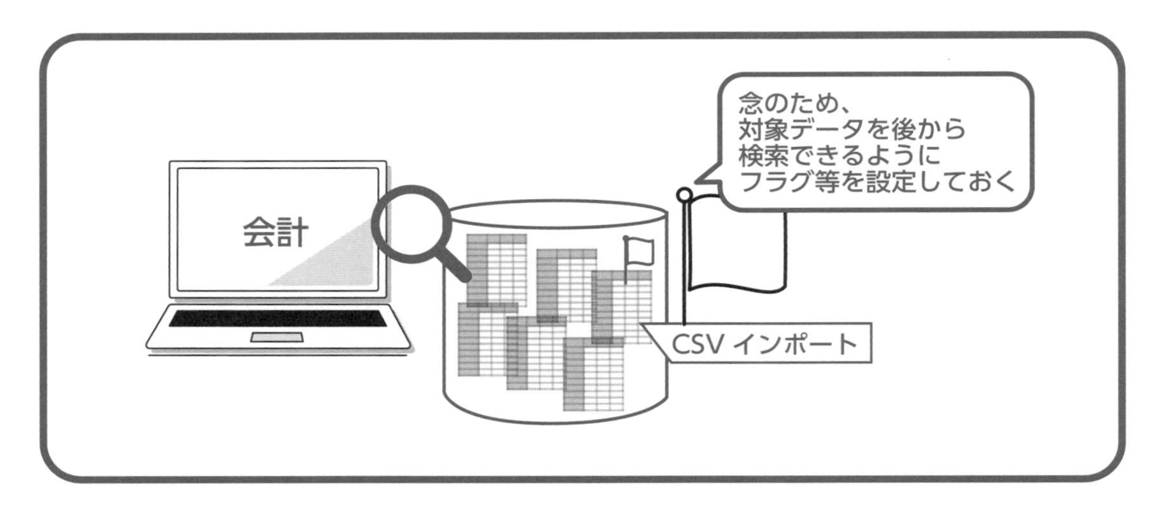

インポートファイル（CSV）の設定項目を考える上でのポイントや注意点を押さえたら、次に実際の例で CSV インポートのプロセスを見ていきましょう。
会計ソフトとしては、弥生会計を使った場合で見ていきます。比較的項目がシンプルでわかりやすいからです。

別の会計ソフトの場合でも、作法の違いはありますが、設定項目の考え方や Excel 上の操作は共通している部分が多いので、インポートのプロセスは参考にできるかと思います。

【例 1】
売上請求データ（Excel）を CSV インポート

最初の例として、Excel で管理している売上請求一覧表から CSV ファイルを作成して、弥生会計へ売上の仕訳としてインポートするケースを見ていきたいと思います。

（販売管理ソフトの売上データをいったん Excel にダウンロードしてきた場合と考えても同様です）

たとえば、次のような請求額の集計表を Excel で管理していたとします。

請求日・入金予定日・請求番号・請求先・請求金額・売上担当部門・売上担当者が一覧になっている表です。

	A	B	C	D	E	F	G
1	請求日	入金予定日	請求番号	請求先	請求金額	売上担当部門	売上担当者
2	2023年4月30日	2023年5月31日	20230430-101	株式会社ＡＡＡ	990,000	営業１部	山田
3	2023年4月30日	2023年5月31日	20230430-102	株式会社ＢＢＢ	1,650,000	営業１部	田中
4	2023年4月30日	2023年5月31日	20230430-103	株式会社ＣＣＣ	990,000	営業１部	山本
5	2023年4月30日	2023年5月31日	20230430-104	株式会社ＤＤＤ	1,100,000	営業１部	山田
6	2023年4月30日	2023年5月31日	20230430-105	株式会社ＥＥＥ	880,000	営業１部	山本
7	2023年4月30日	2023年5月31日	20230430-106	株式会社ＦＦＦ	1,485,000	営業３部	小林
8	2023年4月30日	2023年5月31日	20230430-107	株式会社ＧＧＧ	440,000	営業２部	吉田
9	2023年4月30日	2023年5月31日	20230430-108	株式会社ＨＨＨ	550,000	営業１部	田中

話を単純にするため、消費税は軽減 8% のものは扱っていないとします（10% の売上のみ）。これを「売掛金 / 売上高」の仕訳として弥生会計へインポートするプロセスを見ていきます。

まず、設定する項目とその設定値を確認しておきます。

弥生会計のインポート形式（47 ～ 49 ページ）をもう一度、ざっと見てもらえたらと思います。設定する項目を先ほど紹介した

（1）会計ソフトの作法上必要な項目

（2）仕訳入力に最低限必要な項目

（3）会社の管理上、設定する項目

に分けて整理してみます。

会計ソフトの作法上必要な項目

以下の 3 項目が必須となっているので、表のとおりに固定値を設定します。

列	項目名	設定値
1（A）	識別子フラグ	2000（通常の仕訳データ）
20（T）	タイプ	0（仕訳データ）
25（Y）	調整	no（使わない項目）

仕訳入力に最低限必要な項目

以下は仕訳であれば、最低限必要となってくる項目です。摘要以外は、弥生会計のインポート形式でも必須の項目となっています。

列	項目名	設定値
4（D）	取引日付	請求日（2023 /4/30）「／」で指定
5（E）	借方勘定科目	「売掛金」（固定）
8（H）	借方税区分	「対象外」（固定）
9（I）	借方金額	請求金額
11（K）	貸方勘定科目	「売上高」（固定）
14（N）	貸方税区分	「課税売上込 10%」（固定）
15（O）	貸方金額	請求金額
17（Q）	摘要	請求番号＋請求先＋売上担当者

弥生会計の場合は、勘定科目名で指定しますが、勘定科目コードで指定する会計ソフトもあります。

借方勘定科目は「売掛金」、貸方勘定科目は「売上高」で固定です。税区分も決められた文言で指定します。借方税区分は「対象外」で固定です。

貸方税区分は「課税売上込 10%」という文言を設定します。

通常、借方・貸方のどちらかは「対象外」で設定するケースが多いでしょう。

また、借方税金額と貸方税金額という項目もありますが、税込金額と税区分の値から会計ソフト側で自動計算させる設定になっていることが多いと思いますので、今回のケースでも税金額の指定は特にしない前提とします。

「摘要」には「請求番号」と「請求先」、「売上担当者」を連結した文字列を設定するようにします。

会社の管理上、設定する項目

列	項目名	設定値
6（F）	借方補助科目	請求先
12（L）	貸方補助科目	請求先
13（M）	貸方部門	売上担当部門
22（V）	仕訳メモ	「CSV インポート」

これらは会社の管理上、設定する項目です。

得意先別に売掛金管理と損益管理を行う前提で今回は、補助科目に借方・貸方とも「請求先」を設定することとします。

また、部門別損益管理もできるように、貸方の「売上高」の方には売上担当部門を設定しておきます。

さらに、CSV からインポートされた仕訳ということがわかるようにしておくために、「仕訳メモ」に「CSV インポート」の文言をセットするようにします。

では、実際に Excel での操作を見ていきましょう。

先ほどの請求額一覧（Sheet1）とは別のシート（Sheet2）を用意します。

	A	B	C	D	E	F	G
1	請求日	入金予定日	請求番号	請求先	請求金額	売上担当部門	売上担当者
2	2023年4月30日	2023年5月31日	20230430-101	株式会社ＡＡＡ	990,000	営業１部	山田
3	2023年4月30日	2023年5月31日	20230430-102	株式会社ＢＢＢ	1,650,000	営業１部	田中
4	2023年4月30日	2023年5月31日	20230430-103	株式会社ＣＣＣ	990,000	営業１部	山本
5	2023年4月30日	2023年5月31日	20230430-104	株式会社ＤＤＤ	1,100,000	営業１部	山田
6	2023年4月30日	2023年5月31日	20230430-105	株式会社ＥＥＥ	880,000	営業１部	山本
7	2023年4月30日	2023年5月31日	20230430-106	株式会社ＦＦＦ	1,485,000	営業３部	小林
8	2023年4月30日	2023年5月31日	20230430-107	株式会社ＧＧＧ	440,000	営業２部	吉田
9	2023年4月30日	2023年5月31日	20230430-108	株式会社ＨＨＨ	550,000	営業１部	田中

一覧表（Sheet1）の値を参照しながら、新しいシート（Sheet2）の方へ、弥生会計のインポート形式（CSV）を作っていきます。

CSV にするときは必要ない行ですが、わかりやすいようにヘッダ行と値をセットする項目の上には（1）~（3）の項目分類を入れておきます。

ヘッダ行を削除して CSV に保存してもよいのですが、これらのヘッダ行が読み込まれないように先頭に「#」マークを付けておきます。

弥生会計の場合は「#」マークがある行はコメント行とみなして、読み込まないようになっているからです。コメント行に使うマークは、会計ソフトによって異なってきますので、それぞれで指定されいている記号を設定するようにしましょう。

その上で、A 列 ~Y 列まで、以下のように値をセットしていきます。

「固定値」をセットする項目と一覧表（Sheet1）を参照してセットする項目です。

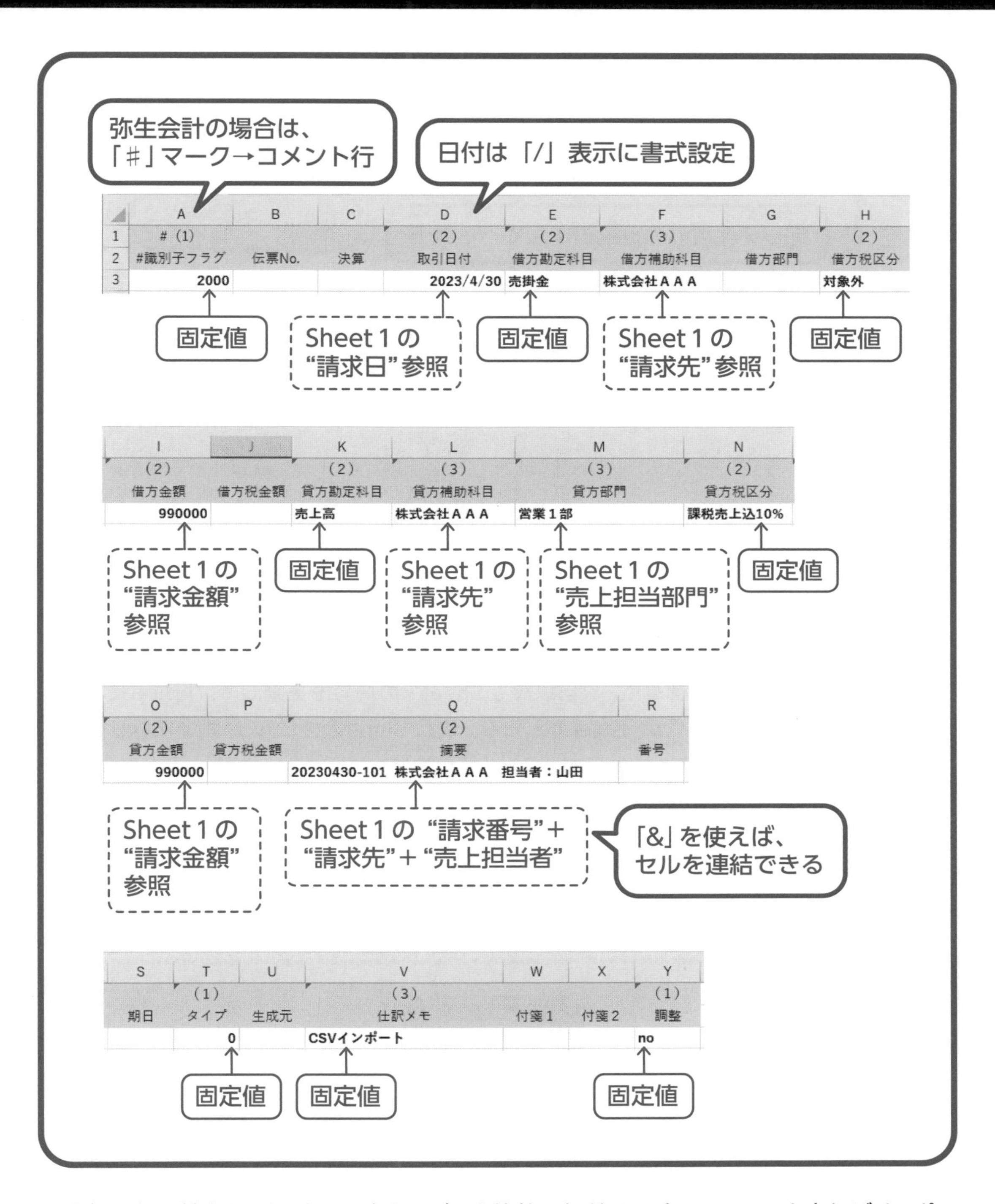

最初の行に値をセットしたら、あとはデータ件数の行だけコピー & ペーストすればインポートデータが完成します。

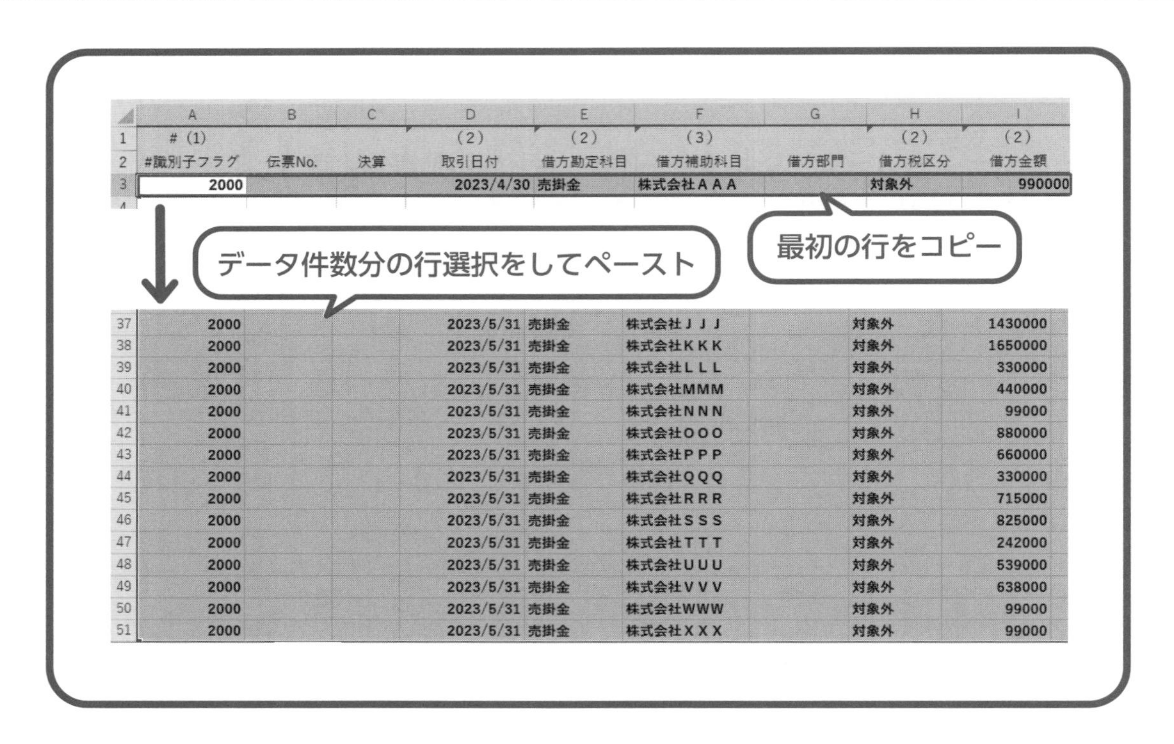

	A	B	C	D	E	F	G	H	I
1	# (1)			(2)	(2)	(3)		(2)	(2)
2	#識別子フラグ	伝票No.	決算	取引日付	借方勘定科目	借方補助科目	借方部門	借方税区分	借方金額
3	2000			2023/4/30	売掛金	株式会社ＡＡＡ		対象外	990000
37	2000			2023/5/31	売掛金	株式会社ＪＪＪ		対象外	1430000
38	2000			2023/5/31	売掛金	株式会社ＫＫＫ		対象外	1650000
39	2000			2023/5/31	売掛金	株式会社ＬＬＬ		対象外	330000
40	2000			2023/5/31	売掛金	株式会社ＭＭＭ		対象外	440000
41	2000			2023/5/31	売掛金	株式会社ＮＮＮ		対象外	99000
42	2000			2023/5/31	売掛金	株式会社ＯＯＯ		対象外	880000
43	2000			2023/5/31	売掛金	株式会社ＰＰＰ		対象外	660000
44	2000			2023/5/31	売掛金	株式会社ＱＱＱ		対象外	330000
45	2000			2023/5/31	売掛金	株式会社ＲＲＲ		対象外	715000
46	2000			2023/5/31	売掛金	株式会社ＳＳＳ		対象外	825000
47	2000			2023/5/31	売掛金	株式会社ＴＴＴ		対象外	242000
48	2000			2023/5/31	売掛金	株式会社ＵＵＵ		対象外	539000
49	2000			2023/5/31	売掛金	株式会社ＶＶＶ		対象外	638000
50	2000			2023/5/31	売掛金	株式会社ＷＷＷ		対象外	99000
51	2000			2023/5/31	売掛金	株式会社ＸＸＸ		対象外	99000

これをまず Excel ファイルとしていったん保存しておきます。

この 1 回限りで終わりではなく、次回以降も Sheet1 の内容を更新して、何度も使うためです。いったん Excel ファイルとして保存したら、次に Sheet2 を CSV 形式で保存します。

第 2 章で見たように CSV 形式で保存すると、関数を使っていようと、複数シートがあろうと、どんな書式であろうと、いま開いているシートのその見た目通りの文字列がカンマ区切りのテキストデータとして保存されます。

「名前を付けて保存」→ファイル種類のところを「CSV（コンマ区切り）」に切り替えて保存します。

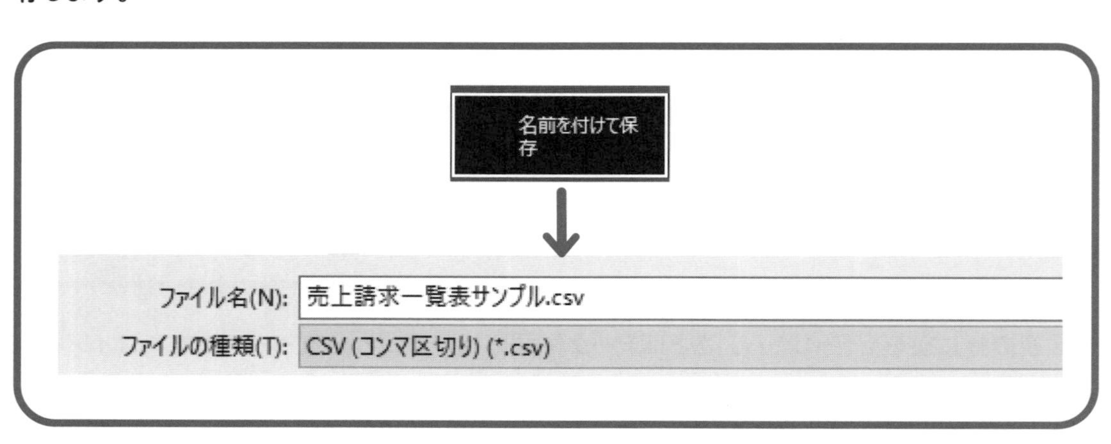

複数シートを使っていると警告のメッセージ（選択しているシートしか保存できない旨）が表示されますが、そのまま「OK」して、CSV ファイルを作成します。

できた CSV ファイルをテキストエディタで開いてみると、次のようなカンマ区切りのデータになっています。

```
売上請求一覧表サンプル.csv - メモ帳
ファイル(F) 編集(E) 書式(O) 表示(V) ヘルプ(H)
#（1）,,,（2）,（2）,（3）,,（2）,（2）,,（2）,（3）,（3）,（2）,（2）,,（2）,,,（1）,,
#識別子フラグ,伝票No.,決算,取引日付,借方勘定科目,借方補助科目,借方部門,借方税区分,借方金額,借方税金
2000,,,2023/4/30,売掛金,株式会社ＡＡＡ,,対象外,990000,,売上高,株式会社ＡＡＡ,営業１部,課税売上込10%
2000,,,2023/4/30,売掛金,株式会社ＢＢＢ,,対象外,1650000,,売上高,株式会社ＢＢＢ,営業１部,課税売上込1(
2000,,,2023/4/30,売掛金,株式会社ＣＣＣ,,対象外,990000,,売上高,株式会社ＣＣＣ,営業１部,課税売上込10%
2000,,,2023/4/30,売掛金,株式会社ＤＤＤ,,対象外,1100000,,売上高,株式会社ＤＤＤ,営業１部,課税売上込1(
2000,,,2023/4/30,売掛金,株式会社ＥＥＥ,,対象外,880000,,売上高,株式会社ＥＥＥ,営業１部,課税売上込10%
2000,,,2023/4/30,売掛金,株式会社ＦＦＦ,,対象外,1485000,,売上高,株式会社ＦＦＦ,営業３部,課税売上込1(
2000,,,2023/4/30,売掛金,株式会社ＧＧＧ,,対象外,440000,,売上高,株式会社ＧＧＧ,営業２部,課税売上込10%
```

このファイルを弥生会計にインポートします。

ちなみに、補助科目や部門については、事前に登録設定してあるという前提ですが、弥生会計の場合は、もし存在しない補助科目や部門があったとしても、その補助科目や部門を新規登録した上で仕訳をインポートしてくれるようになっています。

操作としては、弥生会計を立ち上げて、仕訳日記帳を開いた上で、「ファイル」→「インポート」を選択します。

ポップアップ画面で作成したCSVファイルを指定して「OK」を押すと、仕訳が読み込まれます。

もちろん、操作そのものは会計ソフトによって異なってきますが、それでも仕訳をインポートすること自体は一緒なので、同じような操作にはなってます。

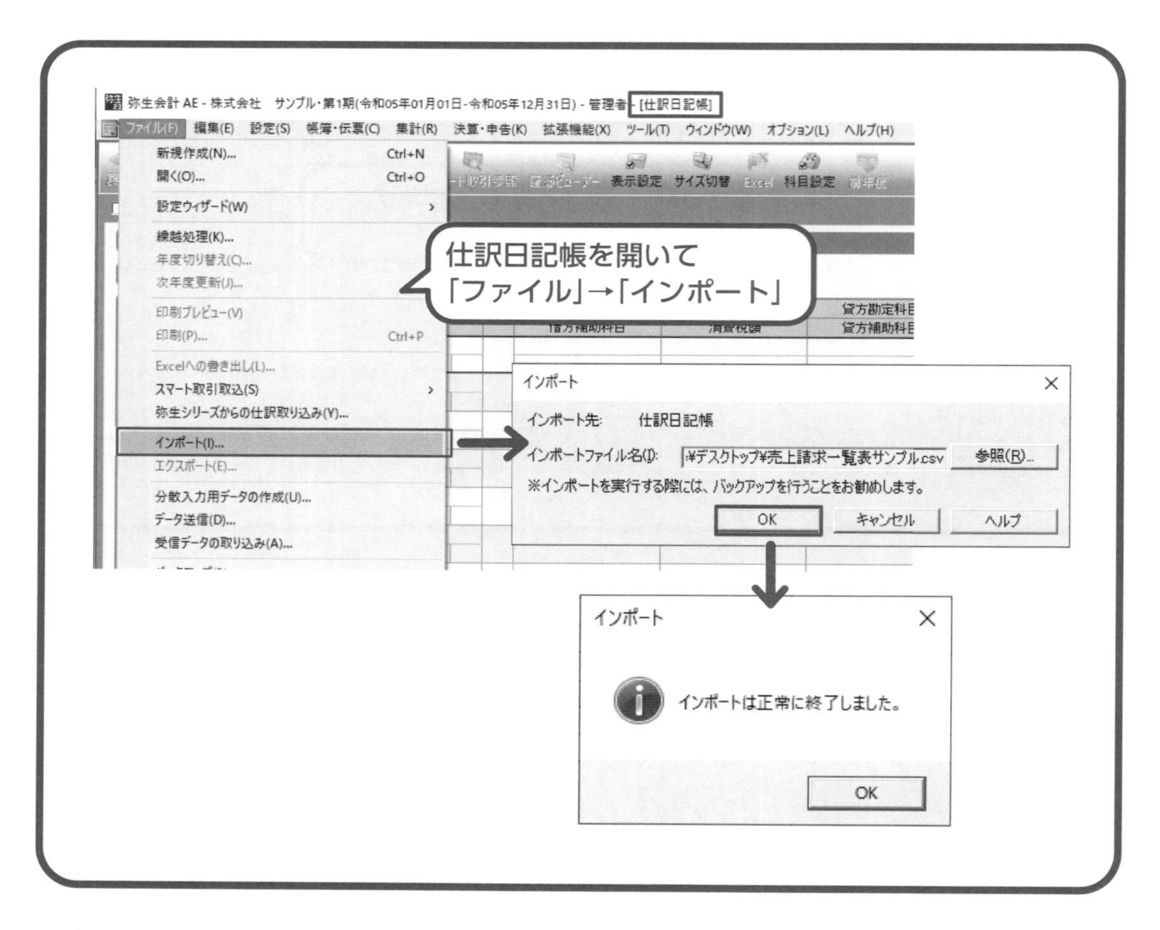

次に、取り込まれた仕訳の内容を確認します。

「売掛金 / 売上高」の仕訳、金額と消費税額、補助科目や部門が問題なく設定されているか、また、仕訳メモにも値がセットされていることを確認します。

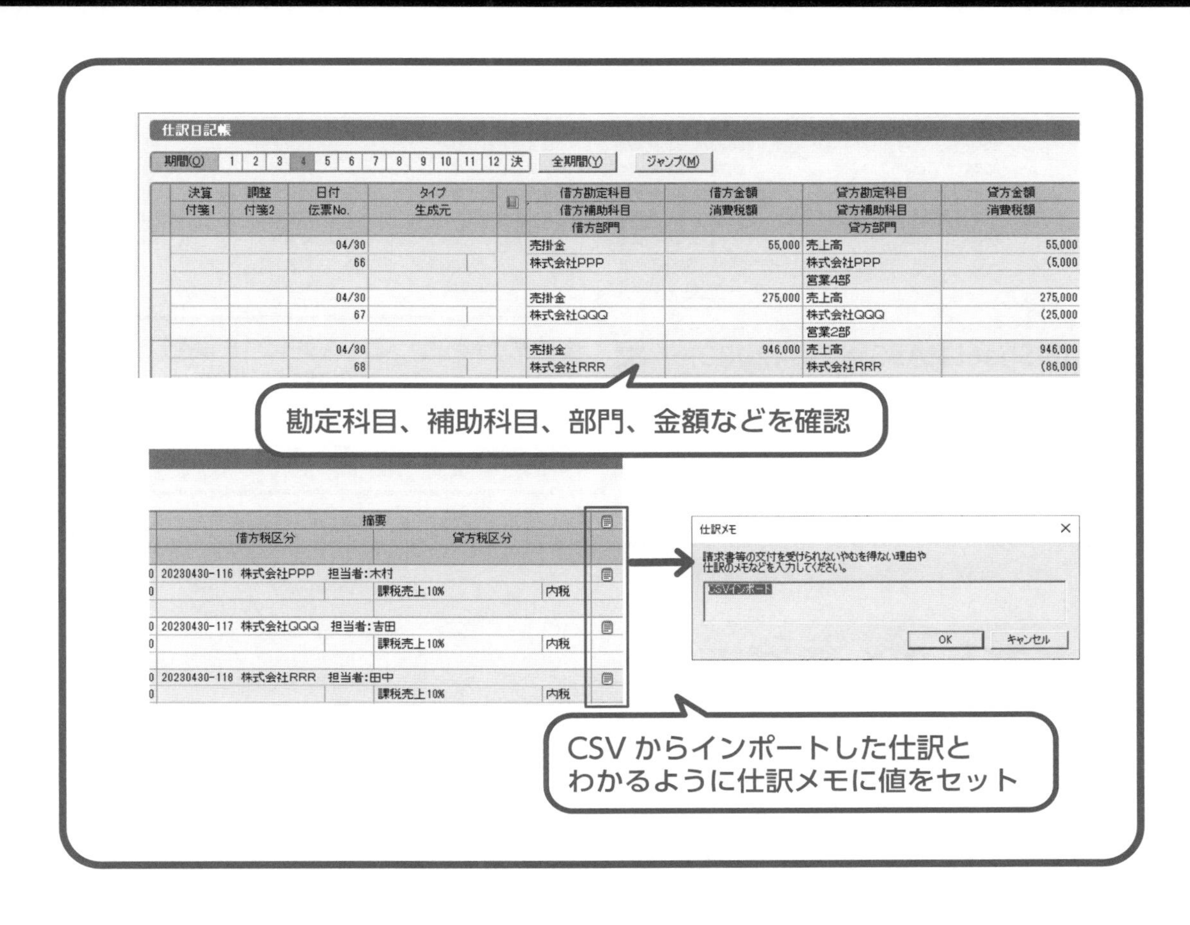

インポート形式にあわせていくところが、最初は少し大変ですが、一度作ってしまえば、次回からは楽になります。

Sheet1 の内容を更新していけば、そこを参照している Sheet2 の内容もそれに応じて変わっていきます。

月によって件数の違いがあるので、Sheet2 でもそれに合わせて参照行を追加したり、要らない行を削ったりといった作業は多少発生しますが、基本的には最初に作ったファイルをそのまま流用していくことができます。

ちなみに、件数の増加にあわせてそのつど行数を増やすのが面倒なら、Sheet2 の A 列にて、毎月発生するよりも少し多めの行をとって、IF 関数を使って、もし空欄だったら "#" マーク、値が入っていたら「2000」の固定値とすることで、値が入っていない行はコメント行にしてしまうことも可能ではあります。

=IF（Sheet1 の A 列 ="","#",2000）

ただ、これもあまり多くの行を取りすぎると、ムダなコメント行をたくさん作ってしまうので、多少の追加コピーや削除くらいであれば手作業で対応してもよいと思います。

	A	B	C	D	E	F	G	H	I
48	2000			2023/5/31	売掛金	株式会社ＵＵＵ		対象外	539000
49	2000			2023/5/31	売掛金	株式会社ＶＶＶ		対象外	638000
50	2000			2023/5/31	売掛金	株式会社ＷＷＷ		対象外	99000
51	2000			2023/5/31	売掛金	株式会社ＸＸＸ		対象外	99000
52	2000			2023/5/31	売掛金	株式会社ＹＹＹ		対象外	990000
53	#			1900/1/0	売掛金	1900/1/0		対象外	0
54	#			1900/1/0	売掛金	1900/1/0		対象外	0

=IF(Sheet1!A53="","#",2000)

多めの行をとって、A列に IF 関数を入れておくことで空欄だったら、コメント行にしてしまうことも可能だが、ムダな行ができてしまう

【参考】8% 軽減売上と10% 売上が混在する場合

8% 軽減売上が混在する場合も同じように、10% 用のシート（Sheet2）と、8% 軽減用のシート（Sheet3）を用意して、それぞれを取り込むことは可能です。

8%軽減と 10% が混在するケース

	A	B	C	D	E	F	G	H	I
1	請求日	入金予定日	請求番号	請求先	請求合計金額	軽減8%請求金額	10%請求金額	売上担当部門	売上担当者
2	2023年4月30日	2023年5月31日	20230430-101	株式会社ＡＡＡ	423,000	324,000	99,000	営業１部	山田
3	2023年4月30日	2023年5月31日	20230430-102	株式会社ＢＢＢ	162,000	162,000		営業１部	田中
4	2023年4月30日	2023年5月31日	20230430-103	株式会社ＣＣＣ	379,800	280,800	99,000	営業１部	山本
5	2023年4月30日	2023年5月31日	20230430-104	株式会社ＤＤＤ	455,000	345,000	110,000	営業１部	山田
6	2023年4月30日	2023年5月31日	20230430-105	株式会社ＥＥＥ	880,000		880,000	営業１部	山本
7	2023年4月30日	2023年5月31日	20230430-106	株式会社ＦＦＦ	1,485,000		1,485,000	営業３部	小林
8	2023年4月30日	2023年5月31日	20230430-107	株式会社ＧＧＧ	218,000	108,000	110,000	営業２部	吉田
9	2023年4月30日	2023年5月31日	20230430-108	株式会社ＨＨＨ	304,400	194,400	110,000	営業１部	田中
10	2023年4月30日	2023年5月31日	20230430-109	株式会社ＩＩＩ	542,000	432,000	110,000	営業２部	田村

ただし、別々の仕訳として登録するのではなく、同じ請求番号は同じ仕訳伝票として登録したい場合には、もう少しだけ複雑な加工が必要になってきます。

弥生会計の場合でいうと、固定値にセットする値が変わってきて、振替伝票形式で複数行をインポートすることになります。

弥生会計における振替伝票形式でのインポートがどんな感じになるかについては、次にみる「【例 2】経費精算データ（Excel）を CSV インポート」で紹介します。

もちろん、複数行によるインポートも会計ソフトごとにやり方が違ってくるところですが、システム的な設定項目以外はだいたい同じ設定項目になってきますので（並び順などは異なりますが）、Excel 上での加工の仕方は共通する部分が多くなります。

【例 2】
経費精算データ（Excel）を CSV インポート

次の例として、Excel で作っている経費精算申請書のデータを使って、弥生会計へ仕訳インポートするケースを見ていきたいと思います。

次のような「経費精算申請書」を Excel で各従業員に作成してもらい、1 か月分の立替経費を経理に申請してもらっているケースを考えます。

経費精算で使う勘定科目は限定した上で、勘定科目別の 10% と 8% 軽減それぞれの合計額を右側に集計するようになっています。

「SUMIFS」という関数を使えば、勘定科目別に 10% 合計額・8% 軽減合計額を集計することができます。

＜ 経費精算申請書 ＞

精算No. 101

申請日: 2023年5月1日

2023年4月分

部門名	営業1部
申請者名	山田　一郎

申請合計金額 54,925

支払日	勘定科目名	相手先名	軽減税率(*)	金額	取引内容
4月5日	交際費	A百貨店	*	3,240	B社訪問　手土産代
4月6日	旅費交通費	C鉄道		5,000	電車代
4月16日	旅費交通費	○○タクシー		1,000	タクシー代
4月17日	会議費	●飲食店		15,640	取引先D　飲食代
4月18日	消耗品費	○○印刷		5,500	名刺代
4月21日	租税公課	○○市役所		600	証明手数料
4月24日	会議費	××コンビニストア	*	540	飲料代
4月24日	通信費	郵便局		2,000	切手代
4月25日	租税公課	○○法務局		600	謄本手数料
4月26日	通信費	×電話		10,000	携帯電話代
4月28日	消耗品費	××スーパー		550	文房具

勘定科目名	10%合計	8%合計
旅費交通費	6,000	0
交際費	0	3,240
会議費	15,640	540
消耗品費	6,050	0
通信費	21,980	0
租税公課	1,200	0
雑費	275	0
経費合計	51,145	3,780

選べる勘定科目は 10 個以下くらいに限定して、勘定科目別の集計も Excel の SUMIFS という関数を使って自動計算

この右側の勘定科目別に集計された値を、従業員別に弥生会計へ仕訳登録していくイメージです。

経費の相手科目（貸方科目）は「未払経費」という科目を使って、「未払経費」の補助科目として各従業員（名）を登録して管理している前提とします。

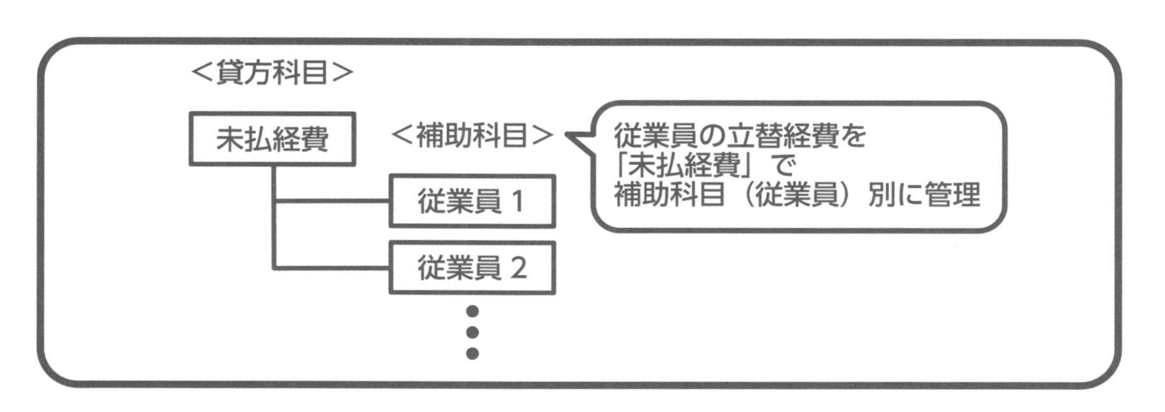

借方（経費）科目には、特に補助科目は設定せずに、代わりに部門（経費負担）を設定することとします。

設定する項目は先ほどの【例 1】と同じですが、弥生会計の場合、振替伝票として登録するときは、先ほどの【例 1】とはセットする固定値が変わってきます。具体的には、A 列の「識別フラグ」と T 列の「タイプ」に設定する値が変わります。

列	項目名	設定値
1（A）	識別子フラグ	1 行目：2110 間の行：2100 最後の行：2101 ※振替伝票の先頭行と最終行を明示する必要がある
4（D）	取引日付	申請日（2023/5/1）の前月末日 2023/4/30 ▶EOMONTH 関数を使って、EOMONTH（申請日, -1）とすると、申請日のマイナス 1 か月（前月）の末日を取得してくれる
5（E）	借方勘定科目	各経費科目
7（G）	借方部門	部門名
8（H）	借方税区分（※）	10%：「課対仕入込 10%」 8%軽減：「課対仕入込軽減 8%」
9（I）	借方金額	各経費科目別の「10%合計」or「8%合計」
11（K）	貸方勘定科目	「未払経費」（固定）
12（L）	貸方補助科目	申請者名
14（N）	貸方税区分	「対象外」（固定）
15（O）	貸方金額	各経費科目別の「10%合計」or「8%合計」
17（Q）	摘要	申請者名＋精算 No.＋“詳細は別紙参照”

20（T）	タイプ	3（振替伝票データ）
22（V）	仕訳メモ	「CSV インポート」
25（Y）	調整	no（使わない項目）

（※）弥生会計のインボイス対応バージョンでは、税区分の設定値が少し変わります。
適格請求書・領収書の場合には「課対仕入込 10% 適格」、「課対仕入込軽減 8% 適格」のように後ろに「適格」という文言を追加し、区分記載の請求書・領収書（免税事業者からのもの）のときは「課対仕入込 10% 区分 80%」、「課対仕入込軽減 8% 区分 80%」のように後ろに「区分 80%」という文言を加えることになります。
ただし、上記の例のようにインボイス対応前の税区分（「適格」や「区分 80%」の記載がない場合）でも「読み込んだ後の仕訳の税区分を確認するように」促す旨のメッセージが表示された上で、「適格」の仕訳として読み込んでくれます（基本的にはほとんどが適格請求書のため）。
インボイス制度開始後も区分記載（免税事業者からの）請求書の発生割合を見ながら、運用方法は検討するとよいでしょう。ほとんど区分記載が発生しないのであれば、基本は「適格」として読み込んでおいて、稀に発生したときだけ、該当金額分の仕訳を後から訂正するといった運用で対応することも可能です。

「識別フラグ」について、振替伝票で登録する場合は、先頭行、間の行、最後の行の値を分けて設定する必要があります。

最初の行と間の行は指定できますが、最後の行はデータ件数が確定しないと設定できません。

したがって、データ件数に幅があるものだと、毎回「識別フラグ」を最後の行を示す「2101」に書き換える作業が必要になります。

ただ、この経費精算の場合は使わせる勘定科目を限定しているので、データ件数は毎回同じで確定できます。

各経費勘定科目 × 2（10% 合計値と 8% 合計値）の多くても 20 件程度のデータ件数になりますので、次のように先頭は「旅費交通費の 10% 合計額」と最後は「雑費の 10% 合計額」と決め打ちしておけば、「識別フラグ」を固定化でき、汎用化（繰り返し流用）が可能となります。

ちなみに、会計ソフトによっては、伝票番号と日付が同一であれば、複合仕訳を自動的に判定して振替伝票として作成してくれるものもあります。

そういった会計ソフトの場合は、先頭行や最後の行を明示しなくても済みます。

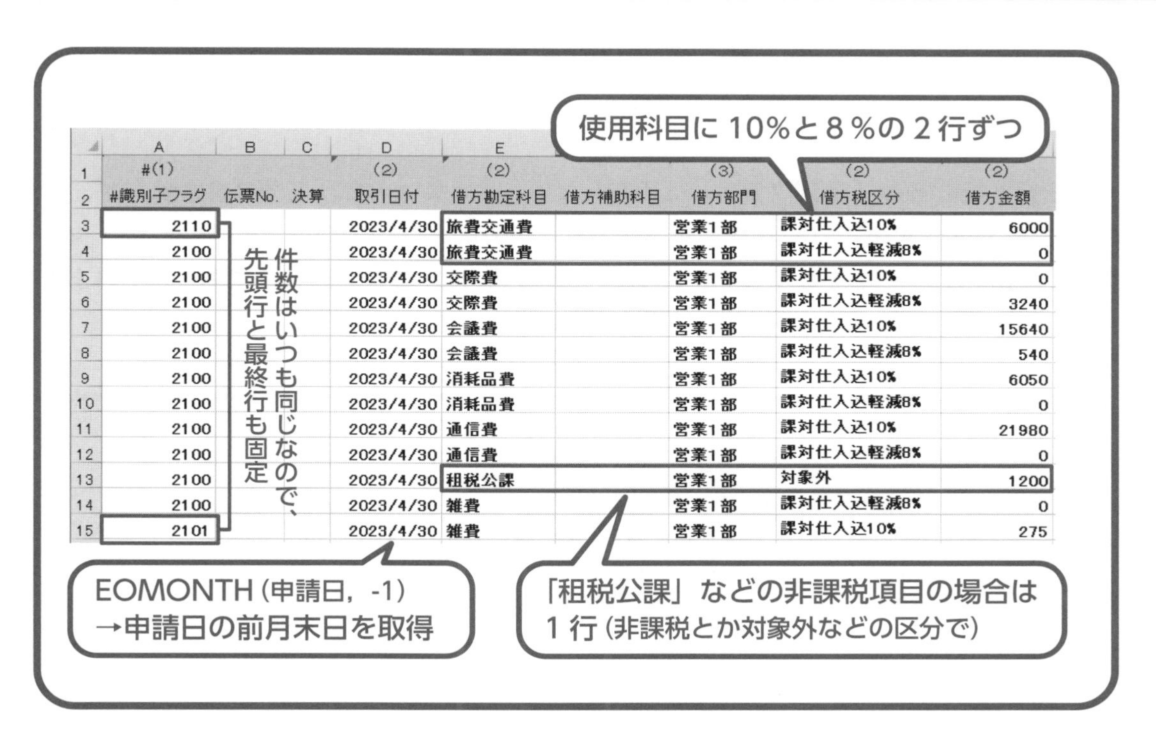

	A	B	C	D	E				
1	#(1)			(2)	(2)		(3)	(2)	(2)
2	#識別子フラグ	伝票No.	決算	取引日付	借方勘定科目	借方補助科目	借方部門	借方税区分	借方金額
3	2110			2023/4/30	旅費交通費		営業1部	課対仕入込10%	6000
4	2100			2023/4/30	旅費交通費		営業1部	課対仕入込軽減8%	0
5	2100			2023/4/30	交際費		営業1部	課対仕入込10%	0
6	2100			2023/4/30	交際費		営業1部	課対仕入込軽減8%	3240
7	2100			2023/4/30	会議費		営業1部	課対仕入込10%	15640
8	2100			2023/4/30	会議費		営業1部	課対仕入込軽減8%	540
9	2100			2023/4/30	消耗品費		営業1部	課対仕入込10%	6050
10	2100			2023/4/30	消耗品費		営業1部	課対仕入込軽減8%	0
11	2100			2023/4/30	通信費		営業1部	課対仕入込10%	21980
12	2100			2023/4/30	通信費		営業1部	課対仕入込軽減8%	0
13	2100			2023/4/30	租税公課		営業1部	対象外	1200
14	2100			2023/4/30	雑費		営業1部	課対仕入込軽減8%	0
15	2101			2023/4/30	雑費		営業1部	課対仕入込10%	275

貸方科目以降の設定項目についても、ほとんどは固定値になります。

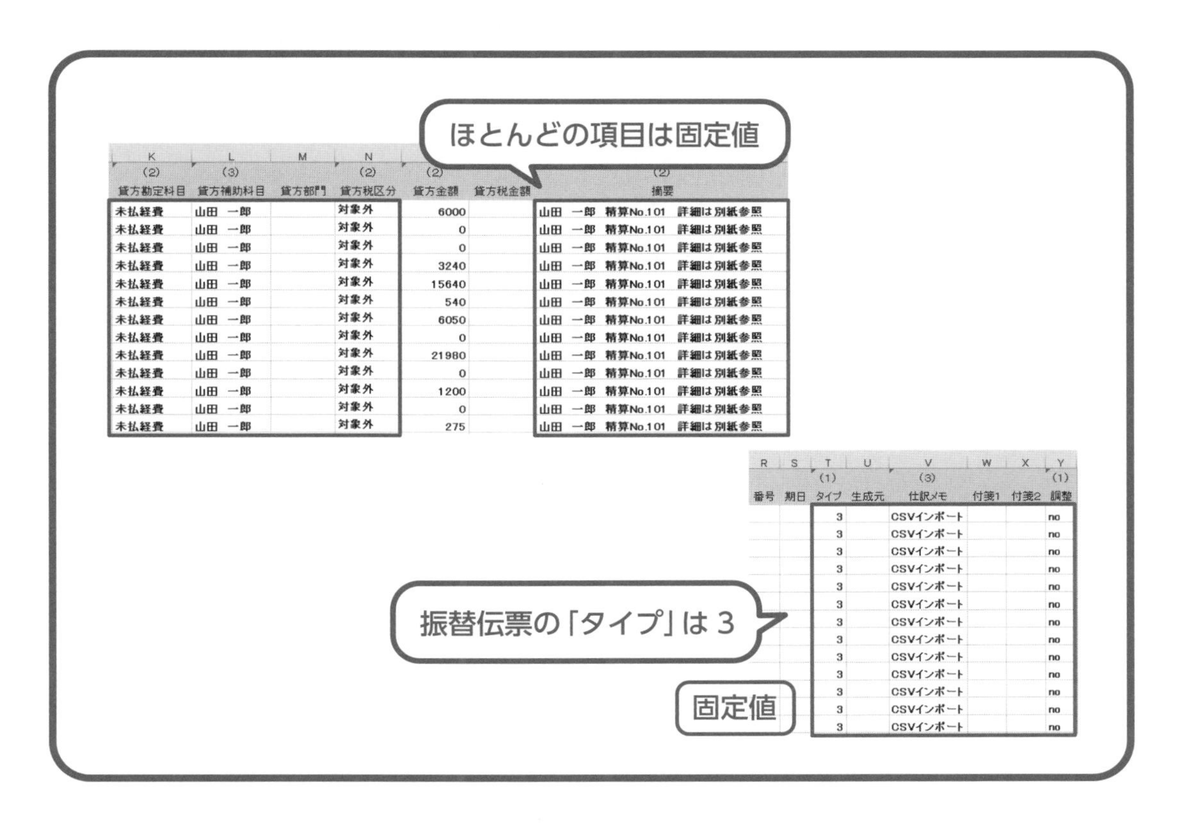

K	L	M	N			
(2)	(3)		(2)	(2)		(2)
貸方勘定科目	貸方補助科目	貸方部門	貸方税区分	貸方金額	貸方税金額	摘要
未払経費	山田　一郎		対象外	6000		山田　一郎　精算No.101　詳細は別紙参照
未払経費	山田　一郎		対象外	0		山田　一郎　精算No.101　詳細は別紙参照
未払経費	山田　一郎		対象外	0		山田　一郎　精算No.101　詳細は別紙参照
未払経費	山田　一郎		対象外	3240		山田　一郎　精算No.101　詳細は別紙参照
未払経費	山田　一郎		対象外	15640		山田　一郎　精算No.101　詳細は別紙参照
未払経費	山田　一郎		対象外	540		山田　一郎　精算No.101　詳細は別紙参照
未払経費	山田　一郎		対象外	6050		山田　一郎　精算No.101　詳細は別紙参照
未払経費	山田　一郎		対象外	0		山田　一郎　精算No.101　詳細は別紙参照
未払経費	山田　一郎		対象外	21980		山田　一郎　精算No.101　詳細は別紙参照
未払経費	山田　一郎		対象外	0		山田　一郎　精算No.101　詳細は別紙参照
未払経費	山田　一郎		対象外	1200		山田　一郎　精算No.101　詳細は別紙参照
未払経費	山田　一郎		対象外	0		山田　一郎　精算No.101　詳細は別紙参照
未払経費	山田　一郎		対象外	275		山田　一郎　精算No.101　詳細は別紙参照

R	S	T	U	V	W	X	Y
		(1)		(3)			(1)
番号	期日	タイプ	生成元	仕訳メモ	付箋1	付箋2	調整
		3		CSVインポート			no
		3		CSVインポート			no
		3		CSVインポート			no
		3		CSVインポート			no
		3		CSVインポート			no
		3		CSVインポート			no
		3		CSVインポート			no
		3		CSVインポート			no
		3		CSVインポート			no
		3		CSVインポート			no
		3		CSVインポート			no
		3		CSVインポート			no
		3		CSVインポート			no

このままでもよいのですが、集計額が０円の行は登録しないように、集計額が０円だった場合は、コメント行化（弥生会計の場合は、行の最初に「#」マーク）してしまうのもよいでしょう。

先頭行と最終行の「識別フラグ」は固定しないといけないので、変更できませんが、間の行については、次のように、集計額が０円だった場合に「識別フラグ」（A 列）に「#」マークを入れるよう、IF 関数を設定しておくと弥生会計の場合は、コメント行として取り扱われます。

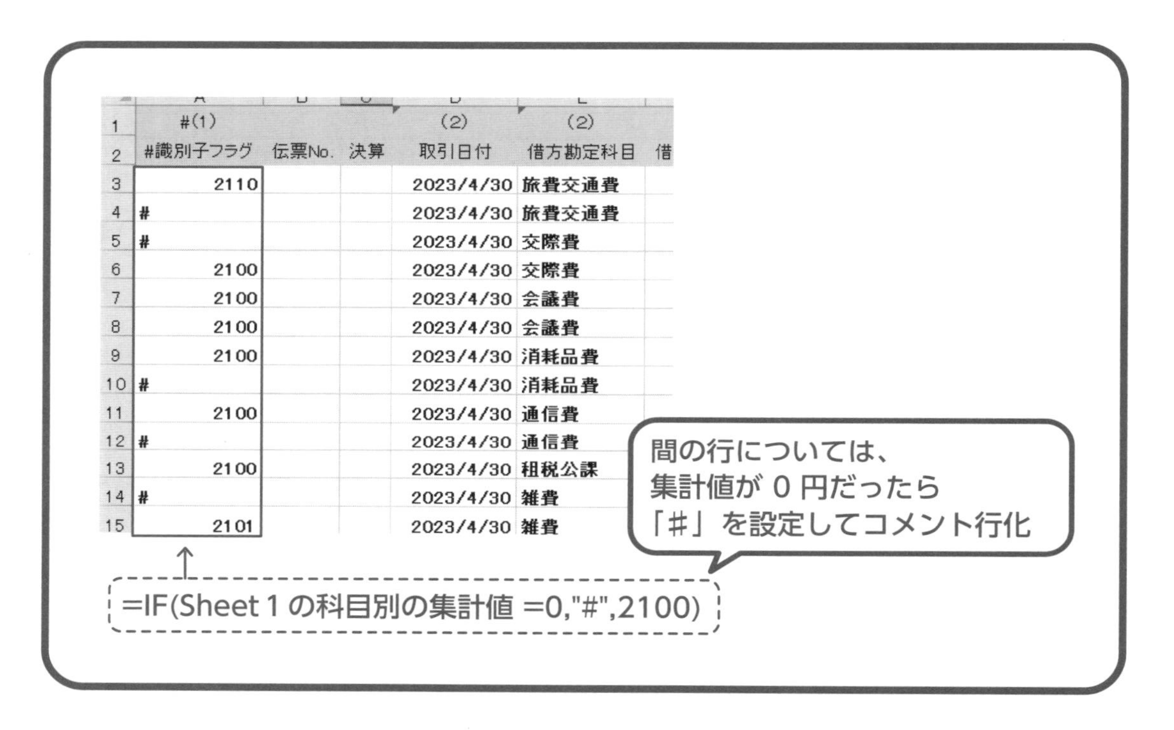

	A	B	C	D	E	
1	#(1)			(2)	(2)	
2	#識別子フラグ	伝票No.	決算	取引日付	借方勘定科目	借
3	2110			2023/4/30	旅費交通費	
4	#			2023/4/30	旅費交通費	
5	#			2023/4/30	交際費	
6	2100			2023/4/30	交際費	
7	2100			2023/4/30	会議費	
8	2100			2023/4/30	会議費	
9	2100			2023/4/30	消耗品費	
10	#			2023/4/30	消耗品費	
11	2100			2023/4/30	通信費	
12	#			2023/4/30	通信費	
13	2100			2023/4/30	租税公課	
14	#			2023/4/30	雑費	
15	2101			2023/4/30	雑費	

これを【例 1】のときと同様、CSV ファイルとして保存して、弥生会計へインポートします。

ただし、今回は【例 1】とは違って、従業員別の Excel シートになっているため、従業員の数だけ CSV ファイルが作成されることになります。

従業員の数だけインポート作業を繰り返してもよいのですが、少し面倒なので、Excel の機能（パワークエリ）を使って、この従業員別の CSV ファイルをすべて結合した 1 つのファイルにして、1 回で読み込むようにします。

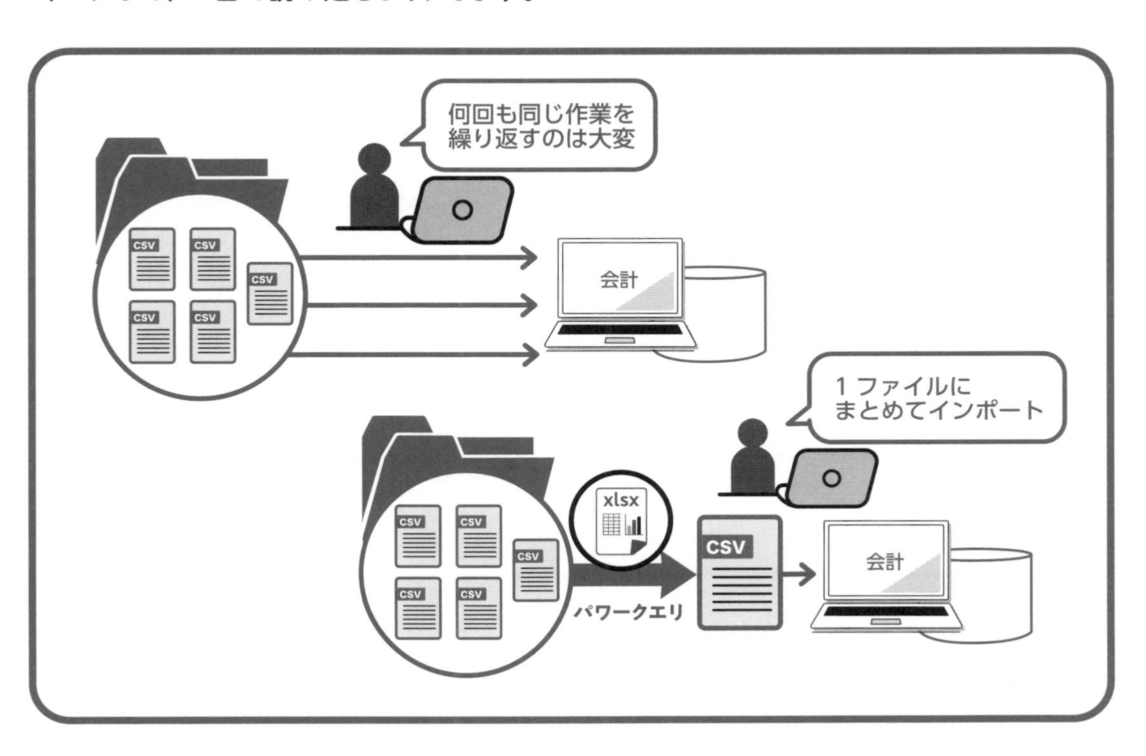

パワークエリ機能を使って複数ファイルを結合

第 2 章で少し触れましたが、「データの取得」を使って、CSV ファイルを Excel に読み込む際に、標準だとパワークエリという機能で取り込まれます。

パワークエリを使った CSV の読み込み（とその後の Excel 上での加工）については、4 章で詳しく見たいと思いますが、複数の CSV ファイルを結合して 1 つのファイルにまとめる際にも、このパワークエリでの読み込みが使えます。

まず、従業員別に作成された CSV ファイルを同じフォルダ内に置きます。

Excel のメニューから「データ」→「ファイルから」→「フォルダから」を選びます。

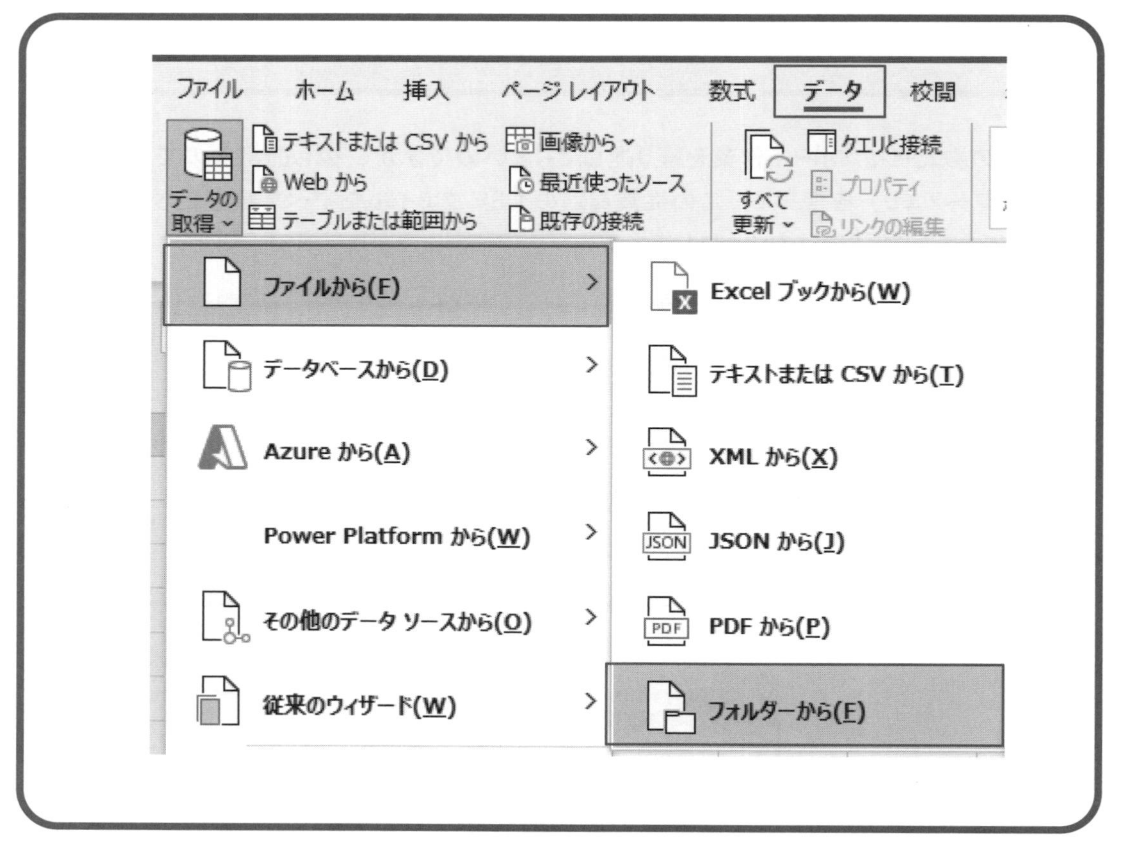

ここで、すべての従業員別の CSV ファイルが置いてあるフォルダを指定します。

そうすると、フォルダ内のファイル情報が表示されます。
データを結合して読み込みたいときは、「結合」→「データの結合と変換」を選びます。

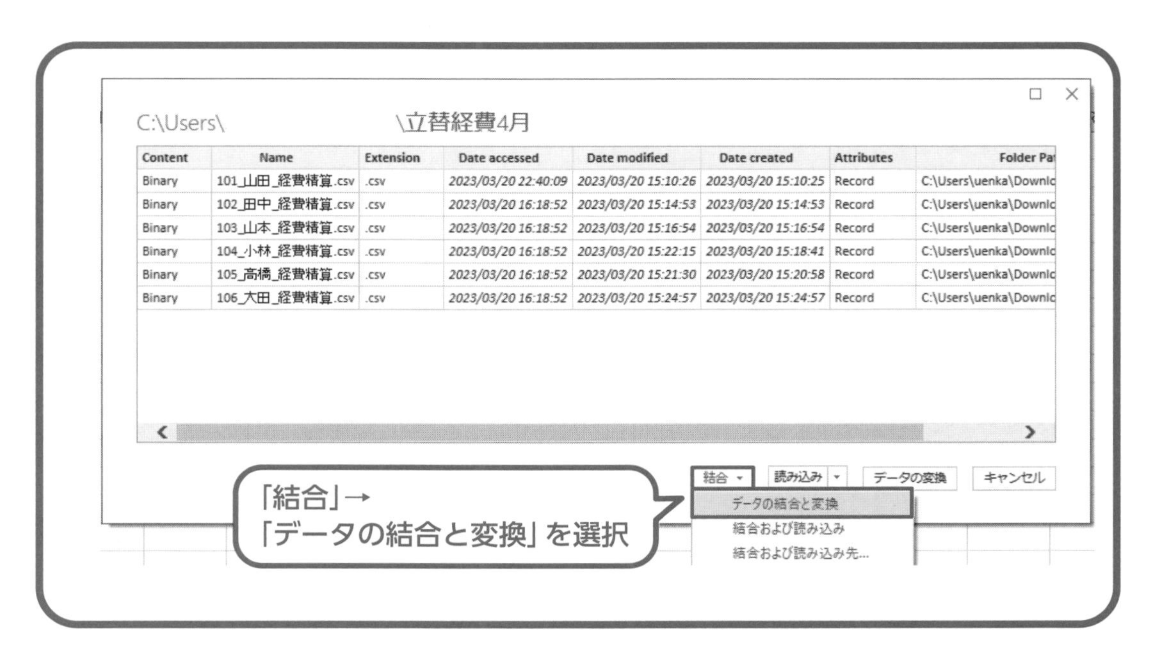

Content	Name	Extension	Date accessed	Date modified	Date created	Attributes	Folder Pa
Binary	101_山田_経費精算.csv	.csv	2023/03/20 22:40:09	2023/03/20 15:10:26	2023/03/20 15:10:25	Record	C:\Users\uenka\Downlc
Binary	102_田中_経費精算.csv	.csv	2023/03/20 16:18:52	2023/03/20 15:14:53	2023/03/20 15:14:53	Record	C:\Users\uenka\Downlc
Binary	103_山本_経費精算.csv	.csv	2023/03/20 16:18:52	2023/03/20 15:16:54	2023/03/20 15:16:54	Record	C:\Users\uenka\Downlc
Binary	104_小林_経費精算.csv	.csv	2023/03/20 16:18:52	2023/03/20 15:22:15	2023/03/20 15:18:41	Record	C:\Users\uenka\Downlc
Binary	105_高橋_経費精算.csv	.csv	2023/03/20 16:18:52	2023/03/20 15:21:30	2023/03/20 15:20:58	Record	C:\Users\uenka\Downlc
Binary	106_大田_経費精算.csv	.csv	2023/03/20 16:18:52	2023/03/20 15:24:57	2023/03/20 15:24:57	Record	C:\Users\uenka\Downlc

結合ファイルのプレビューが表示されるので、そのまま「OK」します。

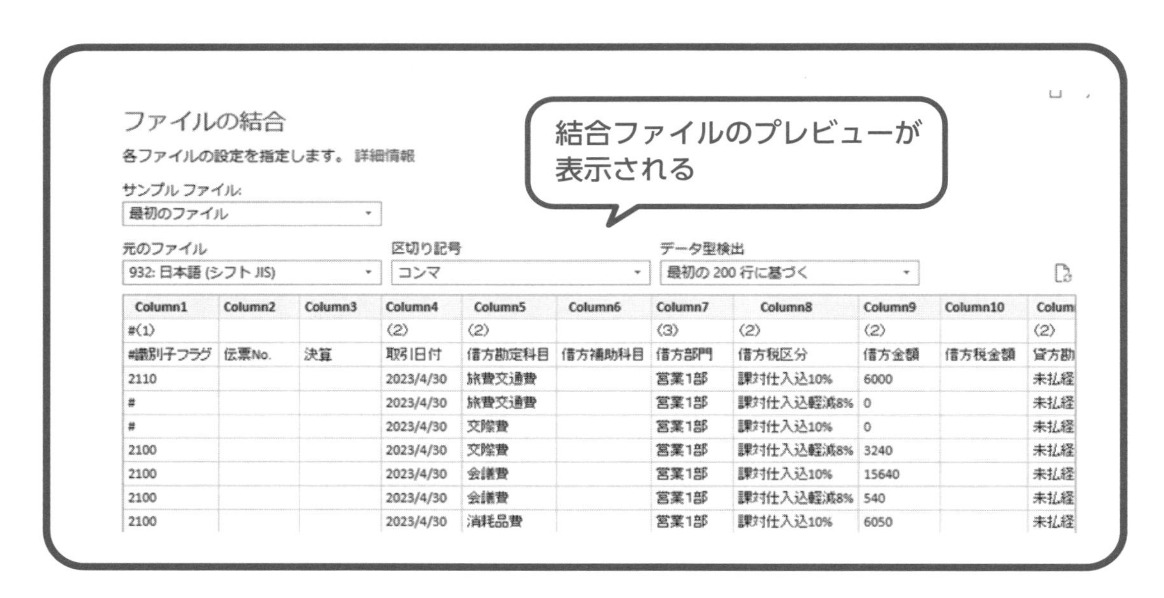

Column1	Column2	Column3	Column4	Column5	Column6	Column7	Column8	Column9	Column10	Colum
#(1)			(2)	(2)		(3)	(2)	(2)		(2)
#識別子フラグ	伝票No.	決算	取引日付	借方勘定科目	借方補助科目	借方部門	借方税区分	借方金額	借方税金額	貸方勘
2110			2023/4/30	旅費交通費		営業1部	課対仕入込10%	6000		未払経
#			2023/4/30	旅費交通費		営業1部	課対仕入込軽減8%	0		未払経
#			2023/4/30	交際費		営業1部	課対仕入込10%	0		未払経
2100			2023/4/30	交際費		営業1部	課対仕入込軽減8%	3240		未払経
2100			2023/4/30	会議費		営業1部	課対仕入込10%	15640		未払経
2100			2023/4/30	会議費		営業1部	課対仕入込軽減8%	540		未払経
2100			2023/4/30	消耗品費		営業1部	課対仕入込10%	6050		未払経

すると、パワークエリエディタが立ち上がって、指定したフォルダ内の CSV ファイルをすべて結合したデータを表示してくれます。

	Source.Name	Column1	Column2	Column3	Column4	Column5
1	101_山田_経費精算.csv	#(1)			(2)	(2)
2	101_山田_経費精算.csv	#識別子フラグ	伝票No.	決算	取引日付	借方勘定科目
3	101_山田_経費精算.csv	2110			2023/4/30	旅費交通費
4	101_山田_経費精算.csv	#			2023/4/30	旅費交通費
5	101_山田_経費精算.csv	#			2023/4/30	交際費
6	101_山田_経費精算.csv	2100			2023/4/30	交際費
7	101_山田_経費精算.csv	2100			2023/4/30	会議費
8	101_山田_経費精算.csv	2100			2023/4/30	会議費
9	101_山田_経費精算.csv	2100			2023/4/30	消耗品費
10	101_山田_経費精算.csv	#			2023/4/30	消耗品費
11	101_山田_経費精算.csv	2100			2023/4/30	通信費
12	101_山田_経費精算.csv	#			2023/4/30	通信費
13	101_山田_経費精算.csv	2100			2023/4/30	租税公課
14	101_山田_経費精算.csv	#			2023/4/30	雑費
15	101_山田_経費精算.csv	2101			2023/4/30	雑費
16	102_田中_経費精算.csv	#(1)			(2)	(2)
17	102_田中_経費精算.csv	#識別子フラグ	伝票No.	決算	取引日付	借方勘定科目
18	102_田中_経費精算.csv	2110			2023/4/30	旅費交通費
19	102_田中_経費精算.csv	#			2023/4/30	旅費交通費
20	102_田中_経費精算.csv	2100			2023/4/30	交際費
21	102_田中_経費精算.csv	#			2023/4/30	交際費

スクロールさせて、他の従業員の CSV ファイルも結合されていることを確認します。

	Source.Name	Column1	Column2	Column3	Column4
43	103_山本_経費精算.csv	#			2023/4/30
44	103_山本_経費精算.csv	#			2023/4/30
45	103_山本_経費精算.csv	2101			2023/4/30
46	104_小林_経費精算.csv	#(1)			(2)
47	104_小林_経費精算.csv	#識別子フラグ	伝票No.	決算	取引日付
48	104_小林_経費精算.csv	2110			2023/4/30
49	104_小林_経費精算.csv	#			2023/4/30
50	104_小林_経費精算.csv	2100			2023/4/30
51	104_小林_経費精算.csv	#			2023/4/30
52	104_小林_経費精算.csv	#			2023/4/30
53	104_小林_経費精算.csv				2023/4/30
54	104_小林_経費精算.csv	21			2023/4/30
55	104_小林_経費精算.csv	#			2023/4/30
56	104_小林_経費精算.csv	2100			2023/4/30
57	104_小林_経費精算.csv	#			2023/4/30
58	104_小林_経費精算.csv	#			2023/4/30
59	104_小林_経費精算.csv	#			2023/4/30
60	104_小林_経費精算.csv	2101			2023/4/30
61	105_高橋_経費精算.csv	#(1)			(2)
62	105_高橋_経費精算.csv	#識別子フラグ	伝票No.	決算	取引日付

弥生会計にインポートする際に、一番左のファイル名の列は不要なので、この列を削除します。

消したい列を選択→右クリックして、「削除」を選びます。

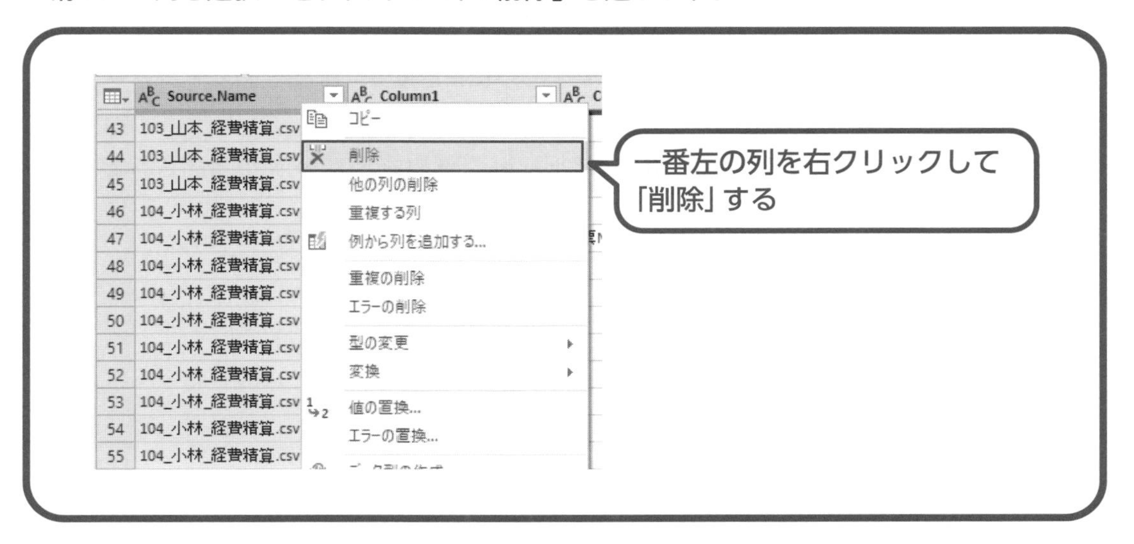

また、一番上に表示されている行（Column1……の行）もインポートする際に不要なので、便宜的に「1 行目をヘッダーとして使用」として、この一番上の行（Column1……の行）を消します。

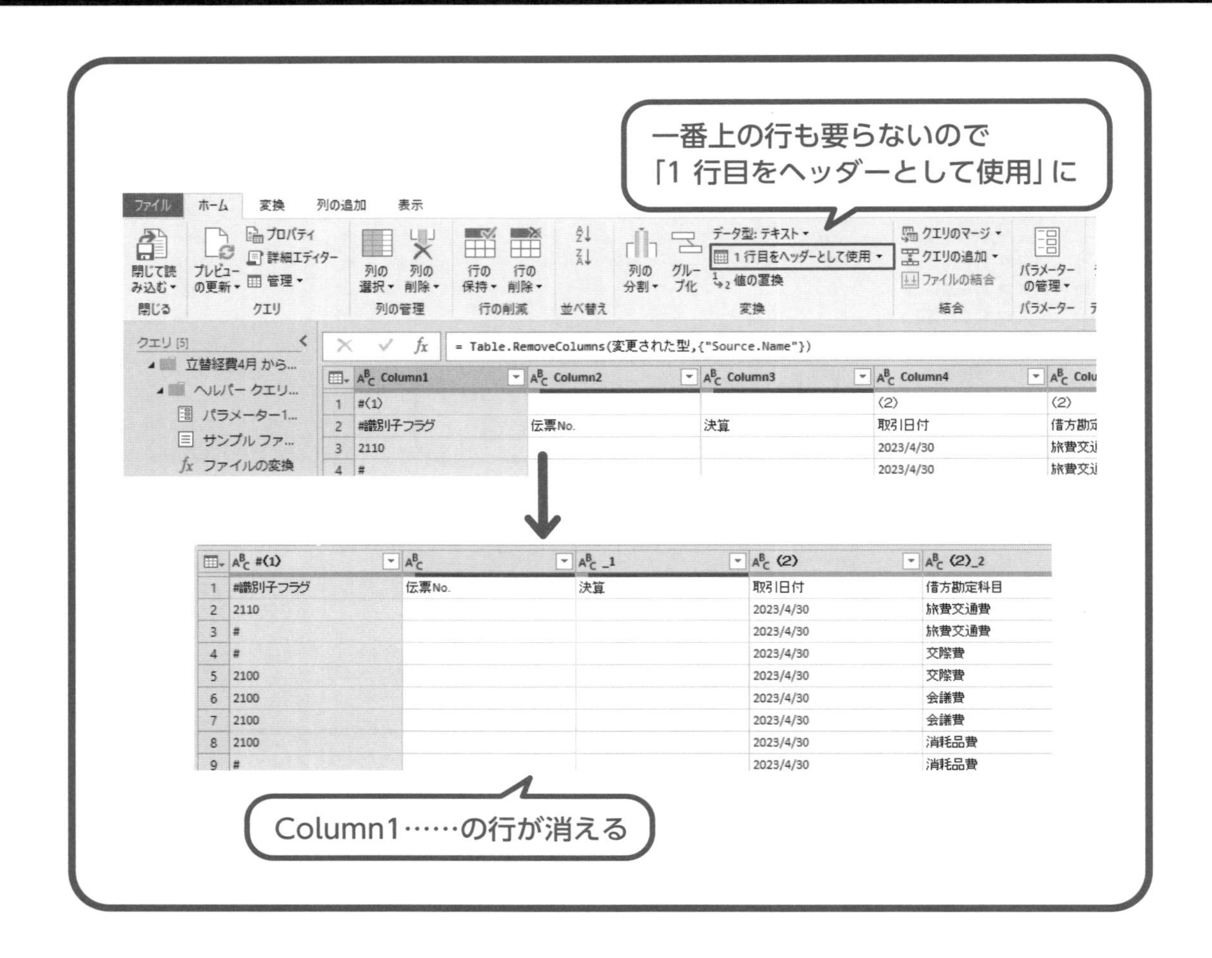

これで、従業員別に分かれていたファイルを 1 つにまとめて、弥生会計のインポート形式に整形されたデータができました。

あとは、これを「閉じて読み込む」とすると Excel シートにこのデータが展開されます。

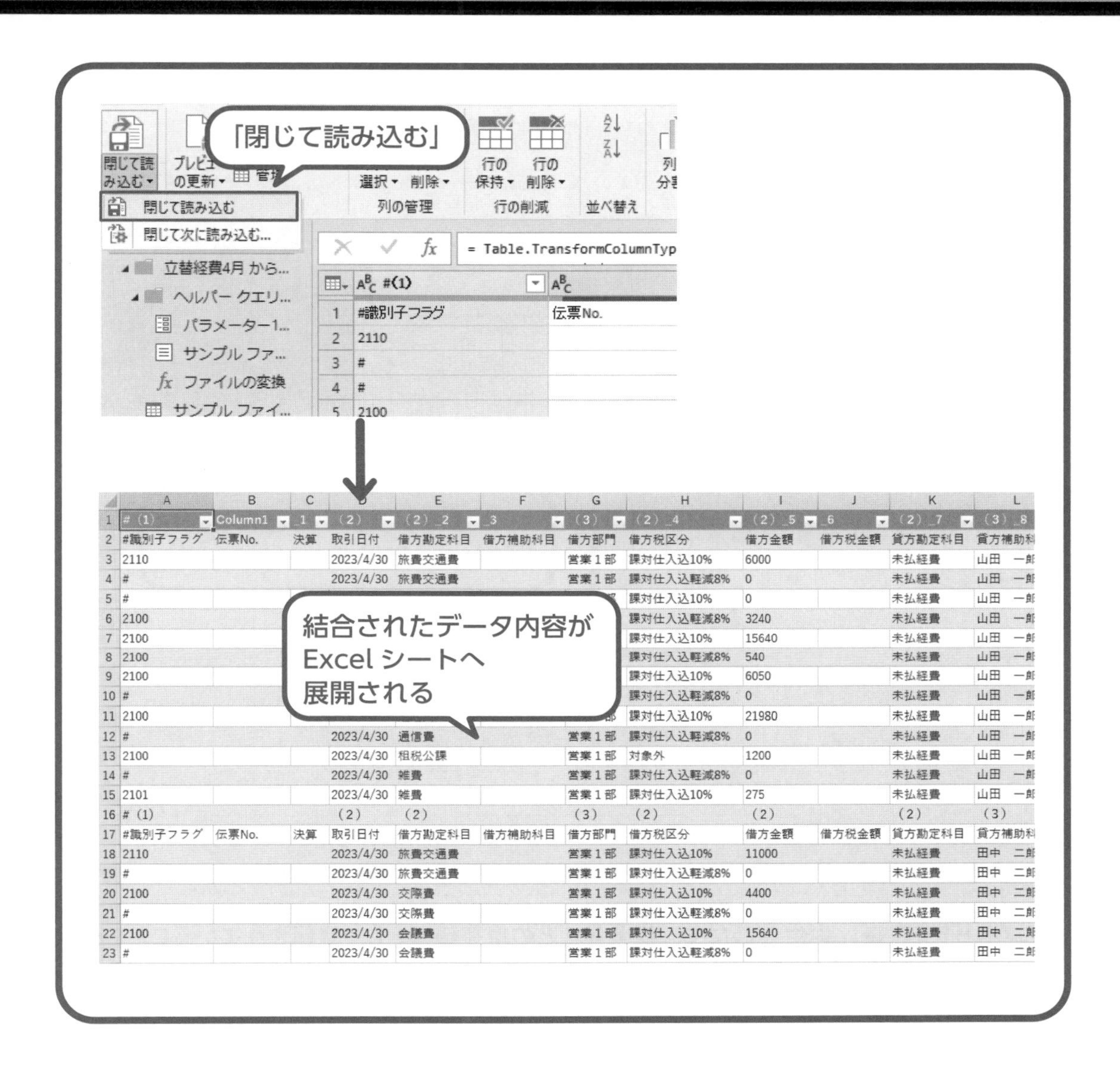

従業員をつなげた箇所にヘッダ行が挟まってきますが、# マークの行はコメント行として扱われるので無視して、このまま CSV ファイルとして保存します。

あとの弥生会計にインポートする流れは【例 1】と同じです。

弥生会計の仕訳日記帳を開いて、「ファイル」→「インポート」で、作成した CSV ファイルを指定して仕訳データを取り込みます。

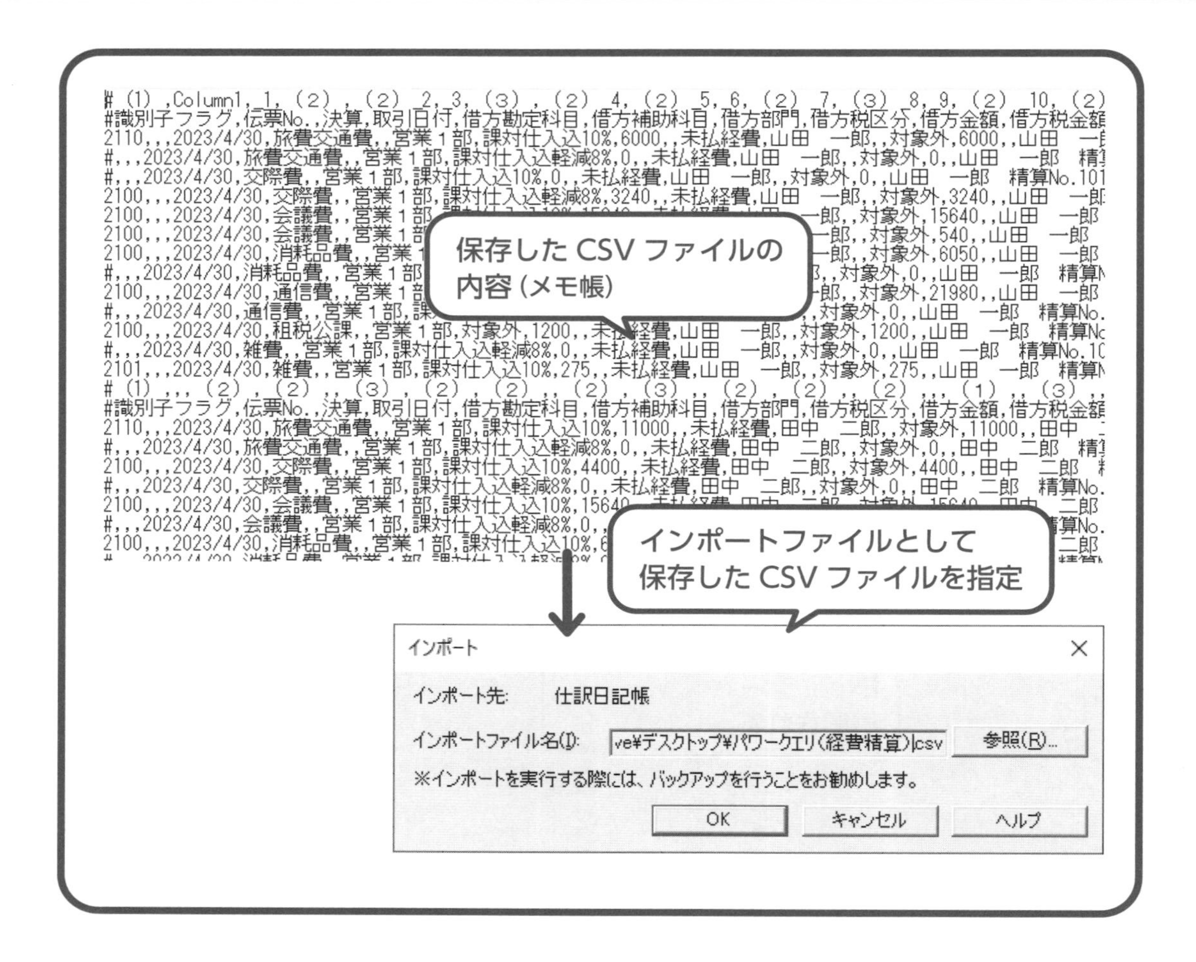

インポート完了後、弥生会計にて、従業員ごとの振替伝票として登録されていることを確認します。

このように、従業員別に分けて管理されているExcelデータであったとしても、パワークエリの機能を使うと1つのファイルにまとめることが可能なので、従業員ごとにインポート作業をする必要はありません。

既存データの活用の幅も広がると思いますので、分かれたデータでも仕訳入力に活用できないかを検討してみましょう。

第3章　まとめ（CSVを活用した仕訳作業のルーチン化）

第3章では、会計業務において、実際にCSVファイルをどのように活用していくのかの1つめ「データ入力時」、つまり「仕訳入力の部分」について見てきました。

インポート形式だけを見てしまうと敷居が高そうに思える「会計ソフトへのインポート」ですが、やりたいことは通常の仕訳入力と同じなので、案外、設定する項目は限られてきます。

次のような3つに分けて整理すると設定項目を考えやすくなります。

（1）会計ソフトの作法上必要な項目
（2）仕訳入力に最低限必要な項目
（3）会社の管理上、設定する項目

その上で、インポートファイル（CSV）をどのように作成するのかについて実際の会計ソフトへのCSVインポートの例を使って確認しました（売上仕訳の例と経費精算仕訳の例）。

弥生会計を使った例ですので、もちろん、会計ソフトによって違うところはありますが、設定項目やExcel上の操作は共通している部分が多いので、参考にはなると思います。

1つめの例では基本となる1行ずつの仕訳登録のパターンで確認しました。

2つめの例としては、経費精算申請書を使って、従業員別に分かれたExcelデータを弥生会計へインポートするプロセスを確認しました。

次の第4章では、CSVの活用場面の2つめ「報告・分析資料の編集」のところをパワークエリの機能とあわせて見ていきましょう。

第4章

会計業務での活用場面2

エクスポートデータの編集

エクスポートデータを加工する

第4章では、CSV 活用のポイントの 2 つめ、データ出力後の「報告・分析資料の編集」のところを見ていきます。

多くの会計ソフトや販売管理ソフト、在庫管理ソフトなどでは保持している管理データを CSV 形式で出力できるようになっています。

最近では直接 Excel 形式でデータ出力してくれるソフトも増えていますが、まだ CSV 形式での出力しかできないソフトも多くあります。

いずれのデータ形式にしろ、会計ソフトや業務ソフトから出力（エクスポート）したデータを使って、Excel で報告資料や分析資料を作成することは、どこの会社でも行われています。

Excel がよく使われる理由としては、簡単にグラフ化したり、色付けしたり、自由に報告資料をカスタマイズできるというのが 1 つです。

会計ソフトでも主要な数値のグラフを出力できるものもありますが、やはりグラフ化する項目やグラフの色彩を自由に設定できて、いろんな項目を組み合わせたグラフも簡単に作成可能な Excel の方が使い勝手がよいといえます。

もう 1 つの理由としては、会計ソフトからのデータだけでなく、販売管理や他の業務データもつなげて報告帳票を作成するケースが多いため、それぞれから出力した CSV ファイルを合わせた表に加工するのに、Excel が一番使いやすいためです。

複数の CSV ファイルを Excel に読み込んで、必要な項目をそれぞれから持ってきて、新たな表に作り直すことは多くの会社で行われています。

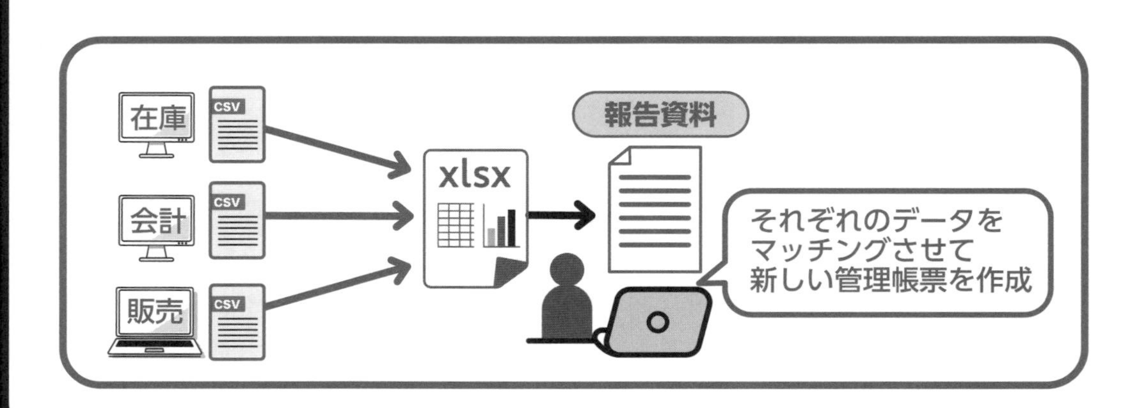

ただ、この Excel 上での加工処理に時間を取られている会社が結構多くあります。

たくさんの Excel シートを突き合わせながら、関数を駆使して 1 つの表を作成していくので、データ件数が多い会社では特に処理が煩雑になりがちです。

そこで、この章では、会計ソフトや販売管理などの他の業務ソフトから出力した CSV の加工をより効率的に行えるように、Excel のパワークエリという機能を使った編集を中心に見ていきます。

複数のファイルを組み合わせて新たな表を生成する際に、威力を発揮するのがパワークエリです。これを知っておくと複数ファイルを扱う際の処理が格段に楽になります。

第 3 章でもその一部の機能について見ましたが、この章では例を使いながら、もう少し詳しくその扱い方について見ていきたいと思います。

パワークエリの起動方法は簡単で、現在の Excel では「データの取得」にて CSV ファイルを読み込めば、標準で起動するようになっています。

このツールを使うと、どのようなことが出来るようになるのか、早速見ていきましょう。

パワークエリの「結合」を押さえる

Excel のパワークエリ自体は、かなり多機能なものです。
まずは、次のパワークエリエディタの画面を見てください。

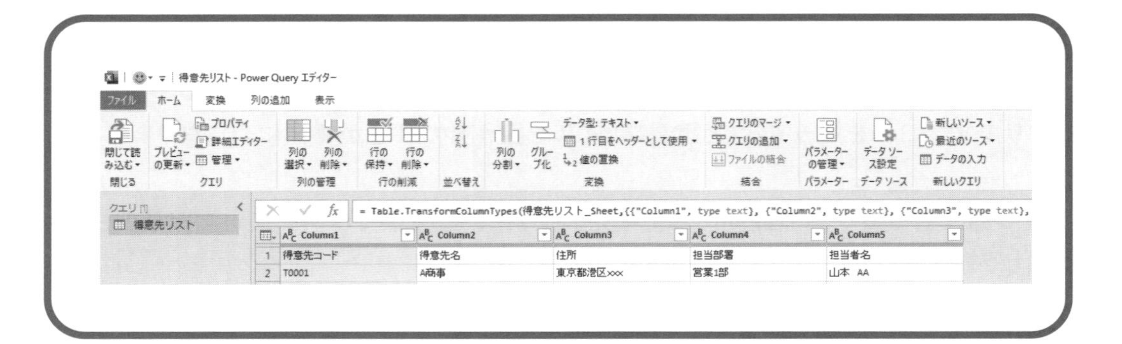

見たことないメニューが多くて「何となく、いろいろできそう」な感じがしませんか？

その感覚は正しく、いろんな細かい便利機能があります。本書ではその中の「結合」という処理にフォーカスしてみていきます。

「会計データやその他業務データの編集」に絞って考えると、この「結合」という処理を押さえておくだけで、Excel での加工作業が格段に楽になるからです。

その他の細かい機能については、パワークエリの扱いに慣れてから、興味を持った都度調べるのでもよいと思います。

会計データの編集を行う上では、まずは「結合」という処理を押さえておきましょう。

具体的な 操作方法は後で、例を確認しながら見ていきます。

「結合」というのは、文字通り、複数のデータを結合する際の処理ですが、その中には「追加」と「マージ」という 2 つがあります。

「追加」というのは行単位での表の「結合」になります。

同じ項目構成のテーブルを単純に縦につなげるだけなので、わかりやすいと思います。第 3 章で見たフォルダの読み込みはこの「追加」による「結合」になります。

項目 1	項目 2	項目 3

項目 1	項目 2	項目 3

項目 1	項目 2	項目 3

もう1つの「マージ」は列単位での「結合」になります。ある項目をキーとして、2つのテーブルを横につなげたいときの「結合」です。

会計データにはない項目を他の業務データから持ってきて、一緒に表示したいというときには、こちらの「結合」になりますので、実務ではこちらを押さえておくと、より重宝するかもしれません。

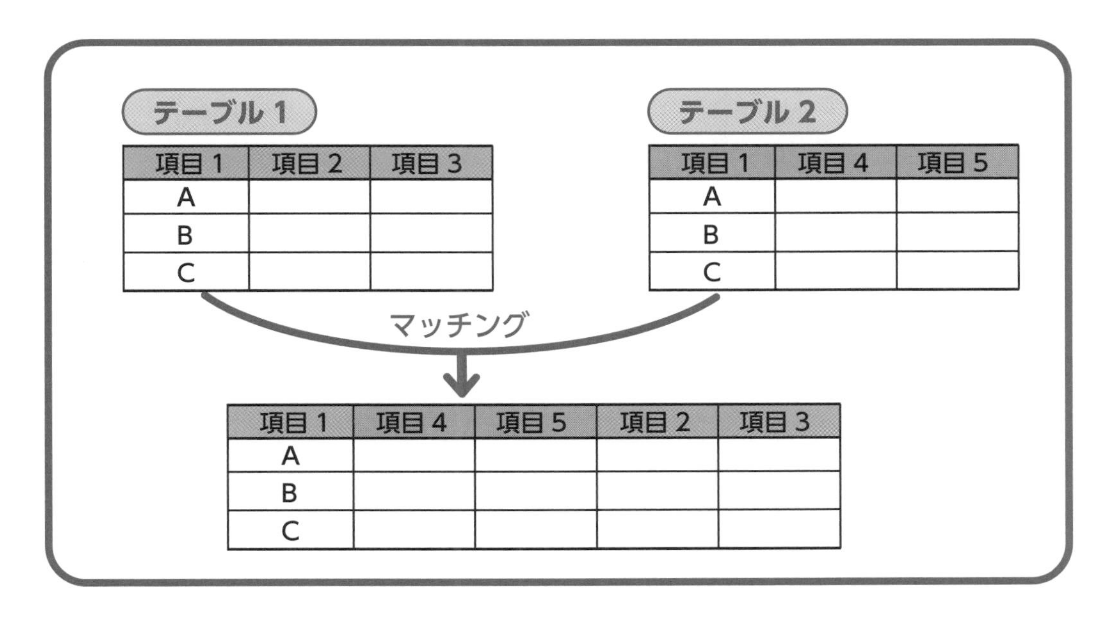

「マージ」については、関数の「VLOOKUP」と似ていますが、VLOOKUPではできなかった複数キーでの照合が可能になっています。

また、テーブル単位での操作が可能になる点が大きいです。件数が多いと、VLOOKUP関数を埋め込んだセルをコピー＆ペーストしていくだけでも大変です。

テーブル単位にマッチングできるので、照合モレのミスがなくなります。

データの縦持ちと横持ち

Excel でCSVデータを扱う際、データの「持ち方」について意識しておくと加工がしやすくなります。

データには「縦持ち」と「横持ち」という考え方があります。

具体的に見てみましょう。たとえば、部門別・月別の売上表です。

縦持ち

	A	B	C
1	年月	部門	売上高
2	2023/04	a部門	16,000
3	2023/04	b部門	14,000
4	2023/04	c部門	10,000
5	2023/04	d部門	7,500
6	2023/05	a部門	15,000
7	2023/05	b部門	14,500
8	2023/05	c部門	9,000
9	2023/05	d部門	7,000
10	2023/06	a部門	18,000
11	2023/06	b部門	14,400

横持ち

	A	B	C	D	E	F	G
1	部門	2023/04	2023/05	2023/06	2023/07	2023/08	2023/09
2	a部門	16,000	15,000	18,000	17,500	19,000	18,000
3	b部門	14,000	14,500	14,400	16,000	16,500	15,000
4	c部門	10,000	9,000	10,100	10,200	11,000	9,800
5	d部門	7,500	7,000	7,600	6,000	6,600	7,800

同じ項目の値が縦に並んでいるか、横に並んでいるかの違いです。

「売上高」なら「売上高」の値が縦に並んでいるか、横に並んでいるかです。

会計データの場合は、「年月」順に売上や利益その他の科目が並んでいることがほとんどだと思いますので、「年月」が縦に並んでいるデータか、横に並んでいるデータかで押さえておいても、わかりやすいかもしれません。

この「縦持ち」と「横持ち」ですが、複雑な加工がない（行追加程度）のであれば「横持ち」の方が見やすく、使いやすい表になります。

実際、会計の帳票では年月が横に並んだ「横持ち」の表が多いと思います。

ただし、会計データに他のデータを組み合わせて、新たな表を作るとなった場合、圧倒的に「縦持ち」データの方が加工しやすくなります。

たとえば、先ほどの表に、部門別・月別の「販売件数」を販売データから持ってきたいとなった場合、「横持ち」だと、どうしても手作業にならざるを得ません。

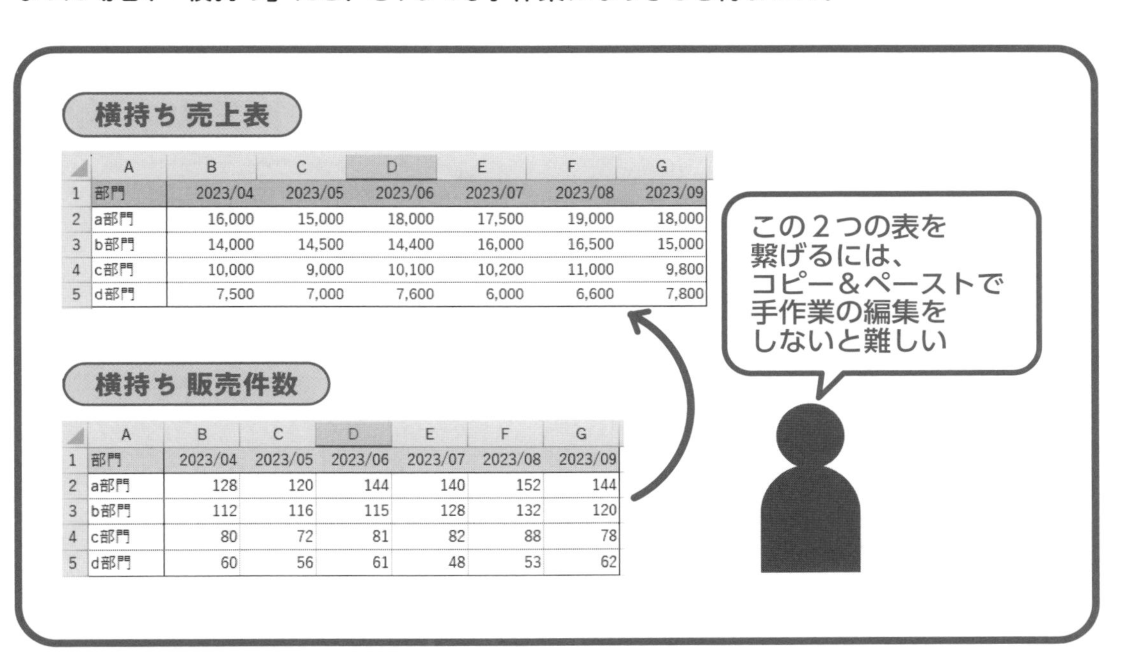

	A	B	C	D	E	F	G
1	部門	2023/04	2023/05	2023/06	2023/07	2023/08	2023/09
2	a部門	16,000	15,000	18,000	17,500	19,000	18,000
3	b部門	14,000	14,500	14,400	16,000	16,500	15,000
4	c部門	10,000	9,000	10,100	10,200	11,000	9,800
5	d部門	7,500	7,000	7,600	6,000	6,600	7,800

	A	B	C	D	E	F	G
1	部門	2023/04	2023/05	2023/06	2023/07	2023/08	2023/09
2	a部門	128	120	144	140	152	144
3	b部門	112	116	115	128	132	120
4	c部門	80	72	81	82	88	78
5	d部門	60	56	61	48	53	62

これが「縦持ち」であれば、部門と年月をキーにマッチングができるため、「販売件数」をシステマチックに結びつけることが可能となります。

最終的に横持ちの帳票が作りたいとしても、Excel であれば、ピボットテーブルの機能を使って「縦持ち」を簡単に「横持ち」の表に加工することもできます。

（後の例でそのあたりの加工についても見ていきます）

縦持ち 売上表

	A	B	C
1	年月	部門	売上高
2	2023/04	a部門	16,000
3	2023/04	b部門	14,000
4	2023/04	c部門	10,000
5	2023/04	d部門	7,500
6	2023/05	a部門	15,000
7	2023/05	b部門	14,500
8	2023/05	c部門	9,000
9	2023/05	d部門	7,000
10	2023/06	a部門	18,000

縦持ち 販売件数

	A	B	C
1	年月	部門	販売件数
2	2023/04	a部門	128
3	2023/04	b部門	112
4	2023/04	c部門	80
5	2023/04	d部門	60
6	2023/05	a部門	120
7	2023/05	b部門	116
8	2023/05	c部門	72
9	2023/05	d部門	56
10	2023/06	a部門	144

	A	B	C	D
1	年月	部門	売上高	販売件数
2	2023/04	a部門	16,000	128
3	2023/04	b部門	14,000	112
4	2023/04	c部門	10,000	80
5	2023/04	d部門	7,500	60
6	2023/05	a部門	15,000	120
7	2023/05	b部門	14,500	116
8	2023/05	c部門	9,000	72
9	2023/05	d部門	7,000	56
10	2023/06	a部門	18,000	144

部門と年月をキーに
マッチングして
「販売件数」を
システム的に
繋げることができる

もちろん、会計ソフトや業務ソフトの仕様で「横持ち」データしかダウンロードできない場合は仕方ありませんが、複数データを組み合わせて加工する可能性があるのであれば、なるべく意識して「縦持ち」データを取得した方がよいでしょう。

ちょっとしたことですが、そんなところも注意して、より加工しやすいデータを使うようにしましょう。

【例 1】期別に分かれたファイルの結合（追加）

マージを見る前に「追加」を先に確認しておきましょう。
同じ項目構成のレコード（行）を単純に縦につなげる結合です。

例として、次のような期毎に分かれている月別の売上と粗利益の一覧 CSV ファイルを結合（追加）するケースを見ていきましょう。

前期 月別売上・粗利益表

年月	売上高	粗利益
2022/4	3,000	1,200
2022/5	4,000	1,600
⋮	⋮	⋮
2023/3	5,000	2,000

当期 月別売上・粗利益表

年月	売上高	粗利益
2023/4	2,500	1,000
2023/5	3,500	1,400
⋮	⋮	⋮
2024/3	4,200	1,600

期別に分かれたデータを単純に上下に結合

年月	売上高	粗利益
2022/4	3,000	1,200
2022/5	4,000	1,600
⋮	⋮	⋮
2023/3	5,000	2,000
2023/4	2,500	1,000
2023/5	3,500	1,400
⋮	⋮	⋮
2024/3	4,200	1,600

第 3 章のように、ファイルを同じフォルダに置いて、その「フォルダ」を読み込みすることでもフォルダ内のファイルを結合（追加）したテーブルを作成することが可能ですが、ここでは 1 ファイルずつを読み込んで結合（追加）する方法を見ていきましょう。

いま、会計ソフトからダウンロードしてきた「202303 売上・粗利 .csv」と「202403 売上・粗利 .csv」という 2 つの CSV ファイルがあるとします。

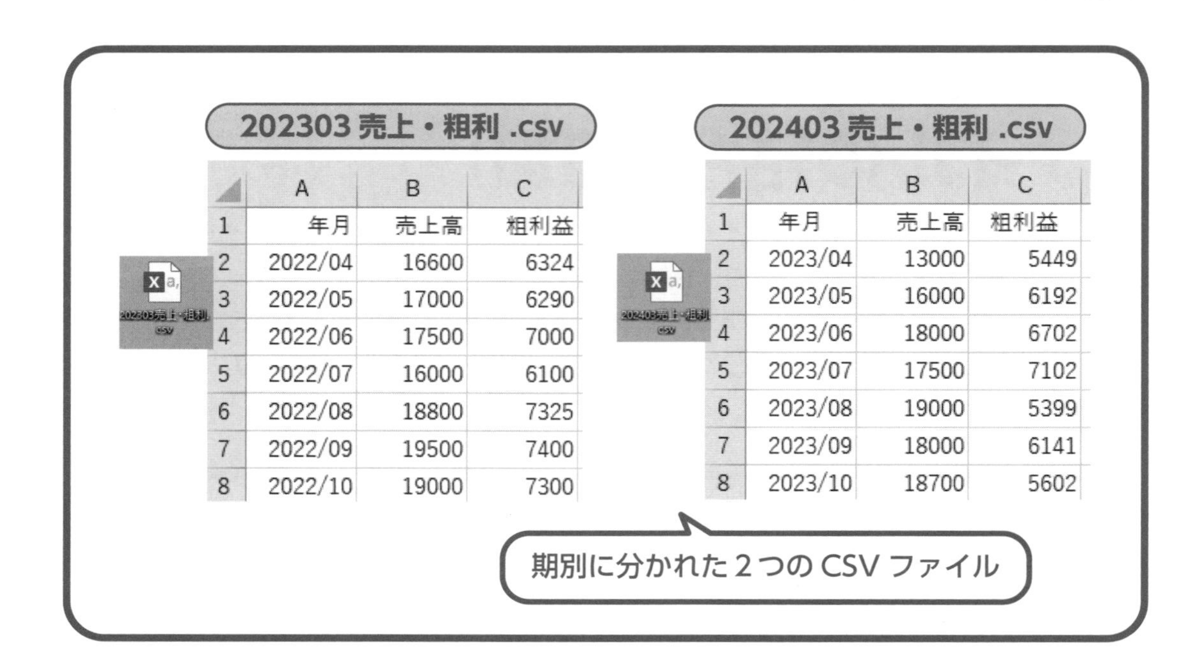
202303 売上・粗利 .csv

	A	B	C
1	年月	売上高	粗利益
2	2022/04	16600	6324
3	2022/05	17000	6290
4	2022/06	17500	7000
5	2022/07	16000	6100
6	2022/08	18800	7325
7	2022/09	19500	7400
8	2022/10	19000	7300

202403 売上・粗利 .csv

	A	B	C
1	年月	売上高	粗利益
2	2023/04	13000	5449
3	2023/05	16000	6192
4	2023/06	18000	6702
5	2023/07	17500	7102
6	2023/08	19000	5399
7	2023/09	18000	6141
8	2023/10	18700	5602

これらをパワークエリに読み込んで、「追加」の結合処理を行います。

まず「202303 売上・粗利 .csv」から読み込みます。

Excel を開いて「データ」→「データの取得」→「ファイルから」→「テキストまたは CSV から」を選びます。

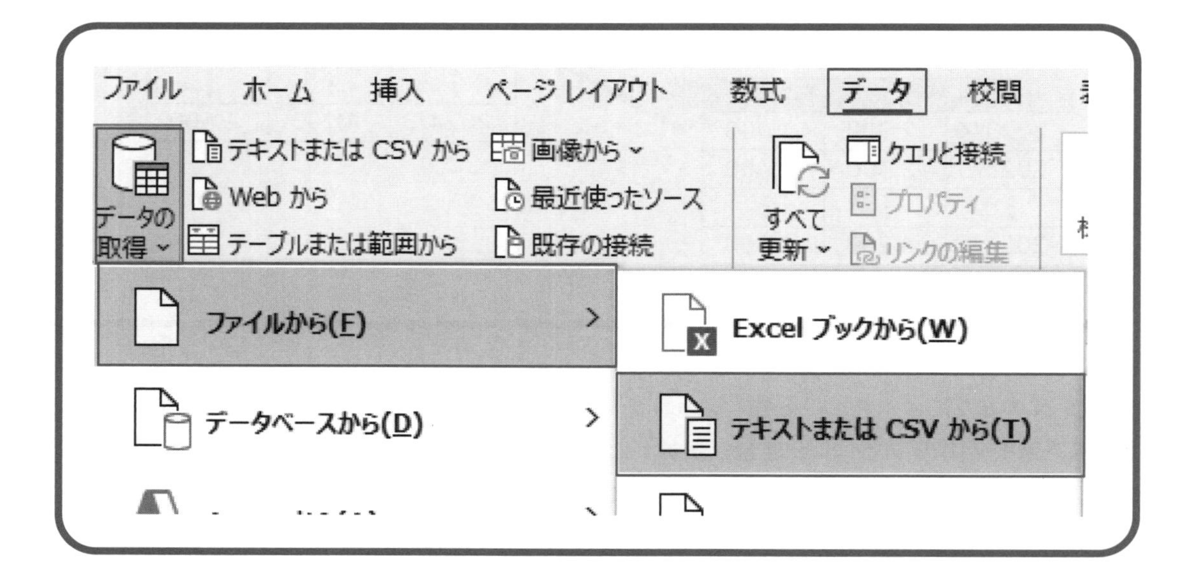

ファイル「202303 売上・粗利 .csv」を選択して「インポート」を押します。

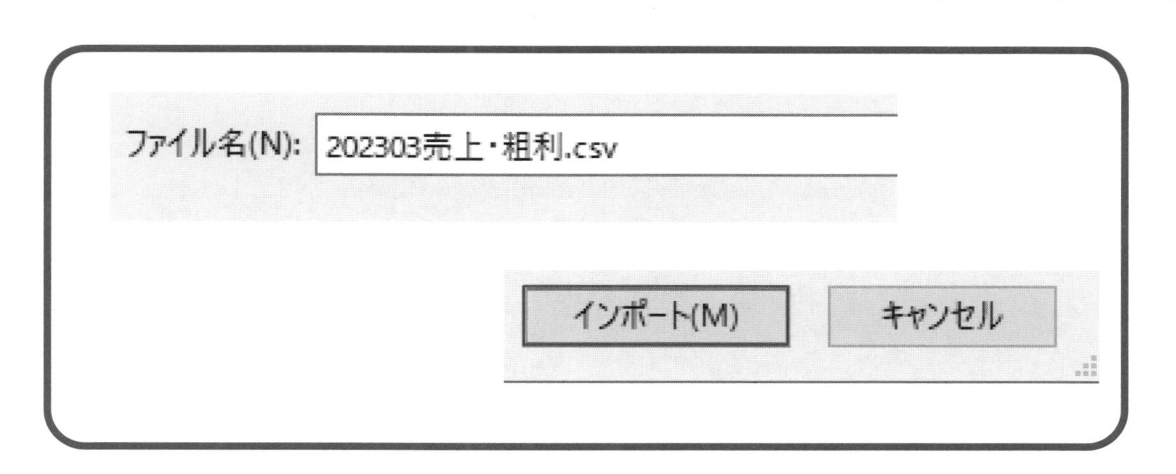

ファイルのプレビューが表示されるので、ここで「データの変換」ボタンの方を押します。「読み込み」だとこのファイルを Excel シートへそのまま読み込む形になるので、何らかの編集をしてから Excel シートに読み込ませたいときは、いったん「データの変換」の方を選びます。

202303売上・粗利.csv

元のファイル: 932: 日本語 (シフト JIS)
区切り記号: コンマ
データ型検出: 最初の 200 行に基づく

年月	売上高	粗利益
2022/04/01	16600	6324
2022/05/01	17000	6290
2022/06/01	17500	7000
2022/07/01	16000	6100
2022/08/01	18800	7325
2022/09/01	19500	7400
2022/10/01	19000	7300
2022/11/01	18500	6500
2022/12/01	18000	7120
2023/01/01	16500	6270
2023/02/01	17700	6730
2023/03/01	17000	6220

「データの変換」

読み込み　データの変換　キャンセル

そうすると、パワークエリエディタが立ち上がって、取り込まれた CSV ファイルの内容が表示されます。

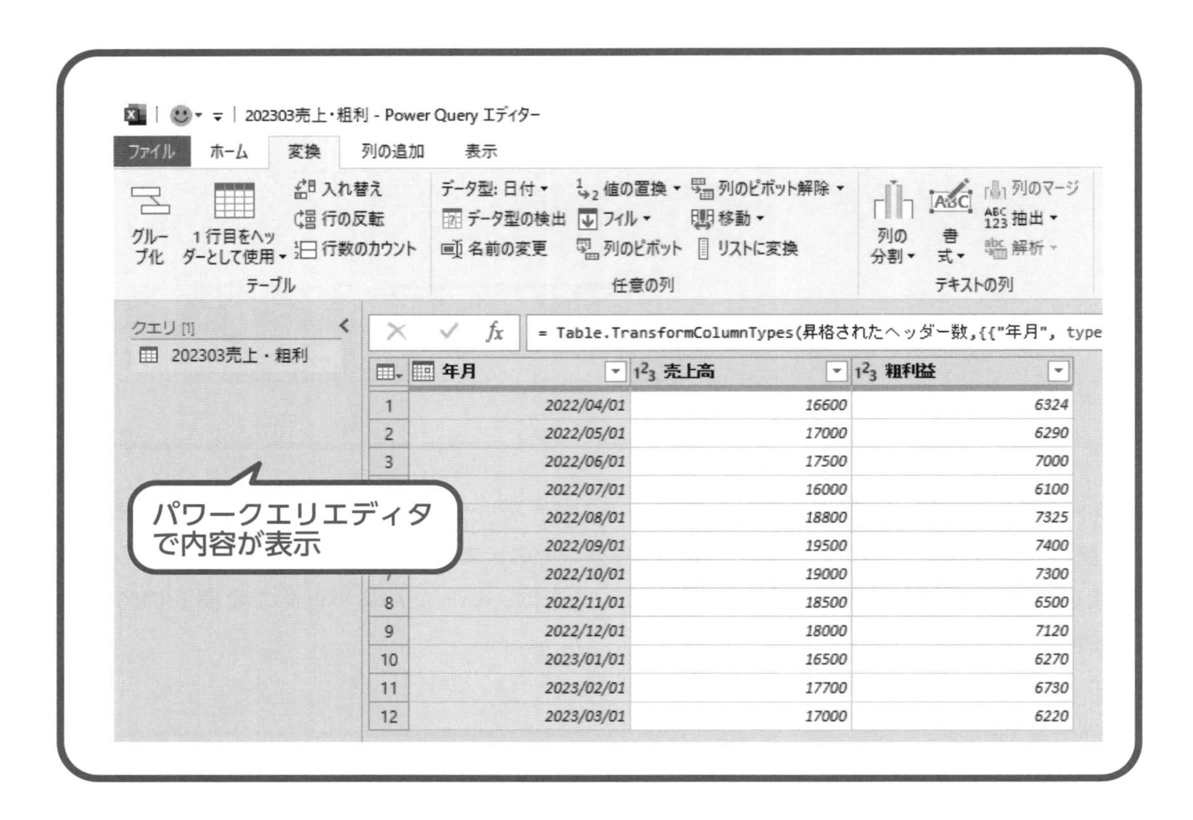

	年月	売上高	粗利益
1	2022/04/01	16600	6324
2	2022/05/01	17000	6290
3	2022/06/01	17500	7000
	2022/07/01	16000	6100
	2022/08/01	18800	7325
	2022/09/01	19500	7400
	2022/10/01	19000	7300
8	2022/11/01	18500	6500
9	2022/12/01	18000	7120
10	2023/01/01	16500	6270
11	2023/02/01	17700	6730
12	2023/03/01	17000	6220

次に、2 つめの「202403 売上・粗利 .csv」も同様に取り込みます。

パワークエリエディタで「ホーム」→「新しいソース」→「ファイル」→「テキスト /CSV」を選びます。

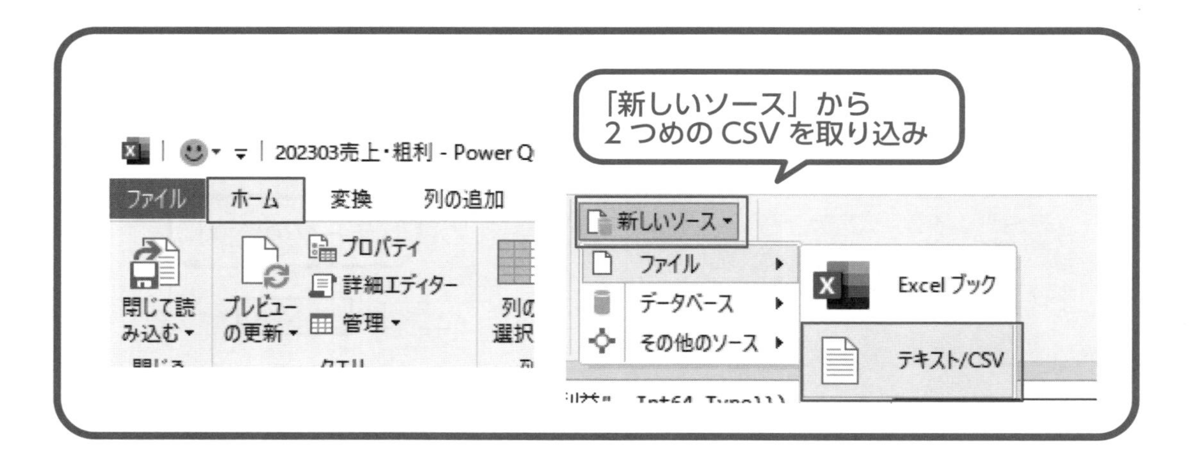

「202403 売上・粗利 .csv」を指定して OK をすると、2 つめのファイルもパワークエリエディタに取り込まれます。

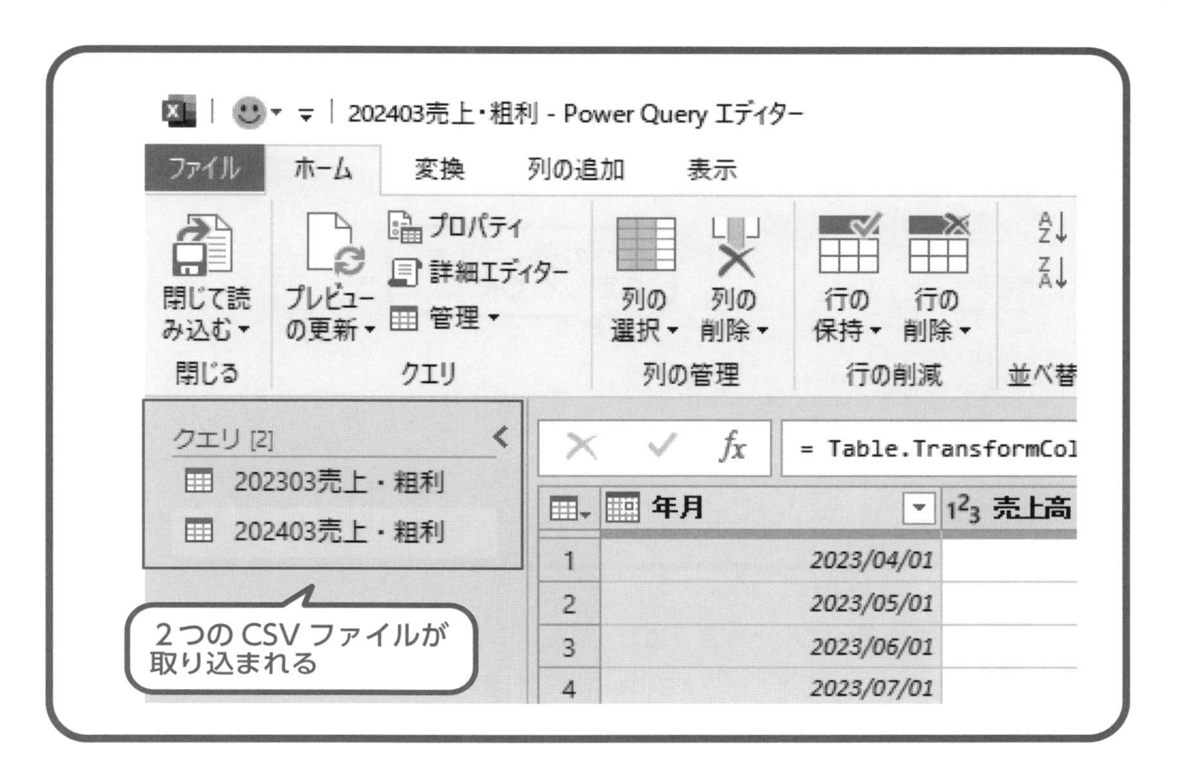

この2つのファイルをパワークエリエディタ上で結合（追加）します。

「ホーム」→「クエリの追加」→「クエリを新規クエリとして追加」を選びます。

単純に「クエリの追加」という項目もありますが、こちらは、1つめのテーブル（クエリ）に対して、2つめのテーブル（クエリ）を追加するパターンです（1つめのテーブルの上書き）。

もう1つの「クエリを新規クエリとして追加」という項目は、1つめと2つめを合わせた第3の新しいクエリ（テーブル）を作成するというパターンです。

どちらでも構わないのですが、ここでは第3の新しいクエリを作成するパターンで「クエリを新規クエリとして追加」の方を選びます。

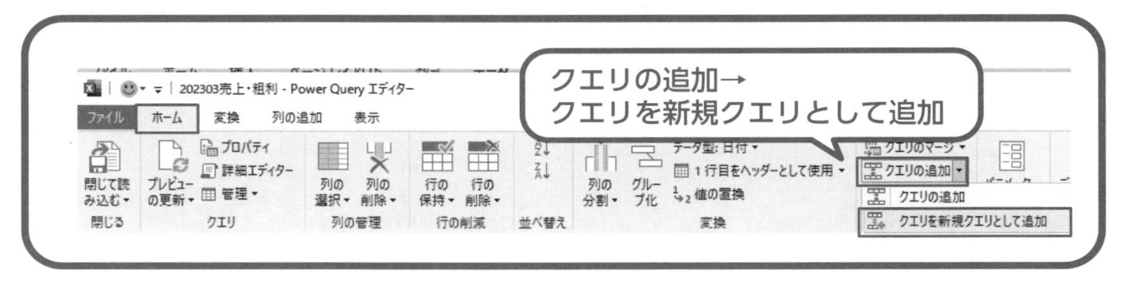

連結（追加）するテーブルを指定する画面が出てくるので、ここで2つのテーブルを指定してOKを押します。

追加

2 つのテーブルの行を連結して 1 つのテーブルにします。

◉ 2 つのテーブル ○ 3 つ以上のテーブル

最初のテーブル

202303売上・粗利

2 つ目のテーブル

202403売上・粗利

OK キャンセル

2 つのテーブルを
指定して OK

そうすると、2 つのテーブルを結合（追加）した第 3 のテーブル（クエリ）が作成されます。

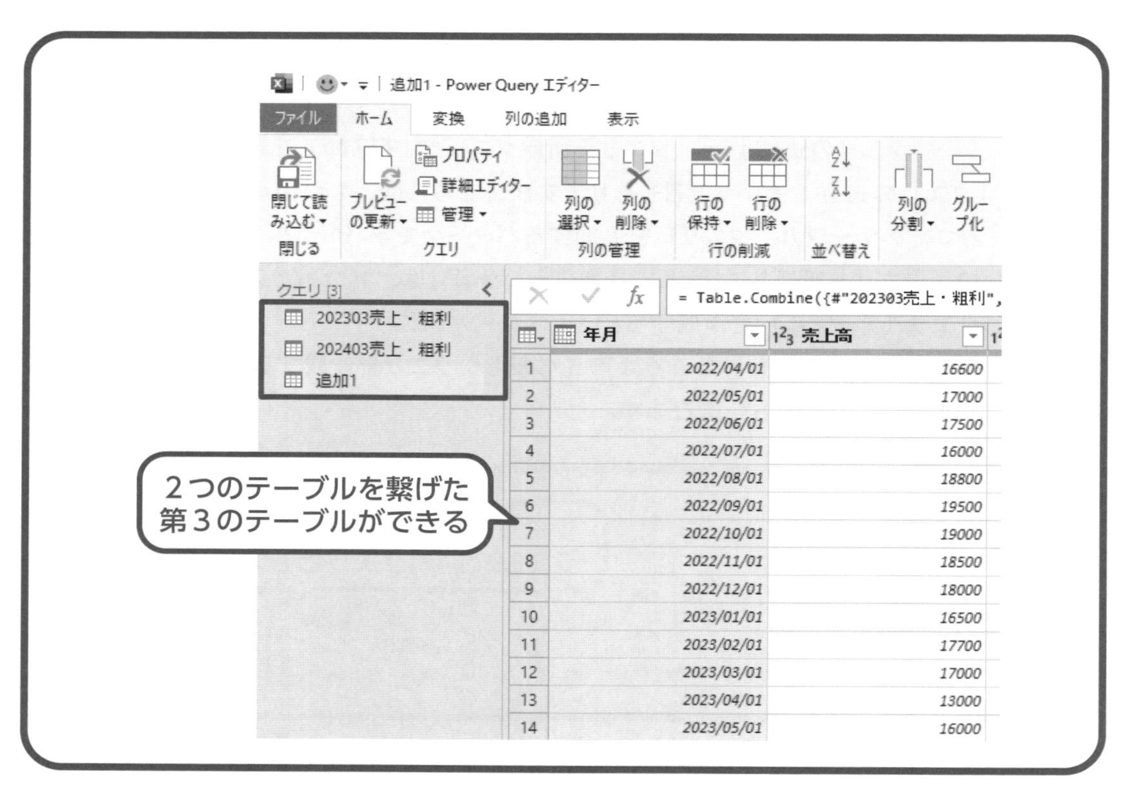

	年月	売上高
1	2022/04/01	16600
2	2022/05/01	17000
3	2022/06/01	17500
4	2022/07/01	16000
5	2022/08/01	18800
6	2022/09/01	19500
7	2022/10/01	19000
8	2022/11/01	18500
9	2022/12/01	18000
10	2023/01/01	16500
11	2023/02/01	17700
12	2023/03/01	17000
13	2023/04/01	13000
14	2023/05/01	16000

クエリの設定ウィンドウで、クエリ名の変更ができます。

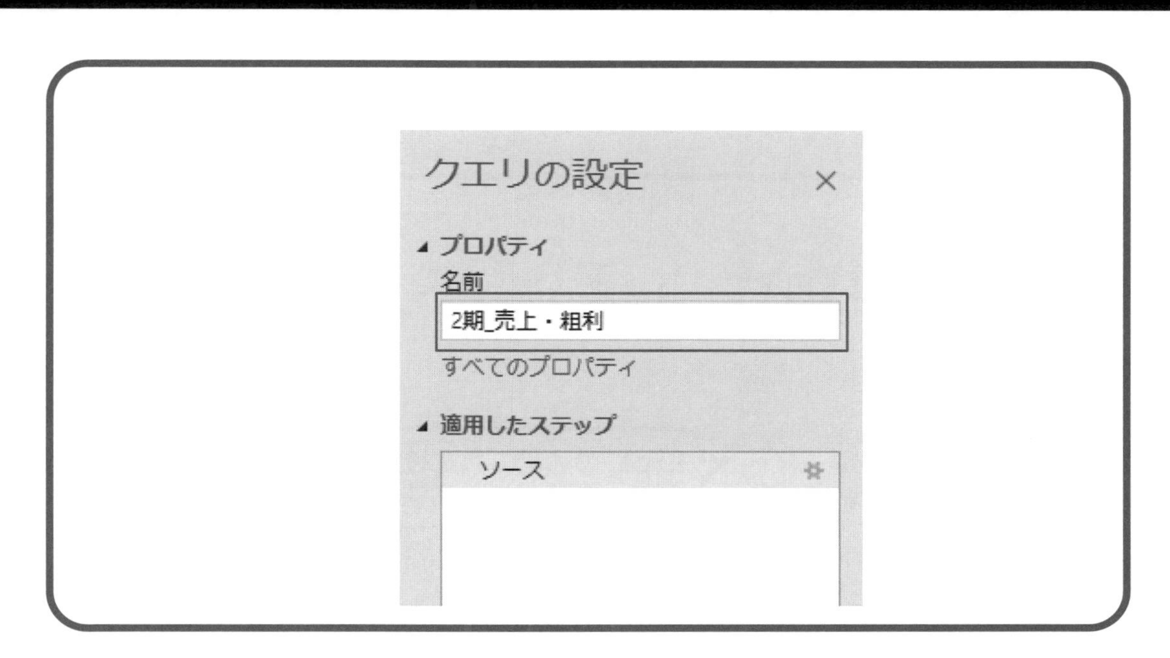

そのまま「ファイル」→「閉じて読み込む」をすると、Excel シートへこの内容が読み込まれます。

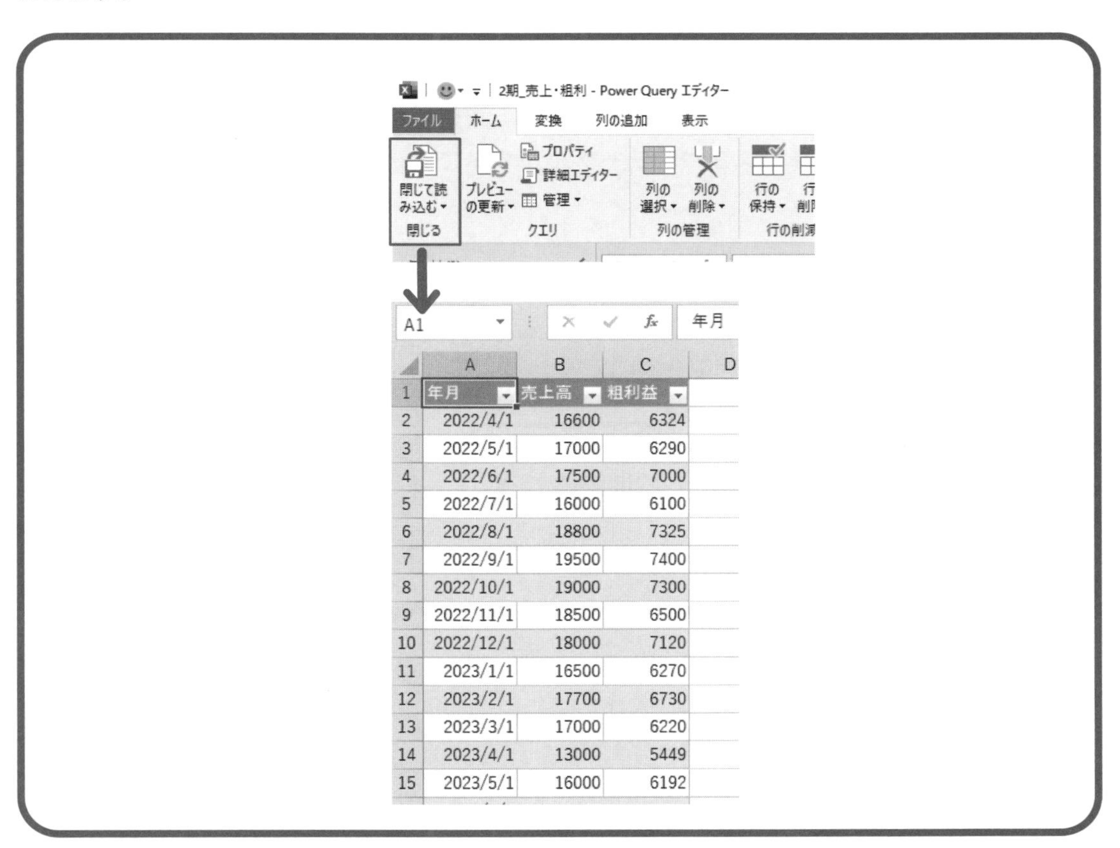

	A	B	C
1	年月	売上高	粗利益
2	2022/4/1	16600	6324
3	2022/5/1	17000	6290
4	2022/6/1	17500	7000
5	2022/7/1	16000	6100
6	2022/8/1	18800	7325
7	2022/9/1	19500	7400
8	2022/10/1	19000	7300
9	2022/11/1	18500	6500
10	2022/12/1	18000	7120
11	2023/1/1	16500	6270
12	2023/2/1	17700	6730
13	2023/3/1	17000	6220
14	2023/4/1	13000	5449
15	2023/5/1	16000	6192

あとは年月が日付表示に変わっていたり、数字を千円単位の「カンマ」表記にしたいといった表示変更は通常の Excel の書式設定で変更すればよいでしょう。

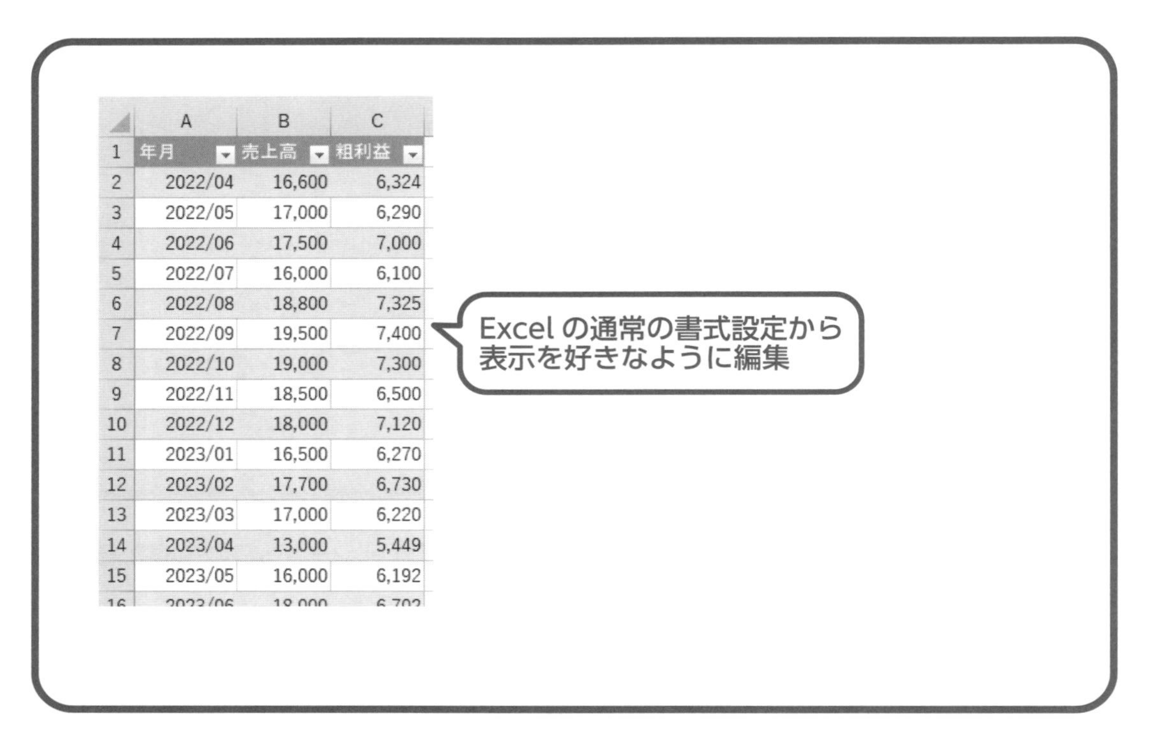

	A	B	C
1	年月	売上高	粗利益
2	2022/04	16,600	6,324
3	2022/05	17,000	6,290
4	2022/06	17,500	7,000
5	2022/07	16,000	6,100
6	2022/08	18,800	7,325
7	2022/09	19,500	7,400
8	2022/10	19,000	7,300
9	2022/11	18,500	6,500
10	2022/12	18,000	7,120
11	2023/01	16,500	6,270
12	2023/02	17,700	6,730
13	2023/03	17,000	6,220
14	2023/04	13,000	5,449
15	2023/05	16,000	6,192

ちなみに、このとき標準では 3 つのテーブルがすべて Excel シートに読み込まれます。

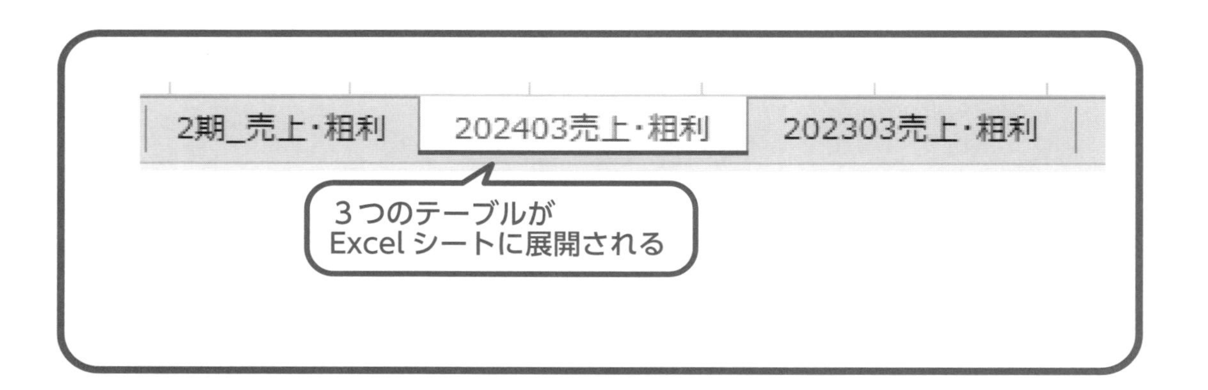

追加した 3 つめのテーブル（クエリ）だけを Excel シートに展開したい場合は、別の読み込み手順を行う必要がありますが、それについては、次に見るマージの例で確認しましょう。

「追加」を行う上での注意点

「追加」を行う際の注意点としてヘッダ項目を揃えておく必要があります。

たとえば、「売上」と「売上高」のように微妙にヘッダ項目が異なっているデータを結合（追加）した場合、別項目として認識され、次のように結合（追加）されてしまいます。

年月	売上高
2022/4	3,000
2022/5	4,000
⋮	⋮
2023/3	5,000

年月	売上
2023/4	2,500
2023/5	3,500
⋮	⋮
2024/3	4,200

年月	売上高	売上
2022/4	3,000	
2022/5	4,000	
⋮	⋮	
2023/3	5,000	
2023/4		2,500
2023/5		3,500
⋮		⋮
2024/3		4,200

なので、もしデータの出所が異なる等でヘッダ項目が異なってしまう場合は、ヘッダ項目名を揃えるのも面倒なので、あえてヘッダ項目を付けないデータ部分のみの CSV ファイルとして読み込むとよいでしょう。

ヘッダなしの CSV ファイルであれば、「ヘッダなし」データを認識してくれて「Column1、Column2……」というヘッダを付けてくれます。

そうすれば、ヘッダ項目が同じになるので、正しく結合（追加）することができます。項目名は結合後に変更すればよいでしょう。

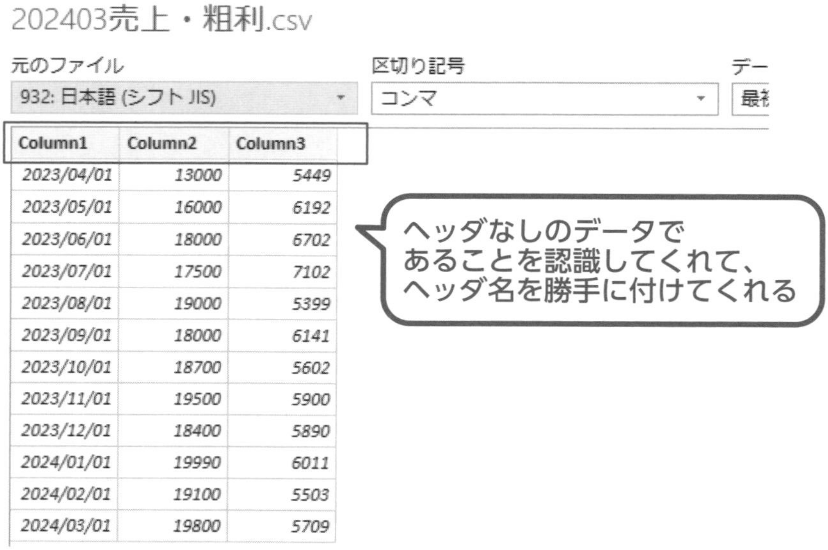

202403売上・粗利.csv

元のファイル
932: 日本語 (シフト JIS)

区切り記号
コンマ

デー
最初

Column1	Column2	Column3
2023/04/01	13000	5449
2023/05/01	16000	6192
2023/06/01	18000	6702
2023/07/01	17500	7102
2023/08/01	19000	5399
2023/09/01	18000	6141
2023/10/01	18700	5602
2023/11/01	19500	5900
2023/12/01	18400	5890
2024/01/01	19990	6011
2024/02/01	19100	5503
2024/03/01	19800	5709

ヘッダなしのデータであることを認識してくれて、ヘッダ名を勝手に付けてくれる

【例 2】 販売データとの結合（マージ）

次に、会計データに販売管理のデータを横につなげる結合（マージ）の例を見ていきましょう。

たとえば、店舗別・月別の売上・粗利の会計データ（CSV）に、会計では持っていない店舗別・月別の「客単価」と「客数」という 2 項目を販売管理データ（CSV）から結合（マージ）するケースを考えてみます。

また、マージした後にピボットテーブルを使って、様々なスタイルの帳票（テーブル）にアレンジするところまでを見ていきたいと思います。

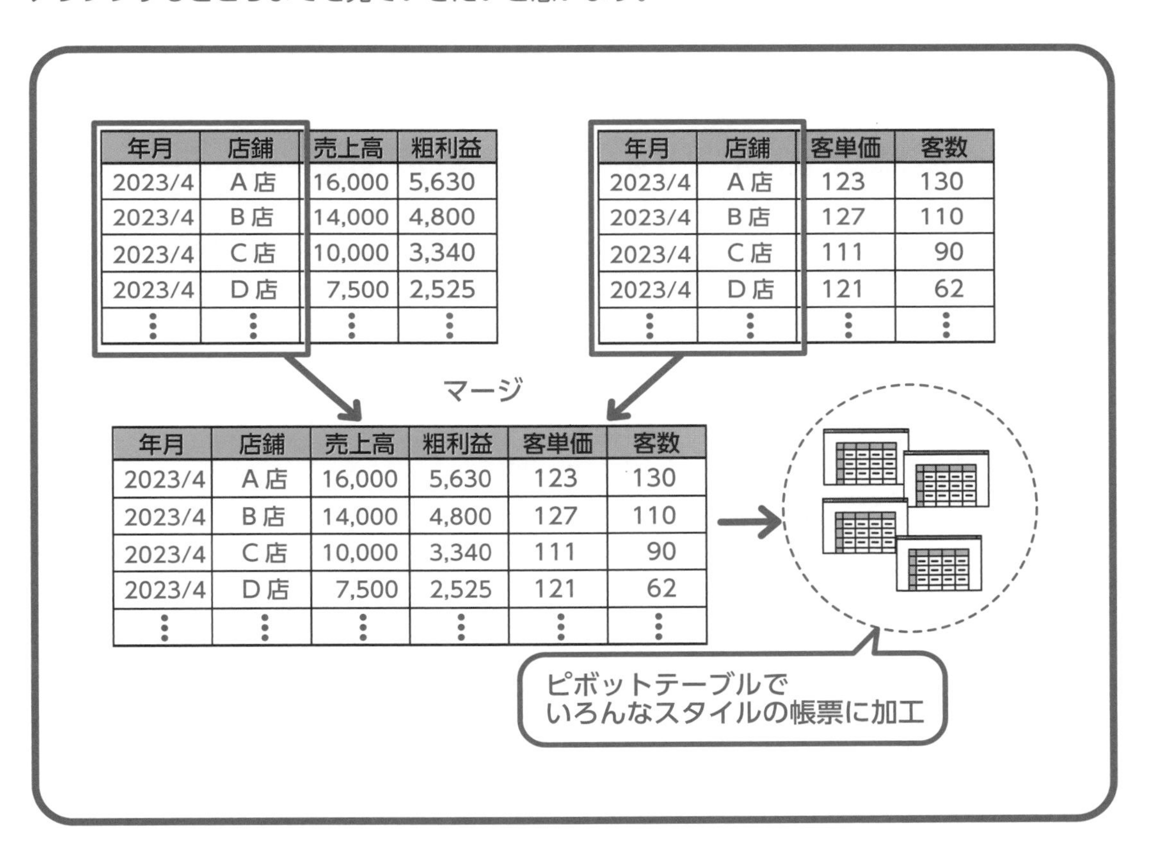

年月	店舗	売上高	粗利益
2023/4	A 店	16,000	5,630
2023/4	B 店	14,000	4,800
2023/4	C 店	10,000	3,340
2023/4	D 店	7,500	2,525
⋮	⋮	⋮	⋮

年月	店舗	客単価	客数
2023/4	A 店	123	130
2023/4	B 店	127	110
2023/4	C 店	111	90
2023/4	D 店	121	62
⋮	⋮	⋮	⋮

年月	店舗	売上高	粗利益	客単価	客数
2023/4	A 店	16,000	5,630	123	130
2023/4	B 店	14,000	4,800	127	110
2023/4	C 店	10,000	3,340	111	90
2023/4	D 店	7,500	2,525	121	62
⋮	⋮	⋮	⋮	⋮	⋮

会計ソフトからダウンロードしてきた「店舗別売上・粗利 .csv」と販売管理から取得した「店舗別客単価・客数 .csv」という 2 つの CSV ファイルがあるとします。

店舗別売上・粗利.csv

	A	B	C	D
1	年月	店舗	売上高	粗利益
2	2023/04	A店	16000	5630
3	2023/04	B店	14000	4800
	04	C店	10000	3340
	04	D店	7500	2525
	05	A店	15000	5260
	05	B店	14500	5010
8	2023/05	C店	9000	2900
9	2023/05	D店	7000	2290

店舗別売上・粗利.csv

店舗別客単価・客数.csv

	A	B	C	D
1	年月	店舗	客単価	客数
2	2023/04	A店	123	130
3	2023/04	B店	127	110
	/04	C店	111	90
	/04	D店	121	62
	/05	A店	120	125
	/05	B店	120	121
8	2023/05	C店	115	78
9	2023/05	D店	106	66

店舗別客単価・客数.csv

これらをパワークエリに読み込んで、「年月」と「店舗」の 2 項目をキーに「マージ」します。

パワークエリエディタへの読み込み方は「追加」のときと同様です。

1 つめのファイルを「データ」→「データの取得」→「ファイルから」→「テキストまたは CSV から」を選び、ファイルを指定して「データの変換」でパワークエリエディタに読み込みます。

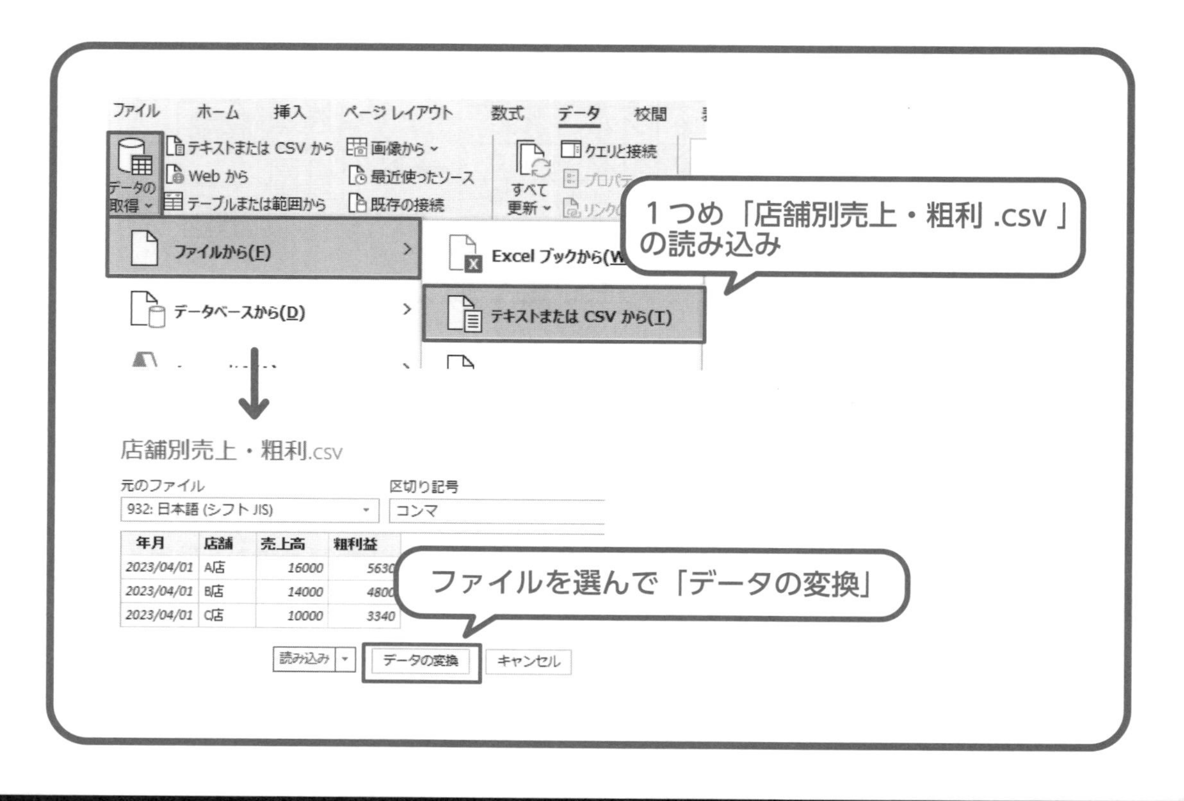

2つめのファイルはパワークエリエディタ上で「ホーム」→「新しいソース」→「ファイル」→「テキスト/CSV」から指定します。

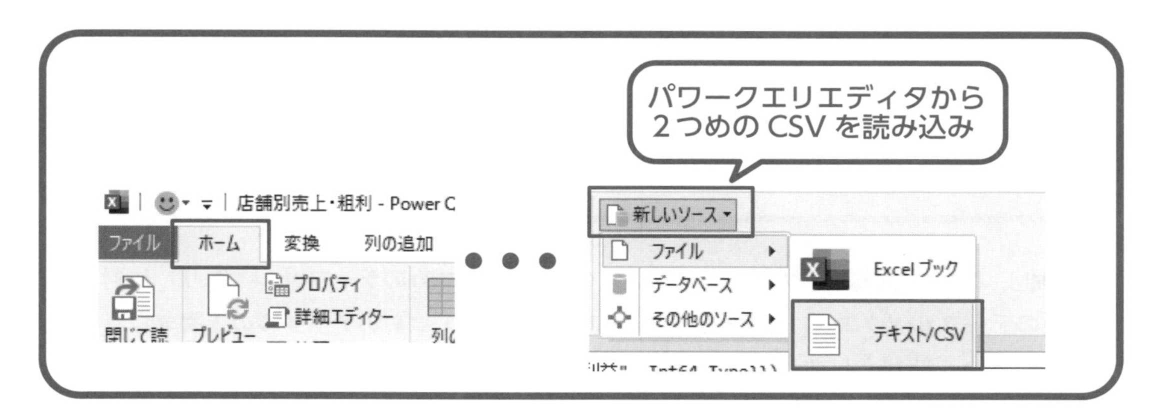

ファイルを指定してOKすると、2つめのCSVファイルもパワークエリエディタに読み込まれます。

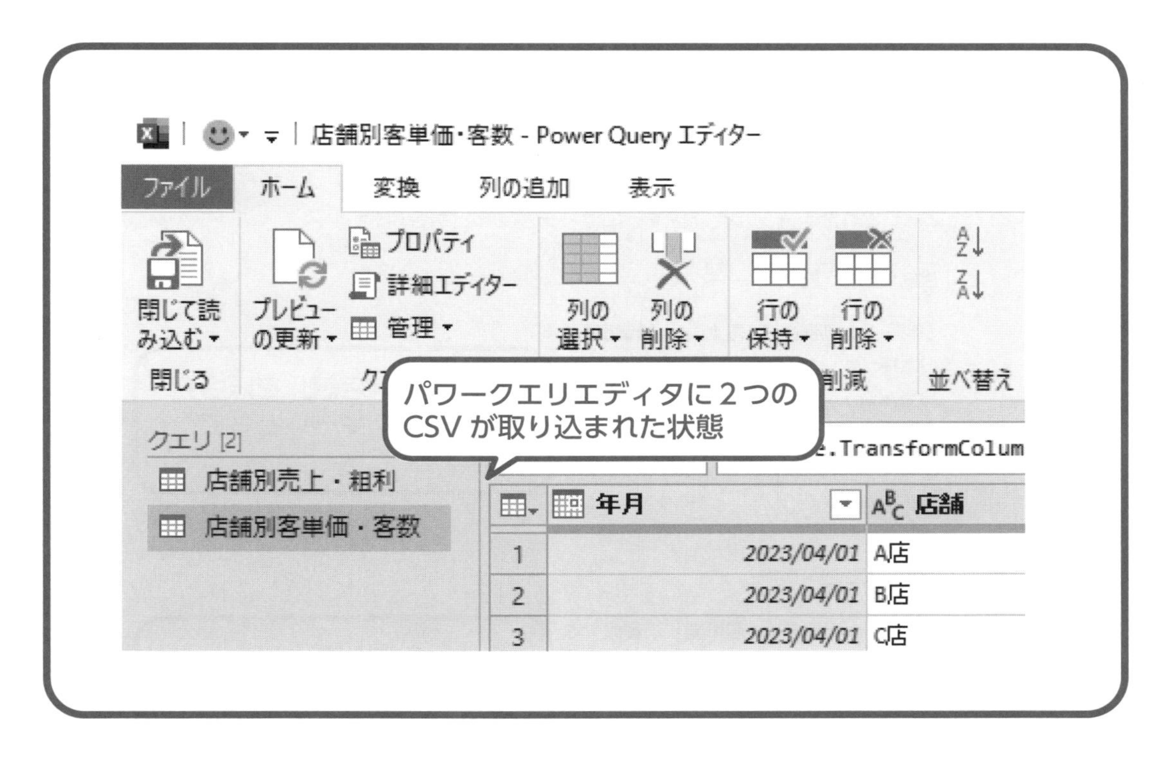

この2つのファイルを結合（マージ）します。
「ホーム」→「クエリのマージ」→「新規としてクエリをマージ」を選びます。

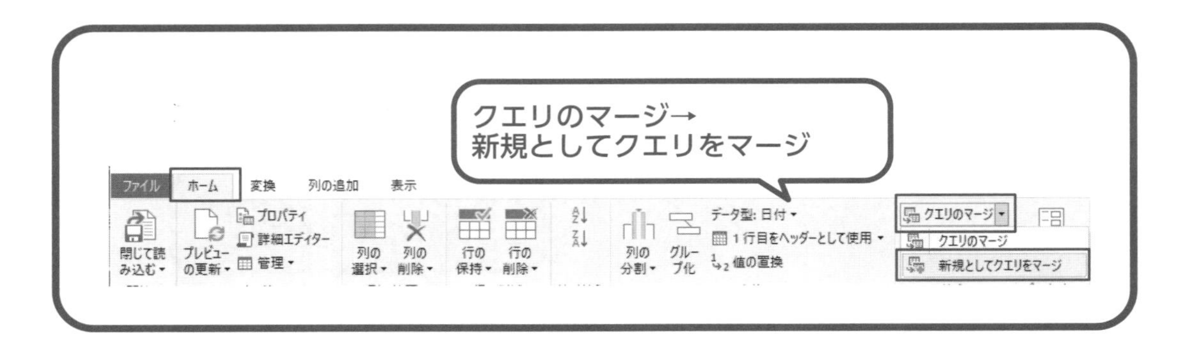

「追加」のときと同様、「クエリのマージ」の方は、1つめのテーブル（クエリ）に対して、2つめのテーブル（クエリ）をマージするパターンです（1つめのテーブルの上書き）。

もう1つの「新規としてクエリをマージ」は、マージした第3の新しいクエリ（テーブル）を作成するパターンですので、ここでも「新規としてクエリをマージ」の方で作成します。

ポップアップ画面で、読み込んだ2つのクエリを指定して、照合列（マッチングキー）として「年月」と「店舗」を指定します。

「年月」を選択した上で、Ctrlキーを押しながら「店舗」を選択すると2つの列を選択することができます。

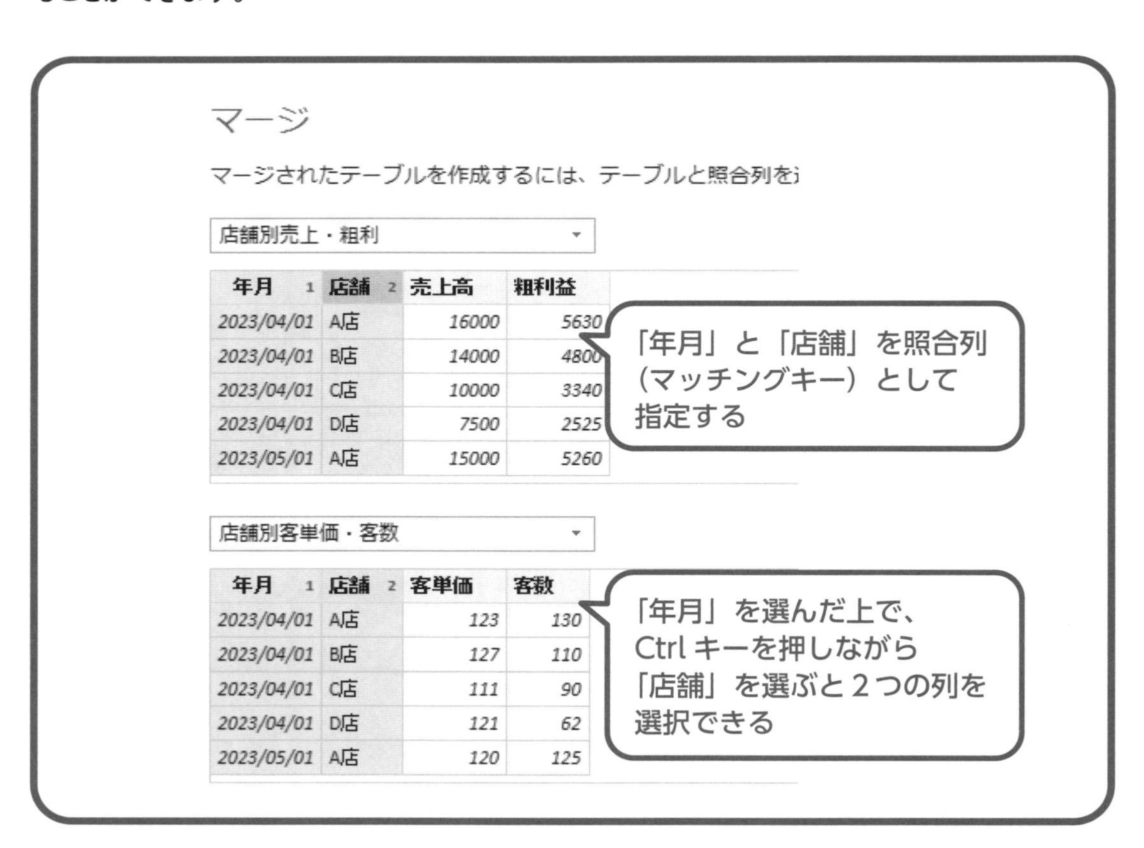

次に「結合の種類」という項目を指定します。
パワークエリのマージでは、マージの種類を選べるようになっています。

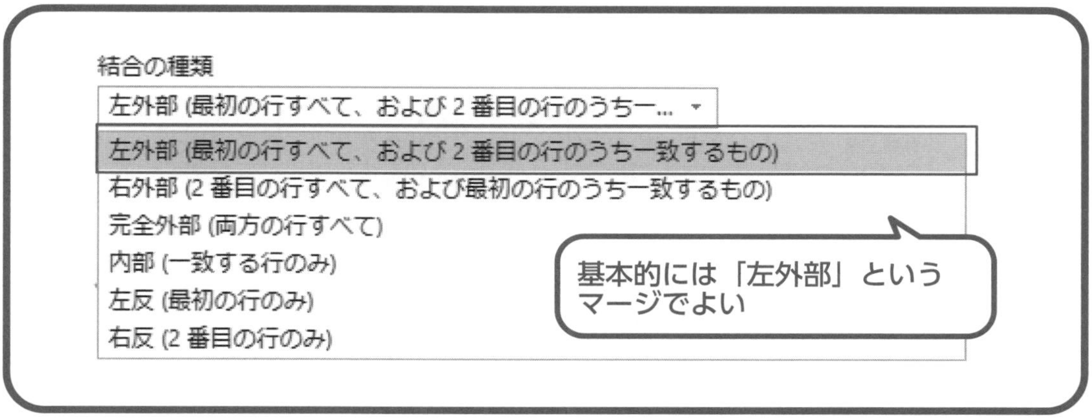

結合の種類
左外部 (最初の行すべて、および 2 番目の行のうち一...
左外部 (最初の行すべて、および 2 番目の行のうち一致するもの)
右外部 (2 番目の行すべて、および最初の行のうち一致するもの)
完全外部 (両方の行すべて)
内部 (一致する行のみ)
左反 (最初の行のみ)
右反 (2 番目の行のみ)
基本的には「左外部」というマージでよい

基本的には「左外部」というものを選べば OK です。

ただ、それぞれがどんなマージの仕方なのか、大まかには押さえておいた方がよいと思いますし、名称だけだと内容がイメージしづらいと思いますので、一通り内容を紹介しておきます。

(参考)
マージの種類

＜左外部＞
通常はこの結合でよいと思います。
たとえば、次のような得意先コード別の年間取引額リスト（第 1 テーブル）に対して、得意先リスト（第 2 テーブル）から「得意先名」を持ってくるようなマージです。
得意先リストにないもの（T0099）は空欄になります。

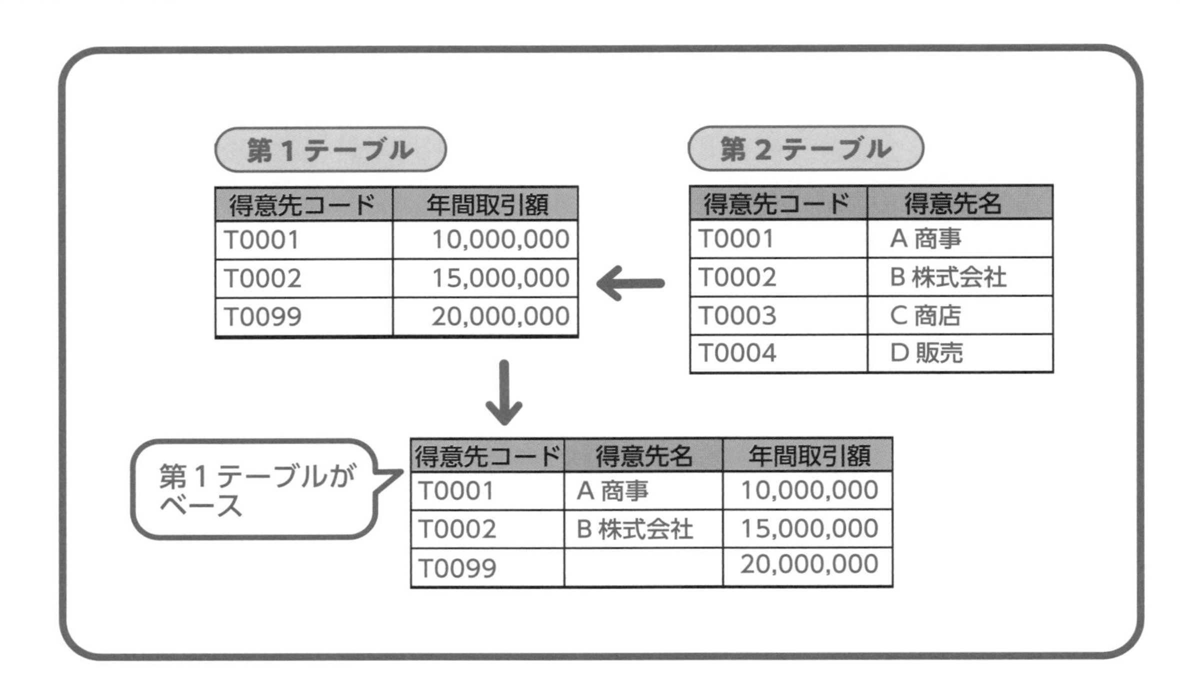

得意先コード	年間取引額
T0001	10,000,000
T0002	15,000,000
T0099	20,000,000

得意先コード	得意先名
T0001	A 商事
T0002	B 株式会社
T0003	C 商店
T0004	D 販売

得意先コード	得意先名	年間取引額
T0001	A 商事	10,000,000
T0002	B 株式会社	15,000,000
T0099		20,000,000

< 右外部 >

左外部とは逆に第２テーブルの方をベースにするようなマージです。

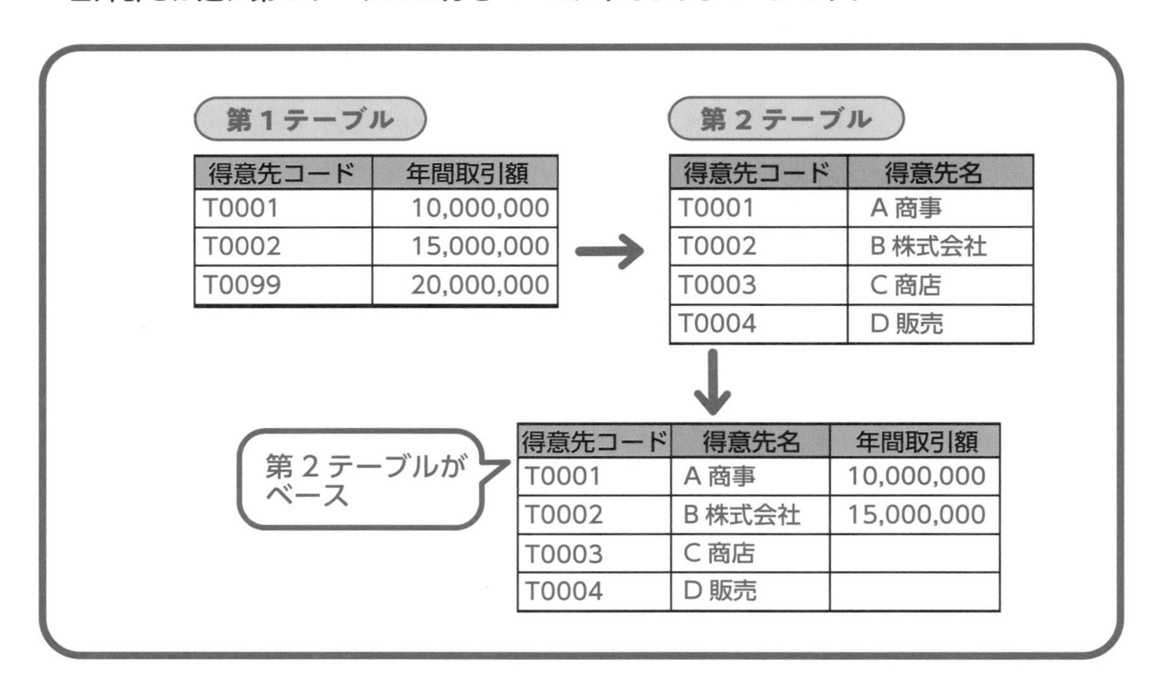

得意先コード	年間取引額
T0001	10,000,000
T0002	15,000,000
T0099	20,000,000

得意先コード	得意先名
T0001	A 商事
T0002	B 株式会社
T0003	C 商店
T0004	D 販売

得意先コード	得意先名	年間取引額
T0001	A 商事	10,000,000
T0002	B 株式会社	15,000,000
T0003	C 商店	
T0004	D 販売	

＜完全外部＞

第 1 テーブルと第 2 テーブルに存在するものはすべて持ってくるマージです。

第 1 テーブル

得意先コード	年間取引額
T0001	10,000,000
T0002	15,000,000
T0099	20,000,000

第 2 テーブル

得意先コード	得意先名
T0001	A 商事
T0002	B 株式会社
T0003	C 商店
T0004	D 販売

得意先コード	得意先名	年間取引額
T0001	A 商事	10,000,000
T0002	B 株式会社	15,000,000
T0003	C 商店	
T0004	D 販売	
T0099		20,000,000

片方だけに存在するものも全てマージ

＜内部＞

第 1 テーブルと第 2 テーブルのどちらにも存在するものだけを持ってくるマージです。したがって、第 1 テーブルにしか存在しない「T0099」、第 2 テーブルにしか存在しない「T0003」と「T0004」は除外されます。

第 1 テーブル

得意先コード	年間取引額
T0001	10,000,000
T0002	15,000,000
T0099	20,000,000

第 2 テーブル

得意先コード	得意先名
T0001	A 商事
T0002	B 株式会社
T0003	C 商店
T0004	D 販売

得意先コード	得意先名	年間取引額
T0001	A 商事	10,000,000
T0002	B 株式会社	15,000,000

両方に存在するものだけを残す

＜左反＞

第 1 テーブルにだけ存在するものを残すマージです。差分を取り出したいようなときに使うマージになります。

第 1 テーブル

得意先コード	年間取引額
T0001	10,000,000
T0002	15,000,000
T0099	20,000,000

第 2 テーブル

得意先コード	得意先名
T0001	A 商事
T0002	B 株式会社
T0003	C 商店
T0004	D 販売

↓

得意先コード	得意先名	年間取引額
T0099		20,000,000

第 1 テーブルにしか
存在しないもの
（T0099 ）を残す

＜右反＞

「左反」とは逆に第 2 テーブルの方にだけ存在するものを残すマージです。

第 1 テーブル

得意先コード	年間取引額
T0001	10,000,000
T0002	15,000,000
T0099	20,000,000

第 2 テーブル

得意先コード	得意先名
T0001	A 商事
T0002	B 株式会社
T0003	C 商店
T0004	D 販売

↓

第 2 テーブルにしか
存在しないもの
（T0003 、T0004）
を残す

得意先コード	得意先名	年間取引額
T0003	C 商店	
T0004	D 販売	

様々なマージの種類が用意されているので、混乱しないように一通りその内容を紹介しましたが、会計データに対して販売管理などの業務データをマージしたいというケースがほとんどだと思いますので、基本的には会計データをベースとした「左外部」結合でよいと思います。

マージの処理に戻りまして、「年月」と「店舗」を照合列として選択し、マージの種類としては「左外部」を指定して「OK」します。

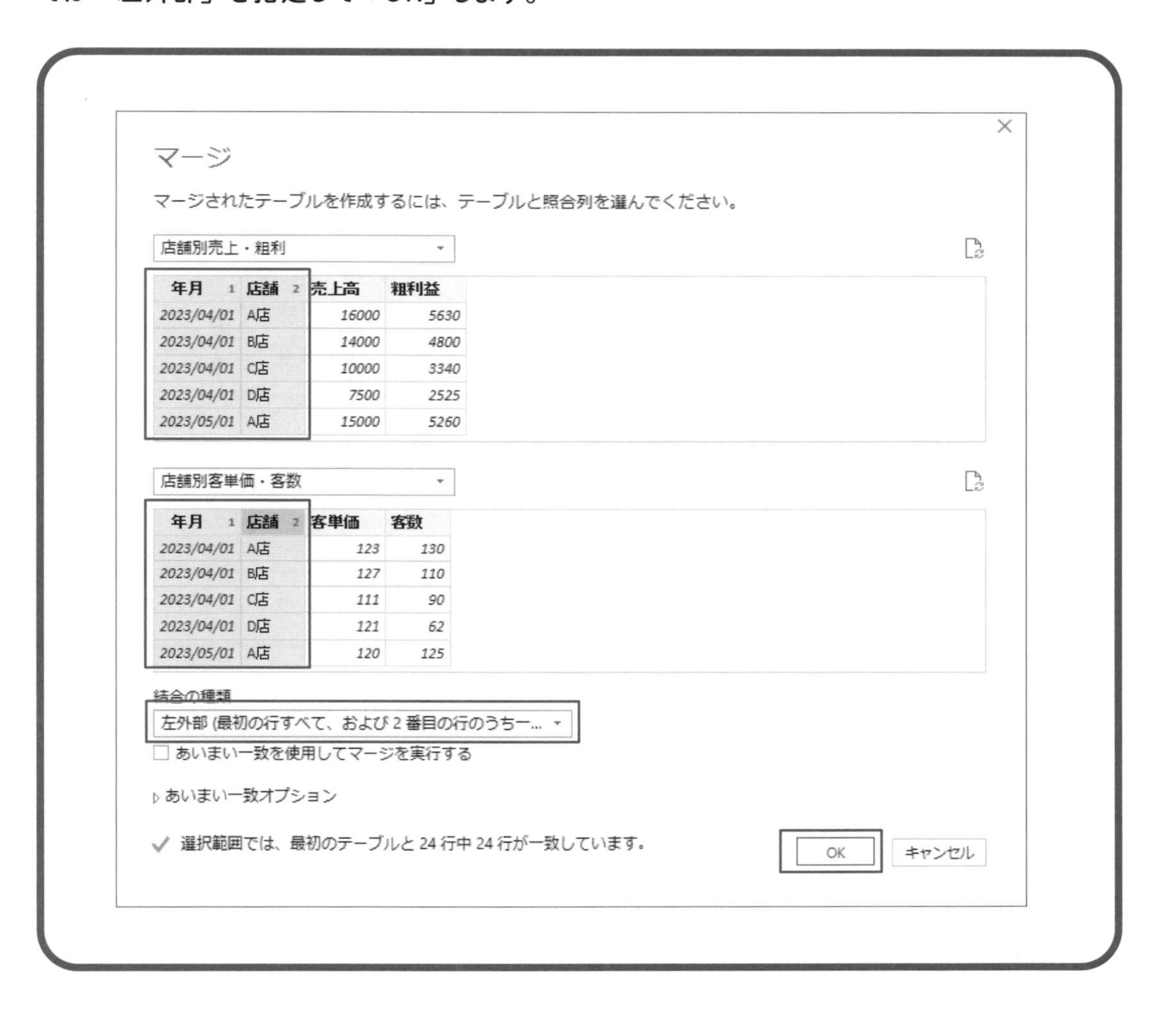

「店舗別客単価・客数」テーブルが結合されたクエリができますので、「Table」と表示されている「店舗別客単価・客数」列の右上のボタンを押して、「客単価」と「客数」の項目を展開します。

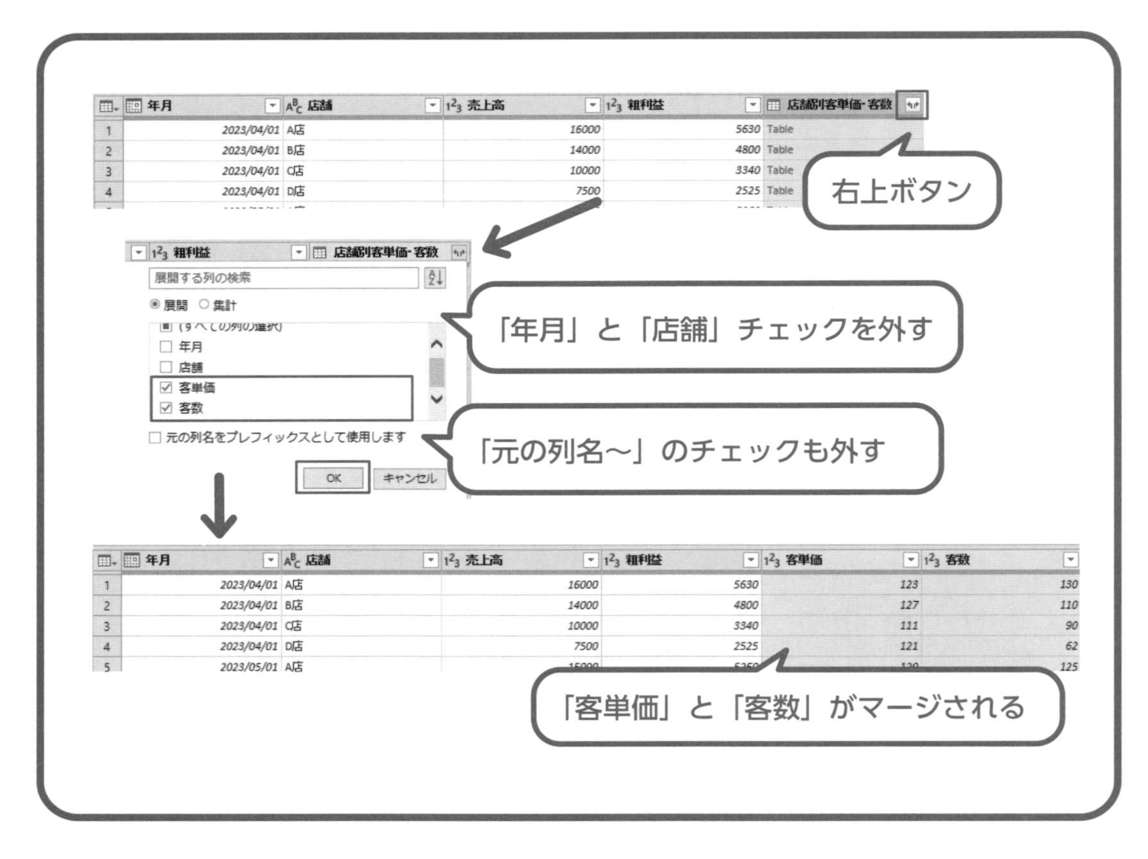

このテーブル内容をそのままExcelに展開するのであれば、「追加」の例のときと同じように「ファイル」→「閉じて読み込む」でよいのですが、今回は、いろんなスタイルの帳票に加工する前提でピボットテーブルへ展開したいので、「ファイル」→「閉じて次に読み込む」の方を選びます。

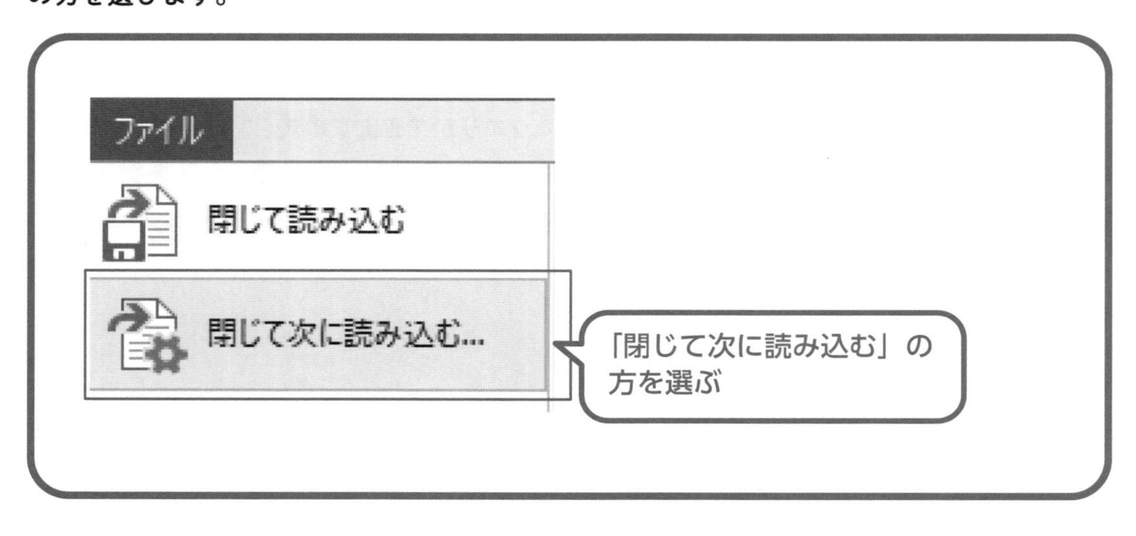

データの表示の仕方を聞いてくるポップアップ画面が出るので、ここでは、まず「接続の作成のみ」（Excel 上には表示しないテーブル）という属性を選択して「OK」をします。

いきなり「ピボットテーブルレポート」を選択してもよいのですが、そうすると、「追加」の例で見たときと同じように、3 つのテーブルすべてが Excel シートに展開されてきます。

今回は、3 つめのマージしたテーブルだけを Excel シート上に表示するように、まず「接続の作成のみ」（Excel 上には表示しないテーブル）とした後で、3 つめのマージしたテーブルのみを「ピボットテーブルレポート」の属性に変更するという作業を行います。

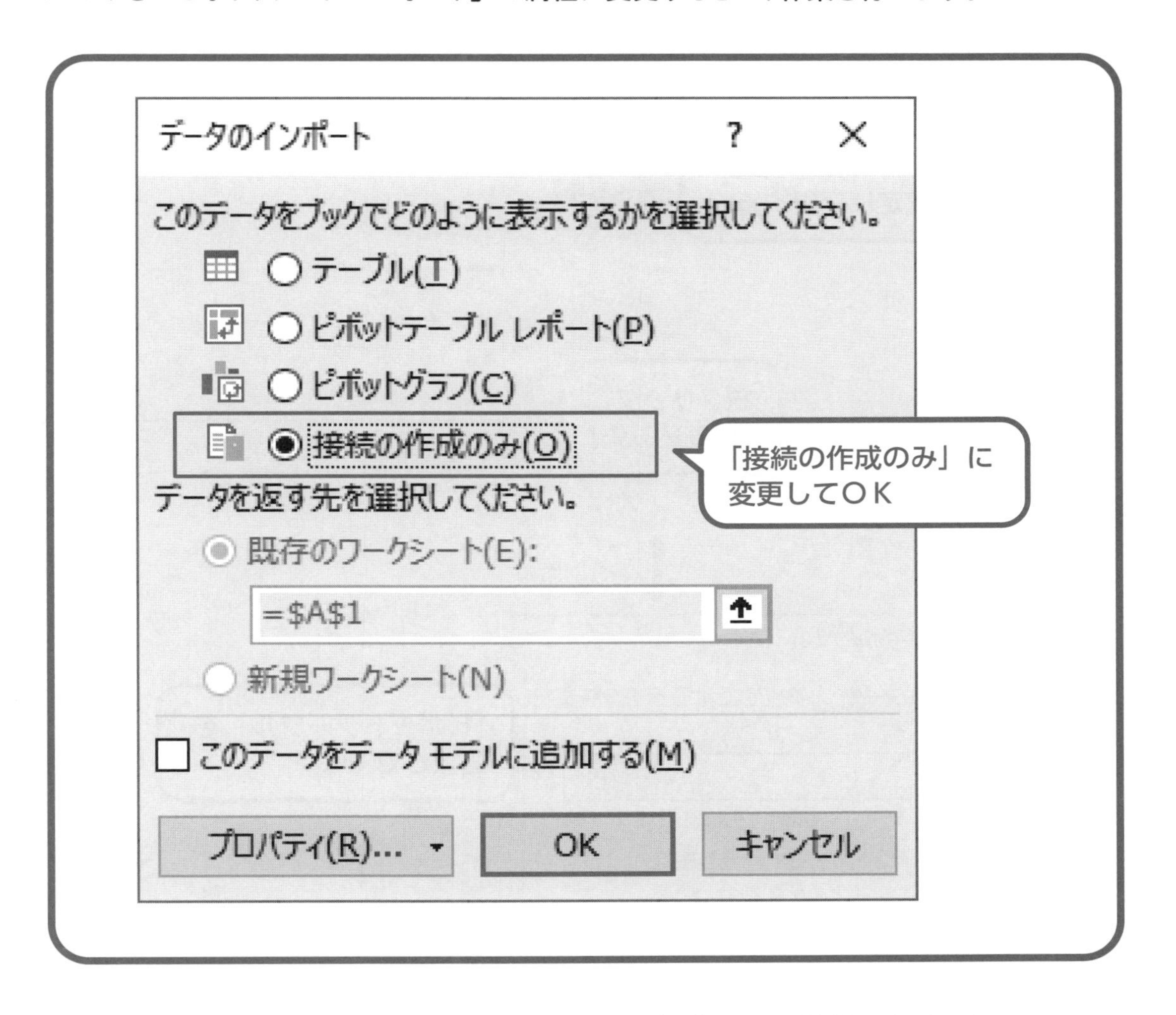

そうすると、Excel シート上は特に何も表示されず、「クエリと接続」タブにおいて 3 テーブルとも「接続専用」と表記されます。

ここで、3 つめのマージしたテーブルを右クリック→「読み込み先」とすると、先ほどと同じポップアップ画面が出てくるので、ここでこのテーブルのみを「ピボットテーブルレポート」の属性に変更して OK をします。

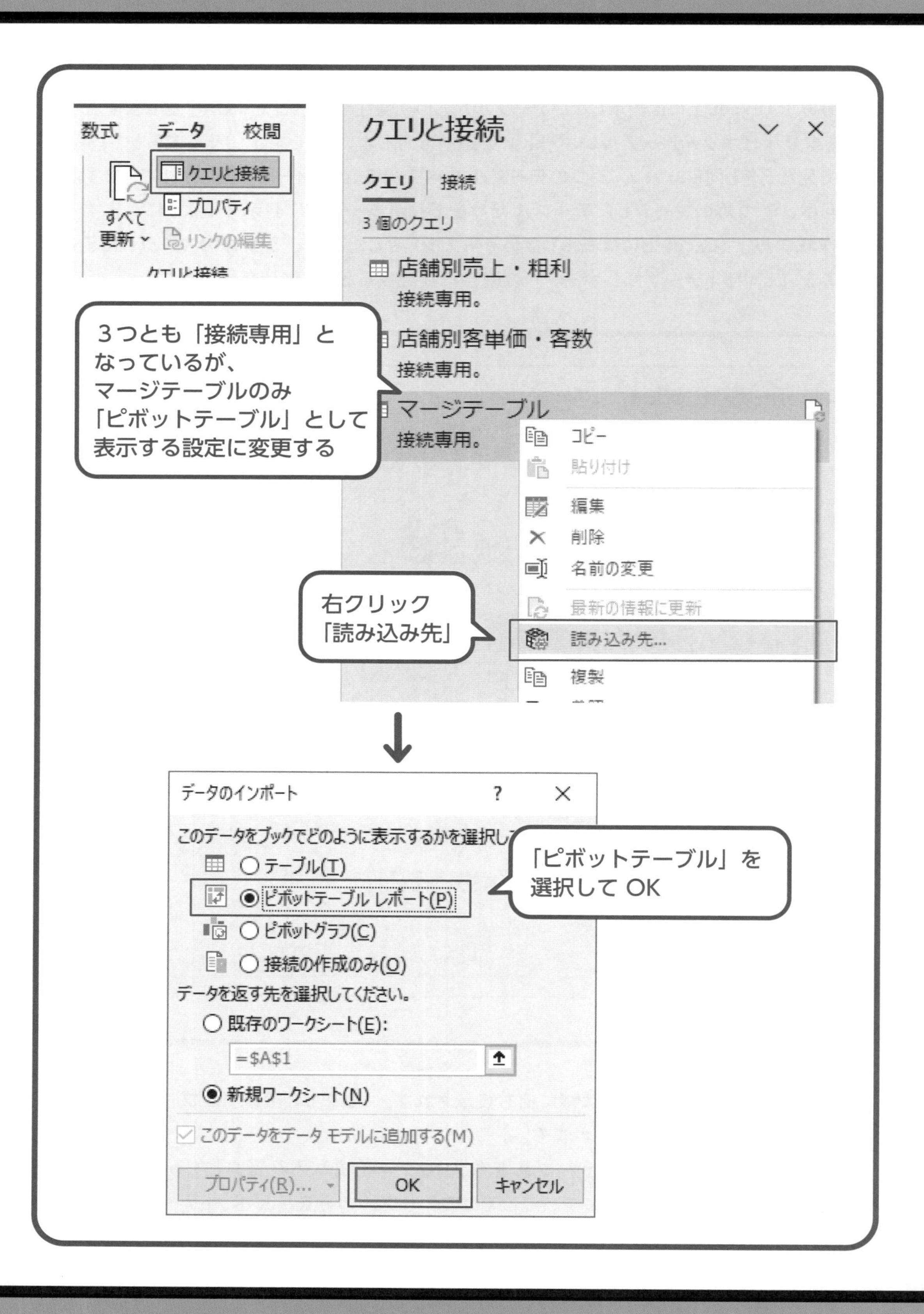
数式
データ
校閲
クエリと接続
プロパティ
すべて更新
リンクの編集
クエリと接続
3 個のクエリ
店舗別売上・粗利
接続専用。
店舗別客単価・客数
接続専用。
マージテーブル
接続専用。
3つとも「接続専用」となっているが、
マージテーブルのみ「ピボットテーブル」として表示する設定に変更する
コピー
貼り付け
編集
削除
名前の変更
最新の情報に更新
読み込み先...
複製
右クリック「読み込み先」
データのインポート
このデータをブックでどのように表示するかを選択して
テーブル(T)
ピボットテーブル レポート(P)
ピボットグラフ(C)
接続の作成のみ(O)
データを返す先を選択してください。
既存のワークシート(E):
=A1
新規ワークシート(N)
このデータをデータ モデルに追加する(M)
プロパティ(R)...
OK
キャンセル
「ピボットテーブル」を選択して OK

マージしたテーブルがピボットテーブルとして Excel シート上に展開されますので、ピボットテーブルの機能を使って、いろんなレイアウトの表に変形します。

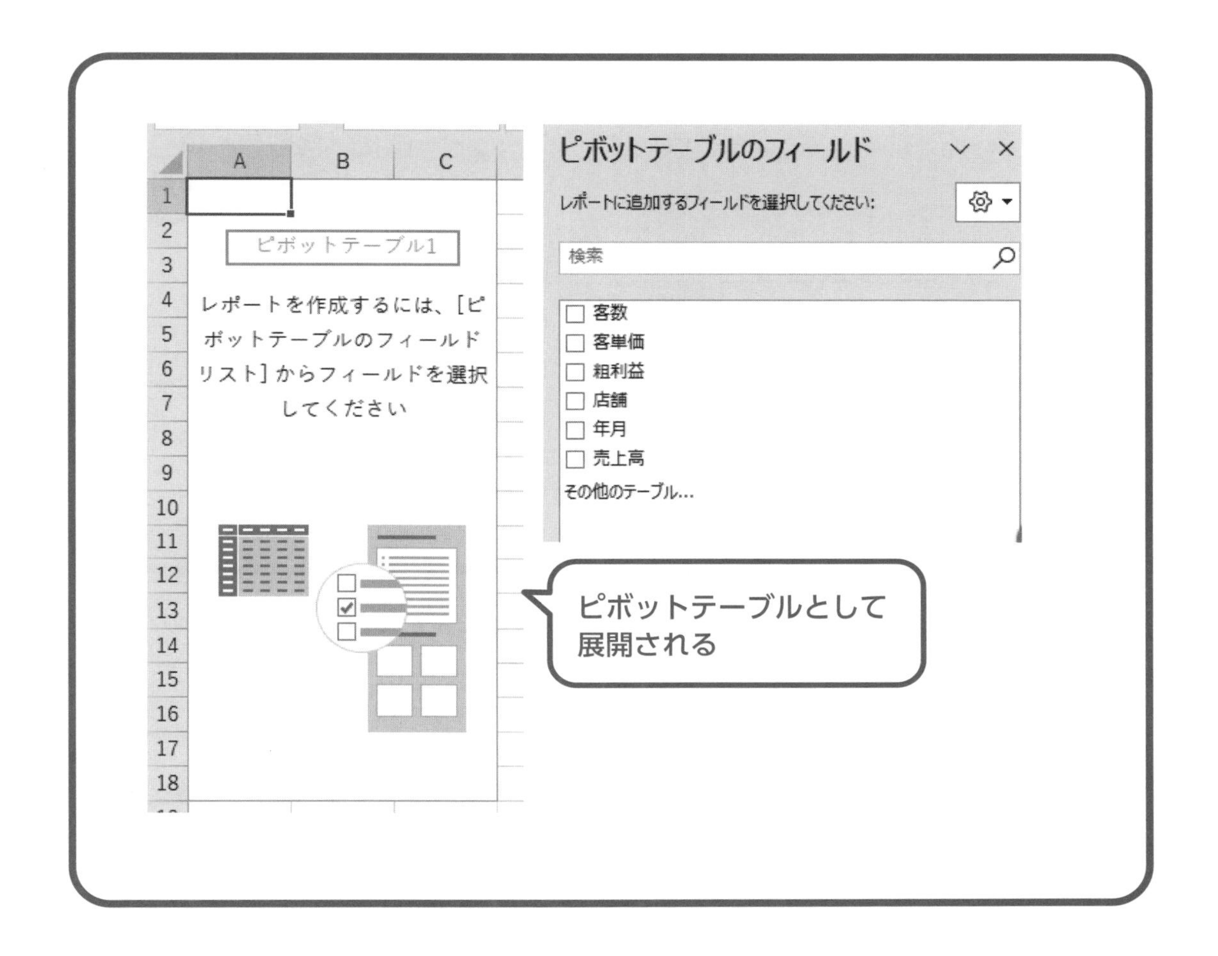

たとえば、各月の店舗別の損益比較表に客単価と客数を入れた表を作ってみます。

「ピボットテーブルのフィールド」にて、行や列に配置したい項目をドラッグ & ドロップします。行や列に配置する項目は簡単に変更できるので、表のレイアウトを確認しながら、配置を動かすこともできます。

いま「列」欄に「店舗」を、「値」欄には売上高・客単価・客数・粗利益の各項目を配置してみます。

「Σ 値」という項目は、売上高などの各値の項目名になりますので、これを「行」に配置して、どの月の比較表にするかを切り替えられるように「フィルター」に年月を指定します。

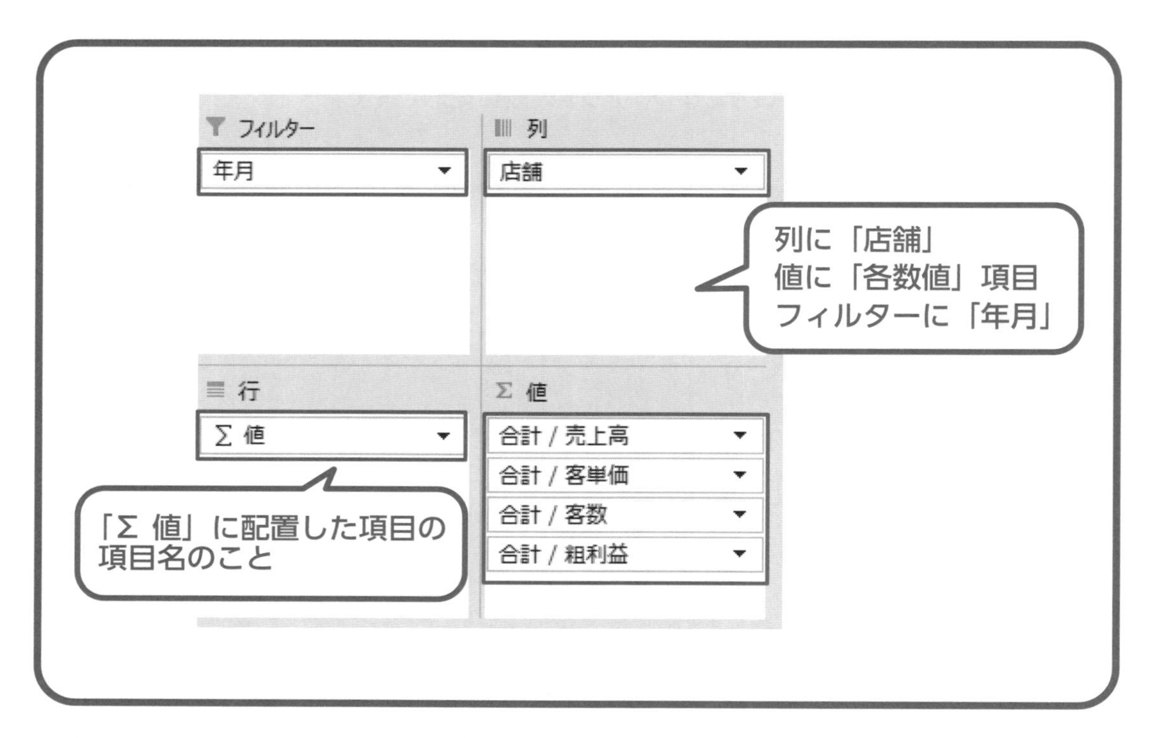

そうすると次のようなレイアウトの店舗別の各数値の比較表ができて、フィルターの「年月」でどの月の数値を比較するかを切り替えられます。

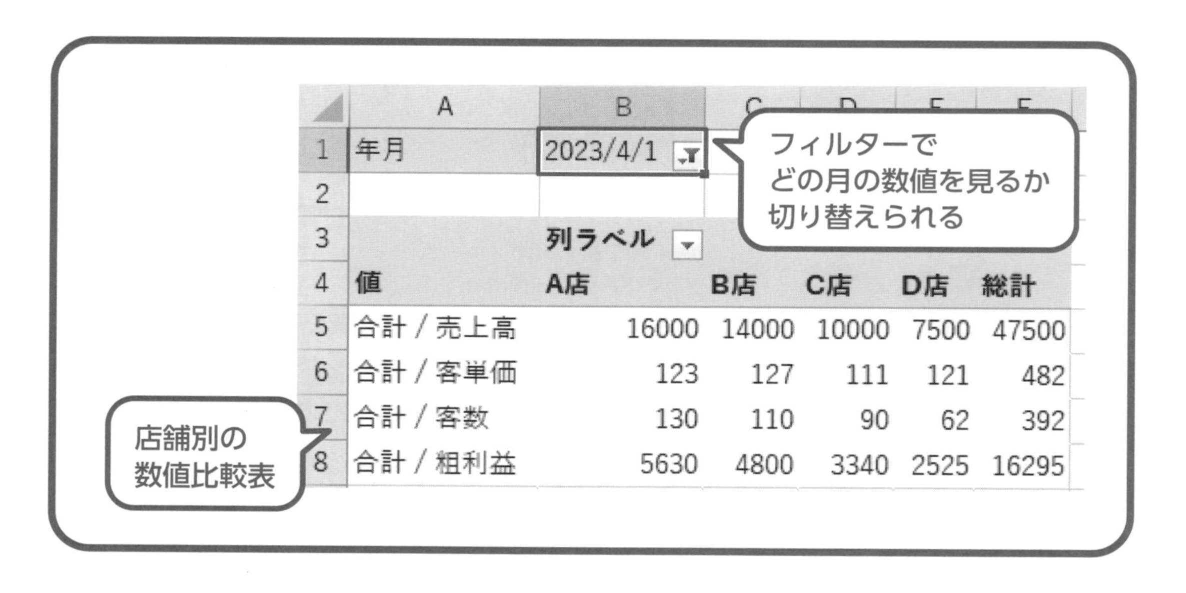

	A	B	C	D	E	F
1	年月	2023/4/1				
2						
3		列ラベル				
4	値	A店	B店	C店	D店	総計
5	合計 / 売上高	16000	14000	10000	7500	47500
6	合計 / 客単価	123	127	111	121	482
7	合計 / 客数	130	110	90	62	392
8	合計 / 粗利益	5630	4800	3340	2525	16295

あとは、項目名や表示設定を変更して、表を整えればよいでしょう。

	A	B	C	D	E	F
1	年月	2023/05				
2						
4	科目名	A店	B店	C店	D店	計
5	売上高	15,000	14,500	9,000	7,000	45,500
6	客単価	120	120	115	106	461
7	客数	125	121	78	66	390
8	粗利益	5,260	5,010	2,900	2,290	15,460

別のレイアウトとして今度は、年月を「列」に、店舗は「行」の方へ持っていって、店舗毎の月別の推移をみるような表にもしてみましょう。

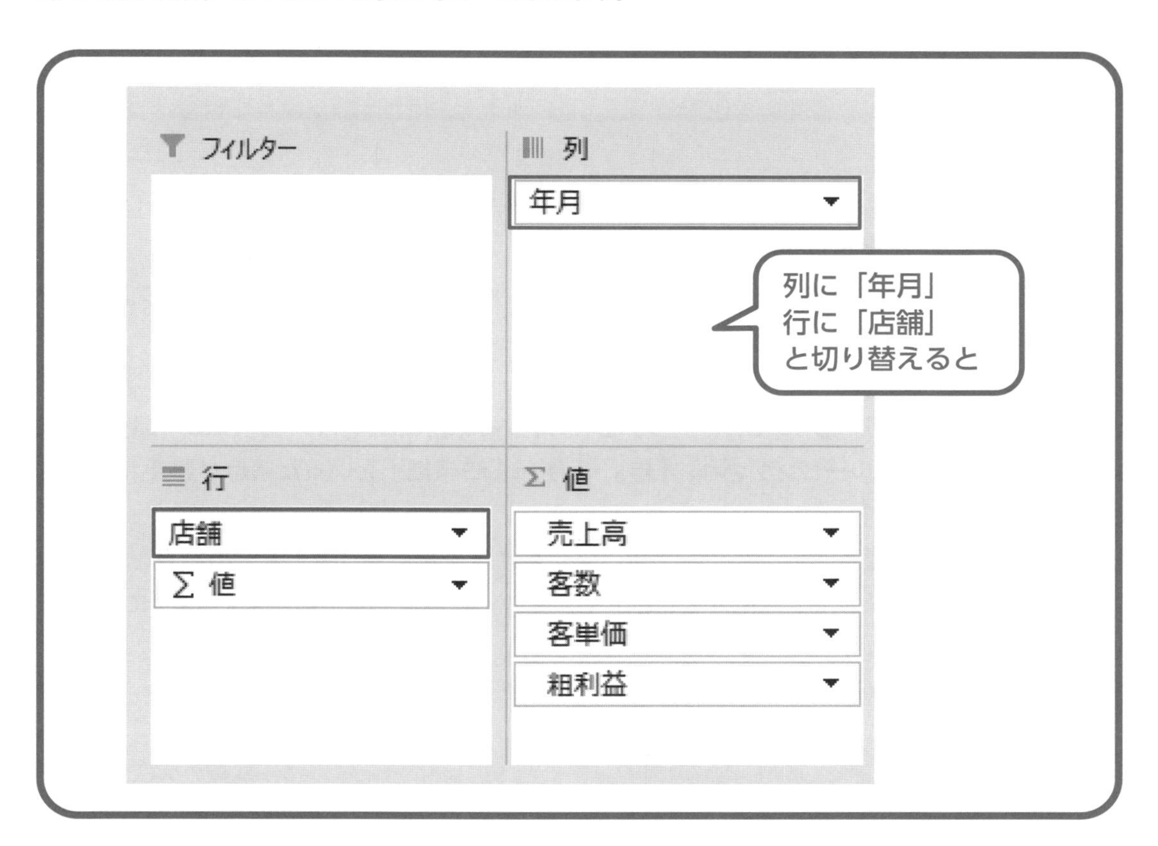

店舗ごとの各月の推移を確認できるようなレイアウトになります。

4	店舗	2023/04	2023/05	2023/06	2023/07	2023/08	2023/09	計
5	A店							
6	売上高	16,000	15,000	18,000	17,500	19,000	18,000	103,500
7	客数	130	125	154	154	165	155	883
8	客単価	123	120	117	114	115	116	705
9	粗利益	5,630	5,260	6,400	6,300	6,700	6,350	36,640
10	B店							
11	売上高	14,000	14,500	14,400	16,000	16,500	15,000	90,400
12	客数	110	121	115	130	138	128	742
13	客単価	127	120	125	123	120	117	732
14	粗利益	4,800	5,010	4,980	5,500	5,700	5,120	31,110
15	C店							
16	売上高	10,000	9,000	10,100	10,200	11,000	9,800	60,100
17	客数	90	78	89	90	95	88	530
18	客単価	111	115	113	113	116	111	679

店舗ごとの各月の数値の推移を見る
ような表に切り替えることも可能

このように「縦持ち」データであっても、ピボットテーブルを使えば、報告用に「横持ち」の表に変形することが可能です。

販売管理等のデータとのマージを考えるならば、加工しやすい「縦持ち」データとして保持しておいた方が汎用的であるといえます。

ちなみに、ピボットテーブルで日付データを読み込んだ際に「年」や「月」、「四半期」といった単位に自動的にグルーピングされ、「年」・「月」・「四半期」といった項目が勝手に生成されることがよくあります。

グルーピングの必要がない場合は、グループ化された「年」や「月」などの項目を右クリック→「グループ解除」とすると解除することができます。必要に応じて切り替えるようにしましょう。

（今回の例でもグループ化の必要がなかったので「グループ解除」しています）

第４章　まとめ
（複数 CSV を使った帳票編集は パワークエリを活用）

第４章では、会計業務における CSV ファイルの活用としての２つめ「データ出力後」の「報告・分析資料の編集」のところを見てきました。

会計データと他の業務データとを突き合わせて別の表を作成する際には、Excel のパワークエリの機能を使うと便利です。

パワークエリ自体は多機能なものですが、このうち「結合」を使えるようになっておくと会計データを扱う上では編集の幅が広がります。

パワークエリを扱う際には、データの持ち方も意識しておくと加工がしやすくなります。複数データの突き合わせを行う場合は「縦持ち」データの方が扱いやすくなります。

エクスポートした CSV ファイルの加工の例として、「追加」と「マージ」を確認しました。

「追加」は同じ項目が並んだデータを上下につなげる結合です。

期別に分かれた同項目データをつなげる例で確認しました。

「追加」を行う際の注意点としては、ヘッダ項目名を同じにしておくか、ヘッダなしのデータでつなげる必要があります。

「マージ」は、キー項目でマッチングさせて、横につなげる結合です。

会計データに持っていない項目を、販売管理データから持ってくる際のやり方を確認しました。

また、マージした後のデータをピボットテーブルの機能で、いろんなレイアウトに変形して表示させる例についても確認しました。

「報告・分析資料の編集」においてはパワークエリが非常に有効です。

いろんなシステムからダウンロードしてきたデータ（CSV）を Excel 上で組み合わせて加工するケースがとても多いからです。

Excel の標準として搭載されている機能ですので、ぜひ、活用できるようにしておきましょう。

第5章

税務申告まわりのCSV

送信形式の選択肢の1つとして

税務申告でもよく目にするようになったCSV

何年か前に大企業において電子申告が義務化されました。そのタイミングで電子申告における利便性も見直され、その中の1つとして、税務申告の場面において「財務諸表」や「勘定科目内訳書」についてはCSV形式でも受け付けてもらえるようになりました。
（その他に、一部の法人税別表の明細を記載する部分についてもCSV形式が可能となりましたが、主要な別表は従来通りです）

従来はXML形式（第6章で解説します）やそれに準ずるデータ形式のみでしたが、選択肢の1つとしてCSV形式も増えた形です。

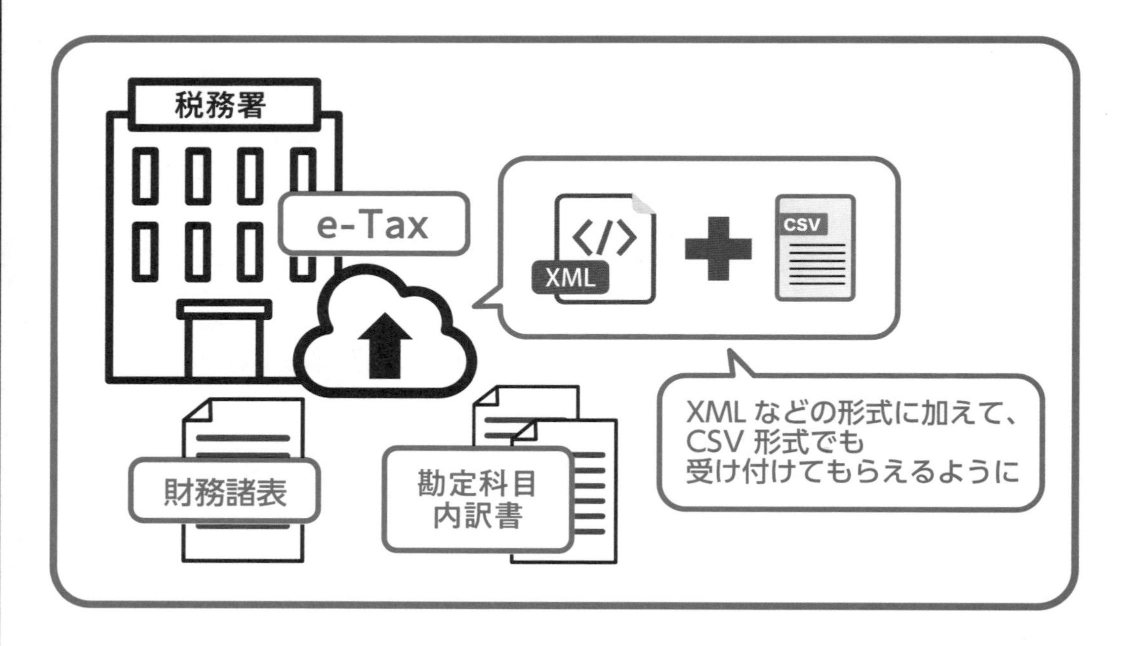

また、1月に提出する法定調書関係や給与支払報告書についても、決められたフォーマットのCSVファイルを作成すれば、受け付けてもらえるようになっています。

税務申告の場面においても、CSVによるやり取りが可能な場面が増えてきています。

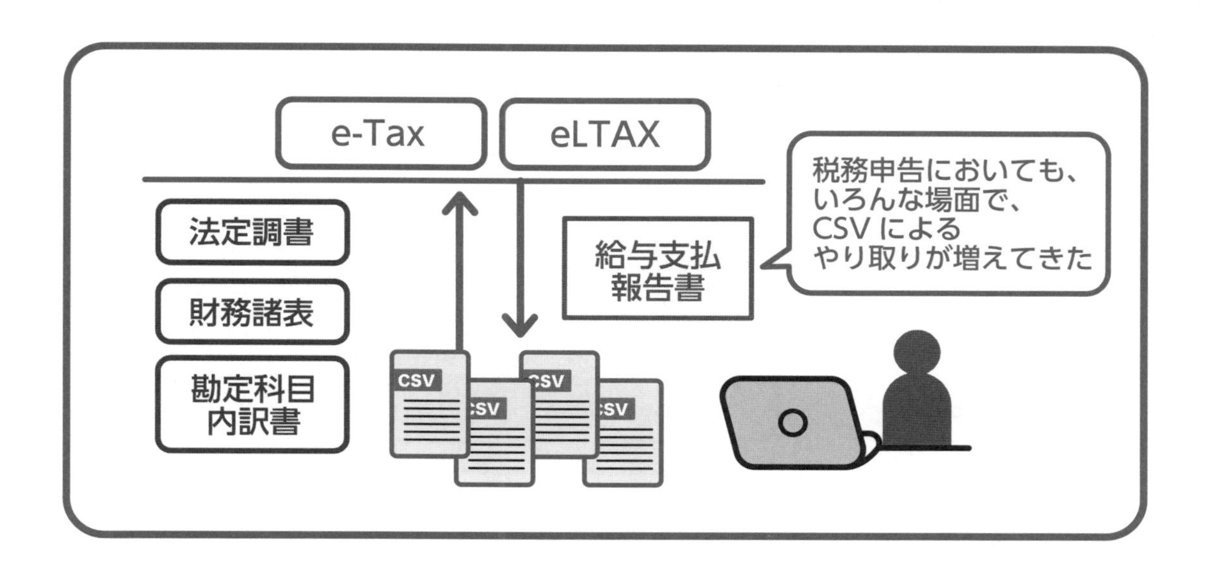

ただし、活用場面が限られてくるものも

選択肢として活用できるようになったものの、元データがExcelでない場合は、あえてCSV形式を使うことは少ないと思われます。

具体的には、財務諸表や給与支払報告書（源泉徴収票）については、あえてCSV形式を選択する場面は少ないでしょう。

これらは元データがExcelというケースは少なく、会計ソフトや年末調整計算ソフトを使ってデータ管理していることがほとんどだと思います。

その場合、多くの会計ソフト、年末調整計算ソフトでは、CSV形式が追加される以前からのXML形式やそれに準ずる形式（XBRLやXTXといった形式）で出力できるようになっています。

したがって、あえてCSVに加工し直す必要はなく、その出力した形式で申告用ソフトへ取り込めばよいだけだからです。

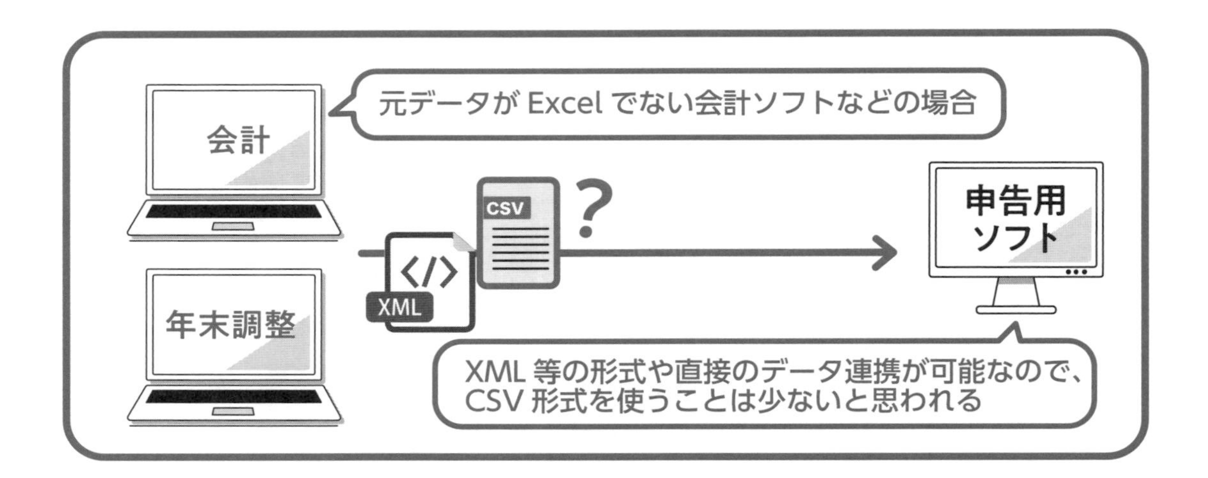

想定される活用としては、現状 Excel で管理・作成している帳票で、これまで申告用ソフトとデータ連携ができていなかったものについて、CSV 形式を活用して申告用ソフトに取り込むといったケースです。

具体的には勘定科目内訳書データや給与以外の法定調書（報酬や地代家賃）関係のデータが考えられます。

よくあるのは、申告自体は会計事務所が行っているので電子申告をしているものの、勘定科目内訳書については会社側が Excel で作成しているケースです。

また、社内で役割分担していて、給与計算以外の法定調書については別担当者が Excel で作成しているようなケースもあります。

このような場合に、申告書データに内訳書の CSV データを追加して一緒に電子申告したり、Excel で作成している報酬源泉税や家賃データを CSV 形式として取り込んで、給与データと一緒に法定調書の電子申告をするといった使い方が考えられます。

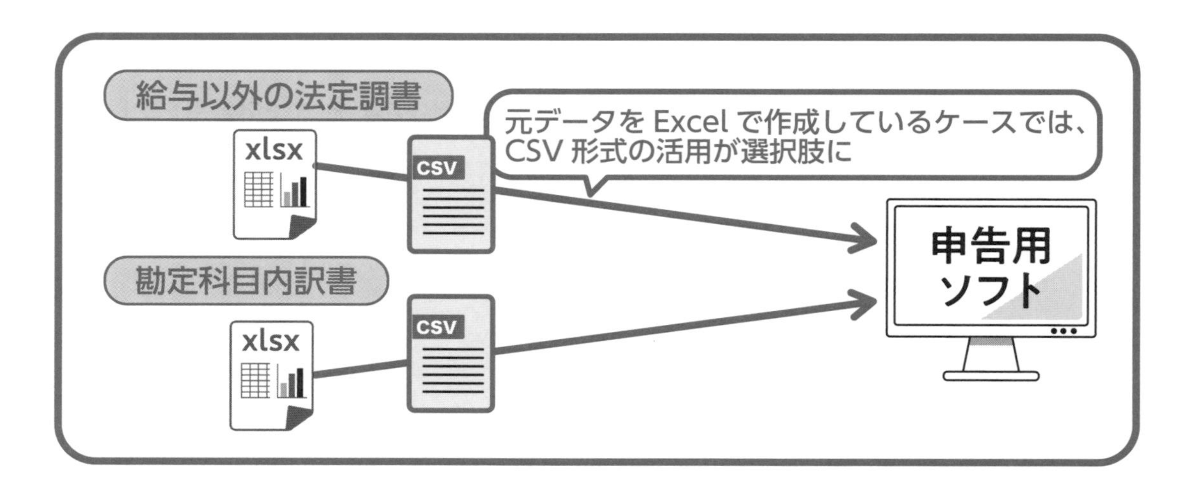

そこで、次に見ていく例でも、実務での活用場面を想定して、勘定科目内訳書と法定調書のCSVファイルの作成の流れを見ていきたいと思います。

これらは設定項目も単純で比較的作りやすいものになっています。

どんなCSV形式になっているのかを、実際の画面などで確認していきましょう。

勘定科目内訳明細書データのCSV

まず、勘定科目内訳書データの CSV 形式から確認していきましょう。

預貯金等の内訳書や売掛金の内訳書など、内訳書の種類ごとに、それぞれ分かれて CSV 形式が指定されています。

この形式は、e-Tax のホームページで公開されていて、「標準フォーム」のところからダウンロードすることができます。

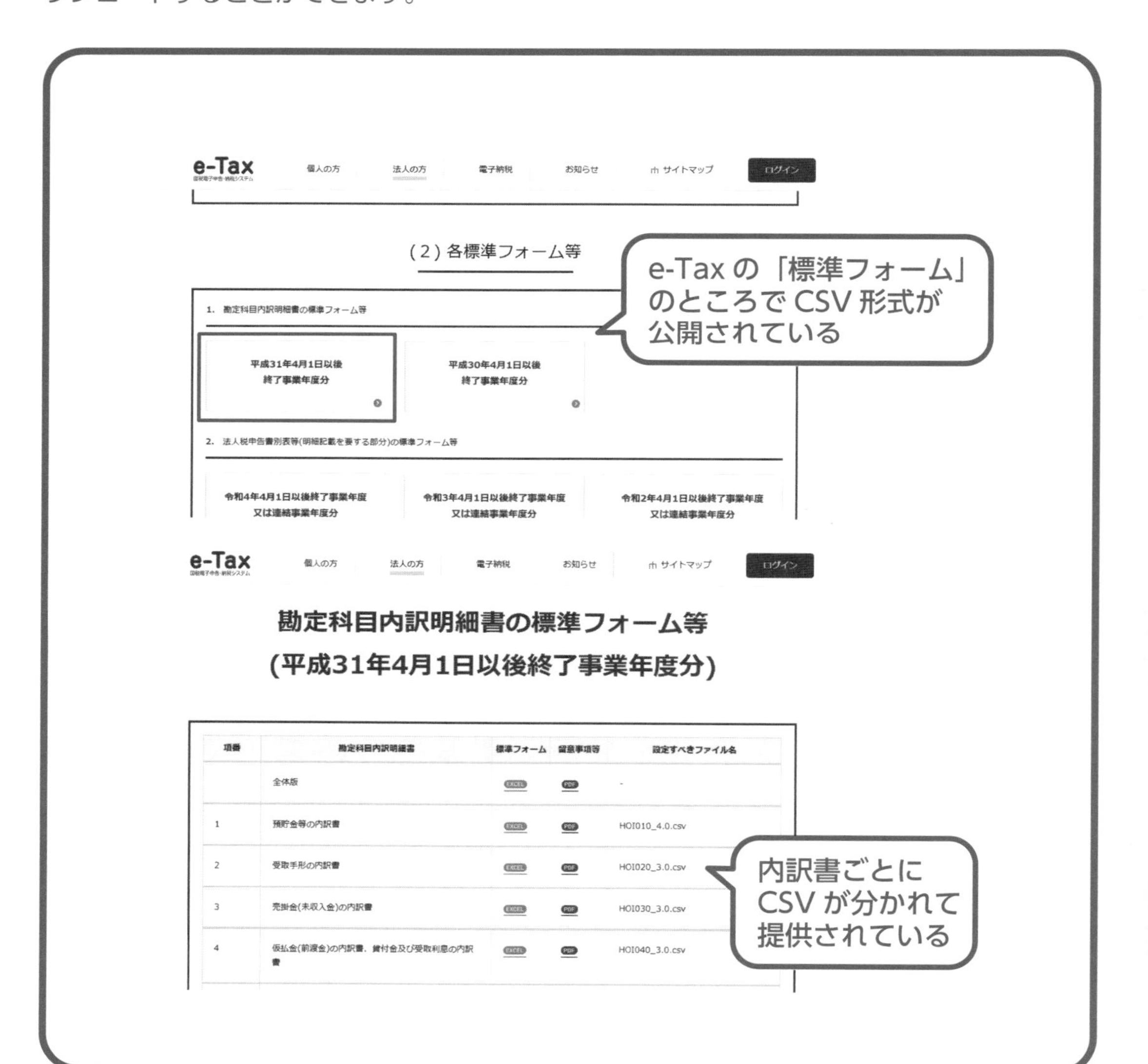

各内訳書の標準フォームの中身は、各内訳書の書式をそのまま Excel にしただけのような内容になっています。

たとえば、預貯金等の内訳書を見てみましょう。

1 列目の「フォーマット区分」というのは内訳書で固定です。

預貯金等の内訳書であれば「1」です。

2 列目の「行区分」は、明細行か合計行かの区分で明細行なら「0」、合計行なら「1」を記入します。

あとは、通常の内訳書で記入する項目が並んでいるだけです。

預貯金等の内訳書

	A	B	C	D	E	F	G	H
1	1	2	3	4	5	6	7	8
2	フォーマット区分【必須】	行区分【必須】	金融機関名	支店名	種類	口座番号	期末現在高	摘要
3	1	0	●●銀行	××支店	普通預金	1234567	1000000	
4	1	0	■■銀行	△△支店	普通預金	2345678	2000000	
5	1	1					3000000	
6								

もう 1 つ、売掛金の内訳書の中身を見ておきましょう。

こちらのフォーマット区分は「3」固定になります。

売掛金の内訳書

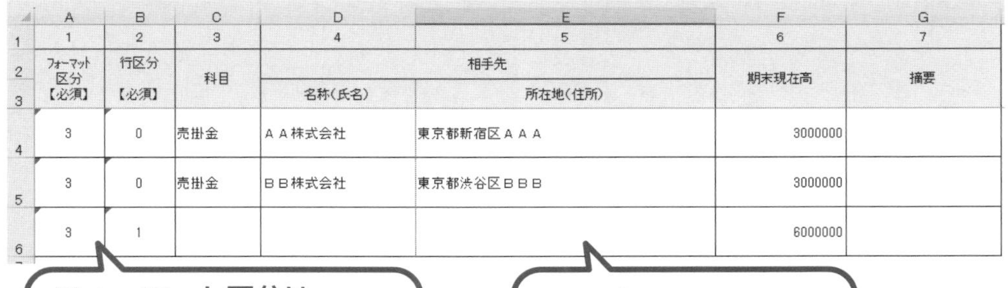

	A	B	C	D	E	F	G
1	1	2	3	4	5	6	7
2	フォーマット区分【必須】	行区分【必須】	科目	相手先		期末現在高	摘要
3				名称（氏名）	所在地（住所）		
4	3	0	売掛金	ＡＡ株式会社	東京都新宿区ＡＡＡ	3000000	
5	3	0	売掛金	ＢＢ株式会社	東京都渋谷区ＢＢＢ	3000000	
6	3	1				6000000	

フォーマット区分は
内訳書で固定。
行区分は明細行（0）
or 合計行（1）の区分

それぞれの項目は
紙の様式と同じものが
並んでいるだけ

他の内訳書もこのような感じで、入力項目自体は、内訳書の書式そのままなので、あまり悩むところはありません。

いま会社内で作成している各内訳書の Excel ファイルをこの e-Tax から提供されている標準フォームの Excel ファイルに変更できないか検討してみましょう。

設定項目は内訳書の様式ほぼそのままなので、現状でも設定している項目です。なので、いきなり切り替えたとしても Excel の見た目が少し変わるくらいで、特に違和感はないと思います。

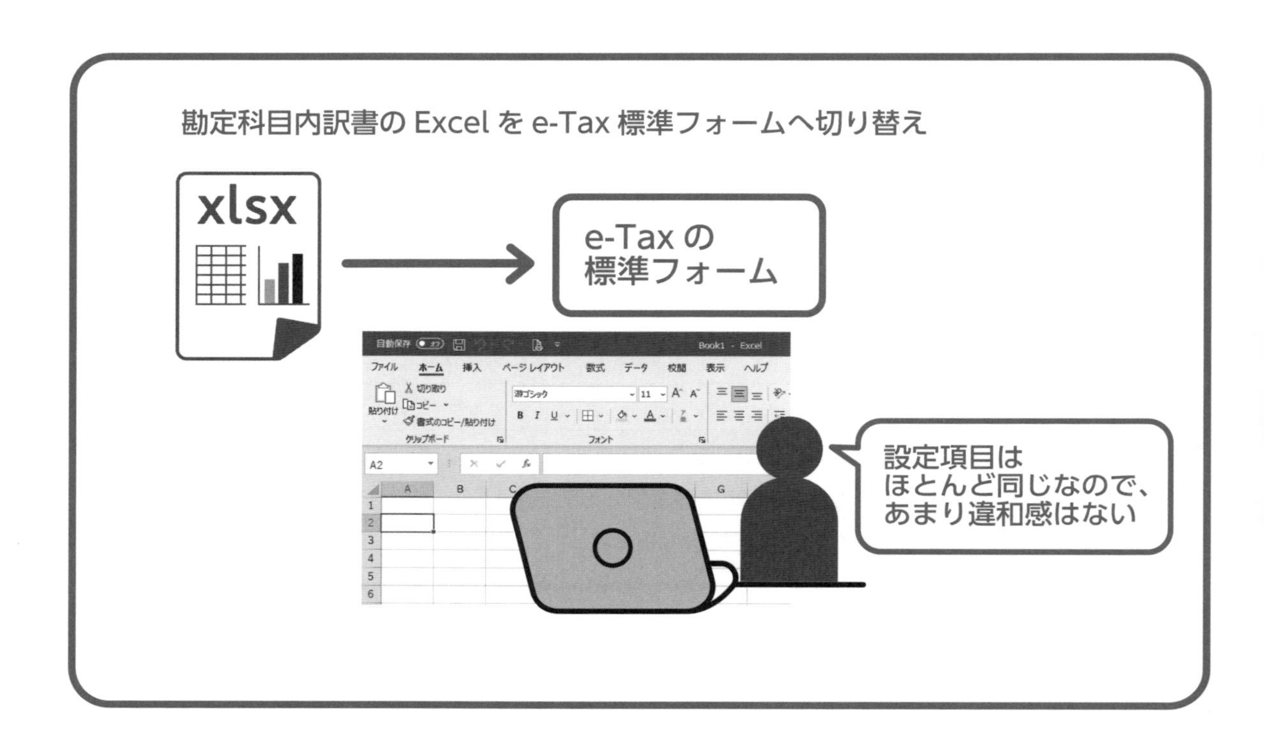

各内訳書 CSV ファイルの作成方法

基本的には、どの内訳書ファイルも内容を埋めたら、ヘッダ項目を削除した上で CSV ファイルとして保存するだけです。

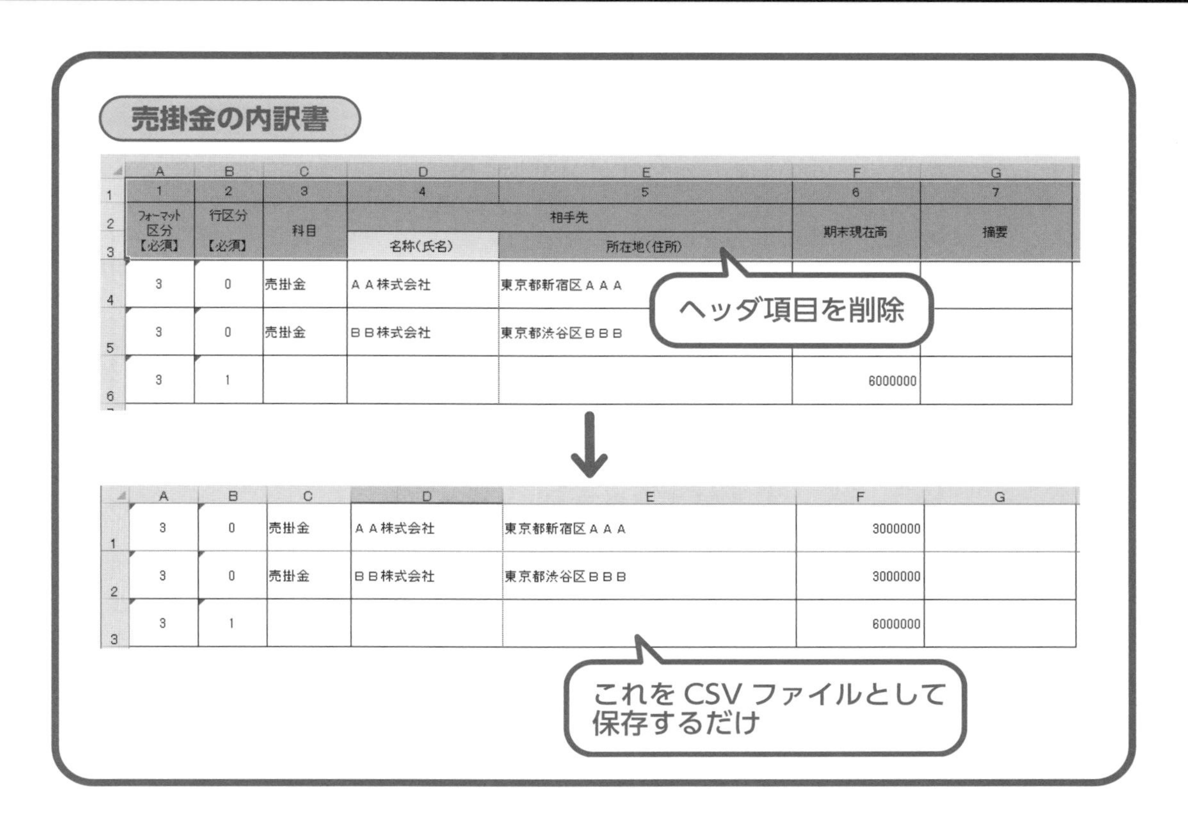

売掛金の内訳書

	A	B	C	D	E	F	G
1	1	2	3	4	5	6	7
2	フォーマット区分【必須】	行区分【必須】	科目	相手先		期末現在高	摘要
3				名称（氏名）	所在地（住所）		
4	3	0	売掛金	ＡＡ株式会社	東京都新宿区ＡＡＡ		
5	3	0	売掛金	ＢＢ株式会社	東京都渋谷区ＢＢＢ		
6	3	1				6000000	

	A	B	C	D	E	F	G
1	3	0	売掛金	ＡＡ株式会社	東京都新宿区ＡＡＡ	3000000	
2	3	0	売掛金	ＢＢ株式会社	東京都渋谷区ＢＢＢ	3000000	
3	3	1				6000000	

このとき注意点として、各内訳書のCSVファイルは決められたファイル名で保存する必要があります。

「標準フォーム」のページに「設定すべきファイル名」が記載されています。

標準フォームからダウンロードすると、Excelファイル名がこのファイル名になっています。

アンダーバーの後ろにある「4.0」や「3.0」はバージョンの意味なので、様式が更新されると、この数字は変わっていきます。

内訳書の数だけCSVファイルができることになりますが、これらは同じフォルダに入れて保存するようにしておきます。

e-Taxのソフトでは、同一フォルダ内のCSVファイルをまとめて読み込めるようになっており、他の対応している申告用ソフトでも同じ仕様になっていることが多いからです。

項番	勘定科目内訳明細書	標準フォーム	留意事項等	設定すべきファイル名
	全体版	EXCEL	PDF	-
1	預貯金等の内訳書	EXCEL	PDF	HOI010_4.0.csv
2	受取手形の内訳書	EXCEL	PDF	HOI020_3.0.csv
3	売掛金(未収入金)の内訳書	EXCEL	PDF	HOI030_3.0.csv
4	仮払金(前渡金)の内訳書、貸付 書			HOI040_3.0.csv
5	棚卸資産(商品又は製品、半製品 蔵品)の内訳書			HOI050_4.0.csv

各内訳書に対して
設定すべきファイル名が
指定されている

すべて同じ
フォルダへ保存

1つの書式内に複数の明細を記入する内訳書の場合

「預貯金等の内訳書」や「売掛金の内訳書」のほか、「仮払金、貸付金の内訳書」や「仮受金、源泉所得税の内訳書」、「雑収入、雑損失の内訳書」のように、1つの書式内に複数科目の明細を記入するタイプの内訳書があります。これらは、それぞれの明細をつなげて1つのCSVファイルを作るようにします。

具体的に見てみましょう。

たとえば、「仮受金、源泉所得税の内訳書」の場合、まず標準フォームのExcelは次のように3シートに分かれています。

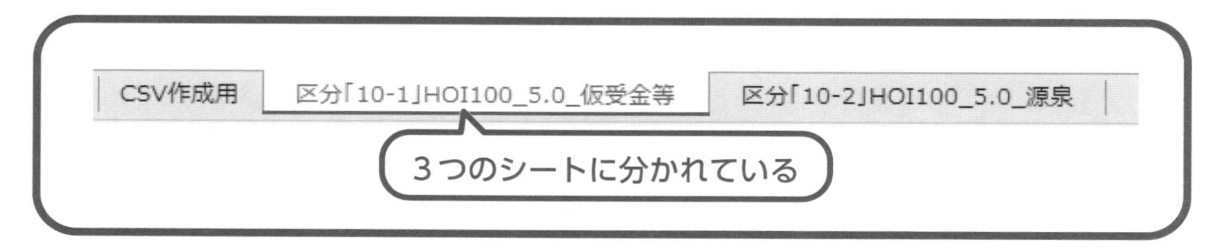

仮受金等の内訳を記入するシートと、源泉所得税の内訳を記入するシートとこれらをつなげるための「CSV 作成用」という 3 つのシートになっています。

まず、それぞれの明細を記入します。

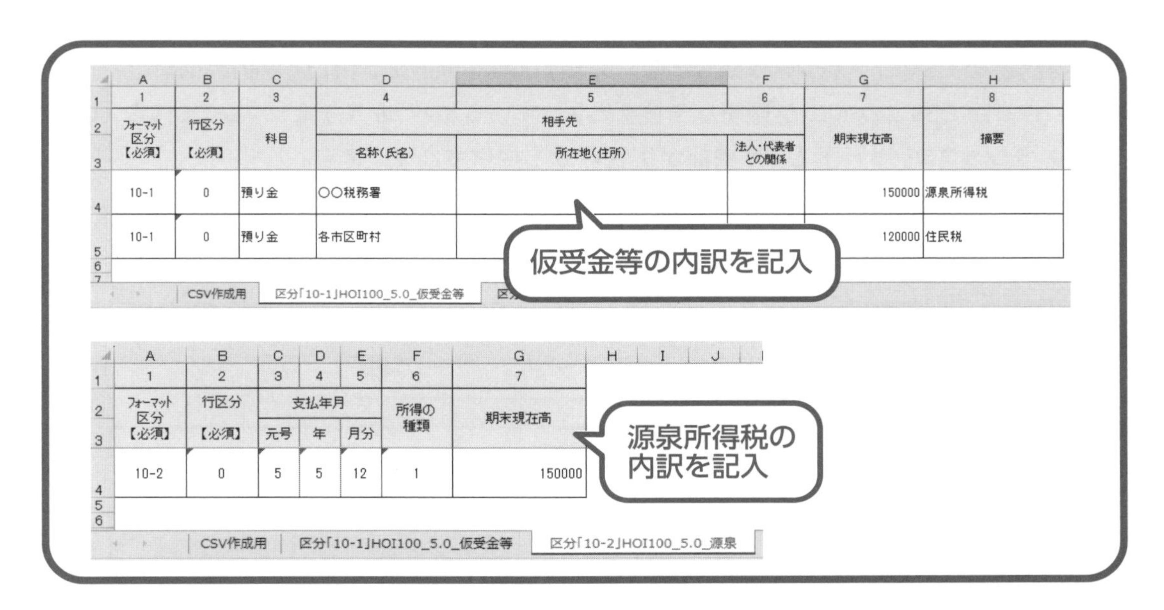

	A	B	C	D	E	F	G	H
1	1	2	3	4	5	6	7	8
2	フォーマット区分【必須】	行区分【必須】	科目	相手先			期末現在高	摘要
3				名称(氏名)	所在地(住所)	法人・代表者との関係		
4	10-1	0	預り金	○○税務署			150000	源泉所得税
5	10-1	0	預り金	各市区町村			120000	住民税

	A	B	C	D	E	F	G
1	1	2	3	4	5	6	7
2	フォーマット区分【必須】	行区分【必須】	支払年月			所得の種類	期末現在高
3			元号	年	月分		
4	10-2	0	5	5	12	1	150000

それぞれの明細シートを作成したら、次に「CSV 作成用」シートにヘッダ行を除いた明細行のみをコピーして貼り付けます。

それぞれの明細は列数が異なっていますが、単純に上下につなげて、これを CSV ファイルとして保存します。

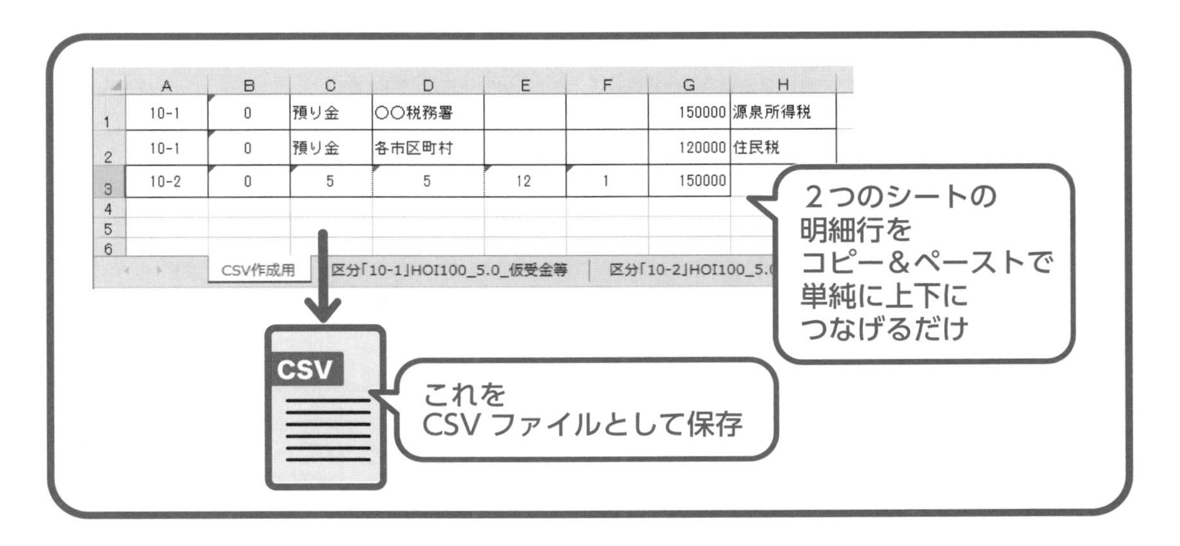

	A	B	C	D	E	F	G	H
1	10-1	0	預り金	○○税務署			150000	源泉所得税
2	10-1	0	預り金	各市区町村			120000	住民税
3	10-2	0	5	5	12	1	150000	

「CSV ファイルチェックコーナー」の利用

各内訳書の CSV ファイルを作成したら、あとはそれを申告ソフトに読み込めばよいだけですが、作った CSV ファイルが適正なデータになっているかどうかをチェックしてくれる「CSV ファイルチェックコーナー」という機能が国税庁から提供されています。

毎回使う必要はありませんが、初めて作成する際にはこれを使ってチェックするとよいでしょう。

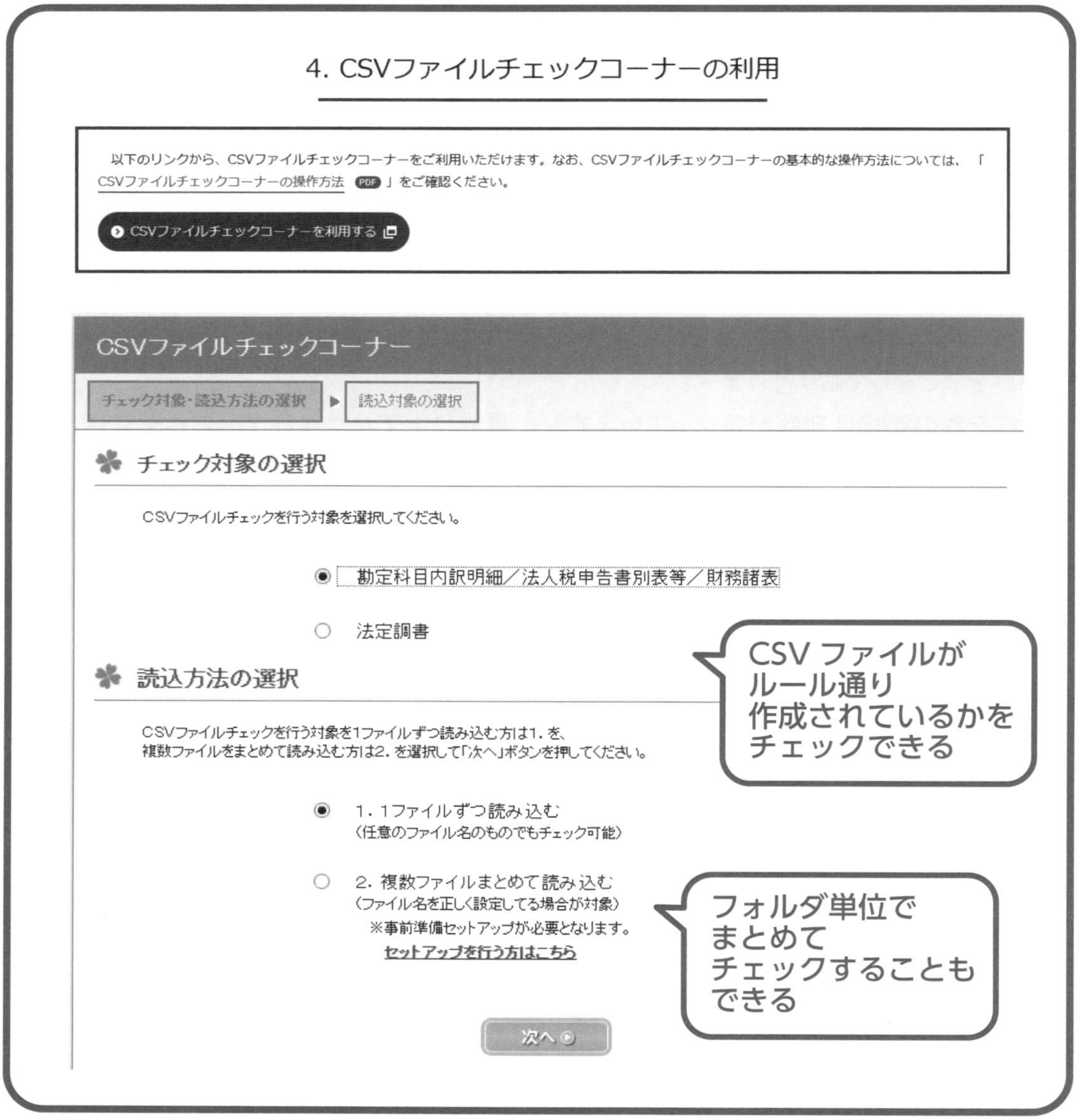

4. CSVファイルチェックコーナーの利用

以下のリンクから、CSVファイルチェックコーナーをご利用いただけます。なお、CSVファイルチェックコーナーの基本的な操作方法については、「CSVファイルチェックコーナーの操作方法 PDF」をご確認ください。

CSVファイルチェックコーナーを利用する

CSVファイルチェックコーナー

チェック対象・読込方法の選択 ▶ 読込対象の選択

チェック対象の選択

CSVファイルチェックを行う対象を選択してください。

◉ 勘定科目内訳明細／法人税申告書別表等／財務諸表

○ 法定調書

CSV ファイルがルール通り作成されているかをチェックできる

読込方法の選択

CSVファイルチェックを行う対象を1ファイルずつ読み込む方は1. を、
複数ファイルをまとめて読み込む方は2. を選択して「次へ」ボタンを押してください。

◉ 1. 1ファイルずつ読み込む
（任意のファイル名のものでもチェック可能）

○ 2. 複数ファイルまとめて読み込む
（ファイル名を正しく設定してる場合が対象）
※事前準備セットアップが必要となります。
セットアップを行う方はこちら

フォルダ単位でまとめてチェックすることもできる

次へ

作成したCSVファイルを申告ソフトに読み込む

最後に申告用ソフトに、この作成したCSVファイルを取り込みます。

国税庁のe-Taxソフトでの取り込みを例として紹介しますが、他の申告用ソフトでも同様に取り込むことができるものが多いです。

ただ、もし使っている申告用ソフトが対応していない場合には、e-Taxソフトの「追加送信」から内訳書だけを別途送信することも可能です。

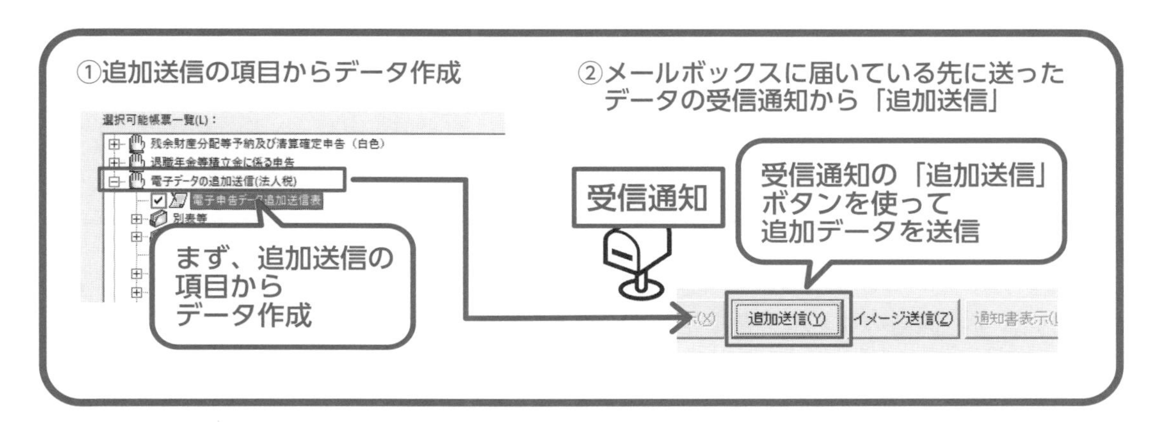

分けて送信する形になるので、少し面倒にはなりますが、入力件数が多い場合は手入力よりも断然楽な方法になります。

一緒に送信する場合も追加送信する場合も、e-Taxソフトにおける内訳書データを取り込むオペレーションは同じです。

帳票の一覧画面にて、右下にある「財務諸表等の組み込み」ボタンを押します。

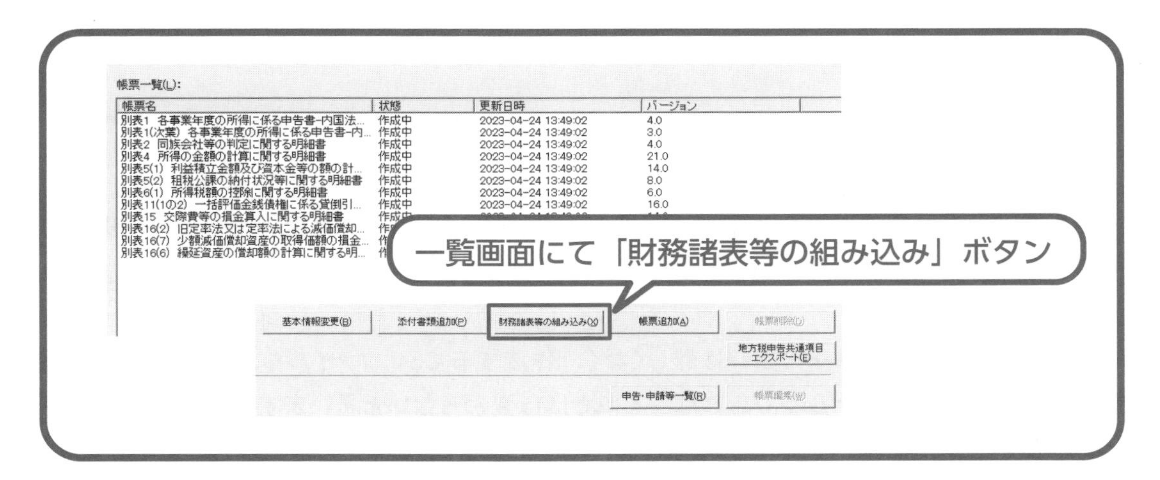

どの帳票を組み込むか選択する画面が出てくるので、「勘定科目内訳明細書（CSV ファイル）」を選択して OK します。

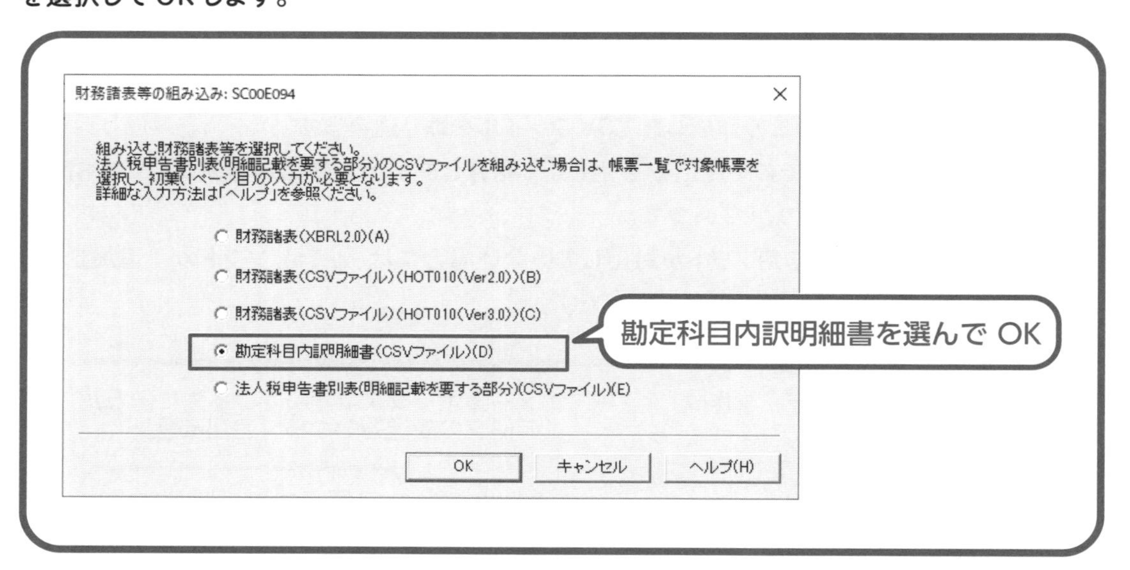

CSV ファイルは 1 件ずつ取り込むか、フォルダ内のファイルを全て取り込むか選べるようになっています。該当のフォルダを指定して OK すると、フォルダ内に作成した勘定科目内訳書（CSV）の内容が取り込まれます。

帳票一覧(L):

帳票名	状態	更新日時	バージョン
別表1 各事業年度の所得に係る申告書-内国法...	作成中	2023-04-24 13:49:02	4.0
別表1(次葉) 各事業年度の所得に係る申告書-内...	作成中	2023-04-24 13:49:02	3.0
別表2 同族会社等の判定に関する明細書	作成中	2023-04-24 13:49:02	4.0
別表4 所得の金額の計算に関する明細書	作成中	2023-04-24 13:49:02	21.0
別表5(1) 利益積立金額及び資本金等の額の計...	作成中	2023-04-24 13:49:02	14.0
別表5(2) 租税公課の納付状況等に関する明細書	作成中	2023-04-24 13:49:02	8.0
別表6(1) 所得税額の控除に関する明細書	作成中	2023-04-24 13:49:02	6.0
別表11(1の2) 一括評価金銭債権に係る貸倒引...	作成中	2023-04-24 13:49:02	16.0
別表15 交際費等の損金算入に関する明細書	作成中	2023-04-24 13:49:02	14.0
別表16(2) 旧定率法又は定率法による減価償却...	作成中	2023-04-24 13:49:02	5.0
別表16(7) 少額減価償却資産の取得価額の損金...	作成中	2023-04-24 13:49:02	4.0
別表16(6) 繰延資産の償却額の計算に関する明	作成中	2023-04-24 13:49:02	2.0
預貯金等の内訳書	作成完了	2023-04-24 14:04:42	4.0
売掛金(未収入金)の内訳書	作成完了	2023-04-24 14:04:43	3.0
仮受金(前受金・預り金)の内訳書／源泉所得税預	作成完了	2023-04-24 14:04:43	5.0

作成した内訳書の
CSV が組み込まれる

他の別表と一緒にまとめて電子申告する場合、この後の流れは通常と一緒です。

内訳書データだけ別途追加送信する場合は、メッセージボックスに届いている先に送信したデータの受付通知を開いて「追加送信」ボタンを押して、そこから作成したデータを送信する流れになります。

CSV を読み込むオペレーションは難しくなく、作成する CSV ファイルも、いま勘定科目内訳書を Excel で作成しているのであれば、それとほぼ変わらないと思います。いまの Excel シートと比較して切り替えを検討してみましょう。

法定調書データのCSV

法定調書についても基本的な作成の流れは、勘定科目内訳書と一緒です。こちらもe-Taxのホームページで「法定調書CSVファイル作成用　標準フォーム」として提供されています。

項番	法定調書名	資料コード	標準フォーム	記録要領等
-	全体版	—	EXCEL	PDF
1	給与所得の源泉徴収票	375	EXCEL	PDF
2	退職所得の源泉徴収票	316	EXCEL	PDF
3	報酬、料金、契約金及び賞金の支払調書	309	EXCEL	PDF
4	不動産の使用料等の支払調書	313	EXCEL	PDF

それぞれの調書の
標準フォームが
公開されている

各支払調書の標準フォームの中身についても、通常入力する項目をそのままExcelにしただけのような内容になっています。

たとえば、報酬の支払調書を見てみましょう。

1列目は固定です。報酬の支払調書であれば「309」です。

4列目~6列目に提出者の情報を入れて、11列目~20列目のところに支払いを受ける者の情報（住所、氏名、支払金額、源泉徴収額など）を入力します。

A	B	C	D	E	F	G	H	I	J
1	2	3	4	5	6	7	8	9	10
支払調書等の種類	整理番号1	本支店等区分番号	提出義務者の住所又は所在地	提出義務者の氏名又は名称	提出義務者の電話番号	整理番号2	提出者の住所又は所在地	提出者の氏名又は名称	訂正表示
半角「309」	半角・10文字	半角・5文字以内	全角・60文字以内	全角・30文字以内	半角・15文字以内	半角・13文字	全角・60文字以内	全角・30文字以内	半角・1文字
309			東京都渋谷区×××	株式会社ABC	03-1111-xxxx				

固定「309」

提出者情報

K	L	M	N	O	P	Q	R	S	T
11	12	13	14	15	16	17	18	19	20
年分	支払を受ける者			支払内容（1）					
	住所又は居所	国外住所表示	氏名又は名称	区分	細目	支払金額	内書き未払金額	源泉徴収税額	内書き未徴収税額
半角・2文字	全角・60文字以内	半角・1文字	全角・30文字以内	全角・10文字以内	全角・20文字以内	半角・10文字以内	半角・10文字以内	半角・10文字以内	半角・10文字以内
05	東京都新宿区YYY	0	上野　一也	税理士報酬	申告料	110000	0	10210	0

支払者の情報（住所、氏名、金額等）

21列目~50列目は支払内容を複数入力できるようになっていますが、通常は入力しません。
52列目と53列目に提出者と支払者の法人番号・個人番号を入力します。

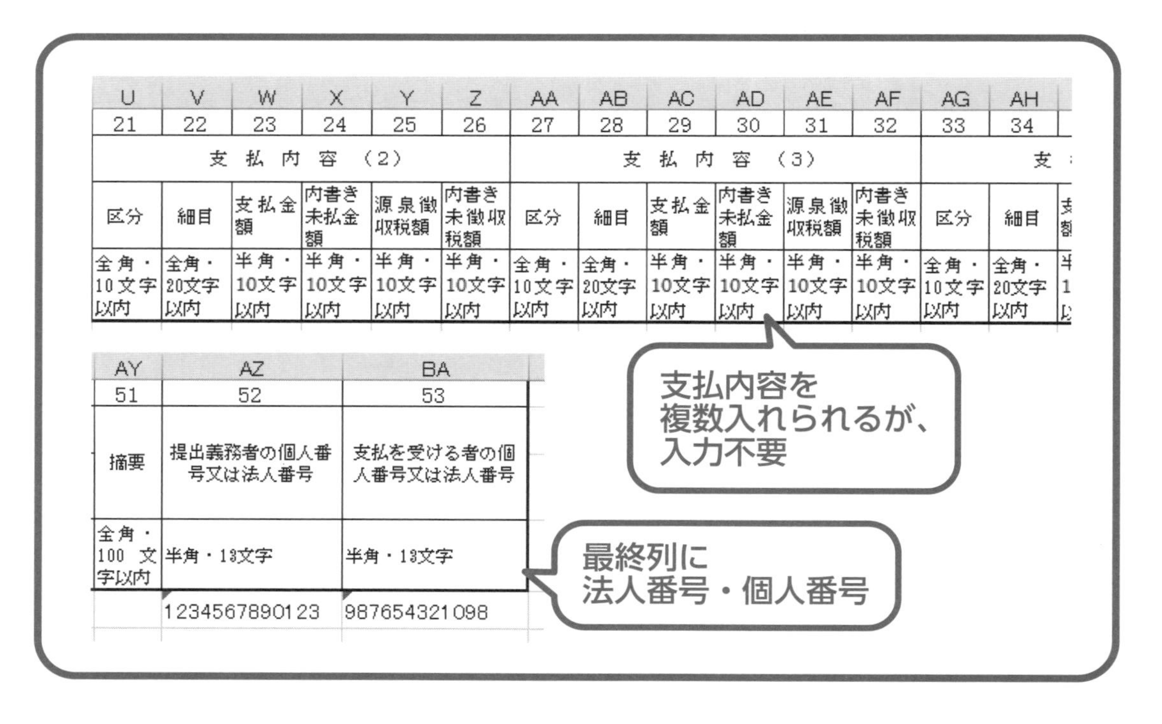

U	V	W	X	Y	Z	AA	AB	AC	AD	AE	AF	AG	AH
21	22	23	24	25	26	27	28	29	30	31	32	33	34
支払内容（2）						支払内容（3）						支	
区分	細目	支払金額	内書き未払金額	源泉徴収税額	内書き未徴収税額	区分	細目	支払金額	内書き未払金額	源泉徴収税額	内書き未徴収税額	区分	細目
全角・10文字以内	全角・20文字以内	半角・10文字以内	半角・10文字以内	半角・10文字以内	半角・10文字以内	全角・10文字以内	全角・20文字以内	半角・10文字以内	半角・10文字以内	半角・10文字以内	半角・10文字以内	全角・10文字以内	全角・20文字以内

AY	AZ	BA
51	52	53
摘要	提出義務者の個人番号又は法人番号	支払を受ける者の個人番号又は法人番号
全角・100文字以内	半角・13文字	半角・13文字
	1234567890123	9876543210987

勘定科目内訳書のときと同様に、ヘッダ項目を削除した上でCSVファイルとして保存します。ファイル名は任意です。

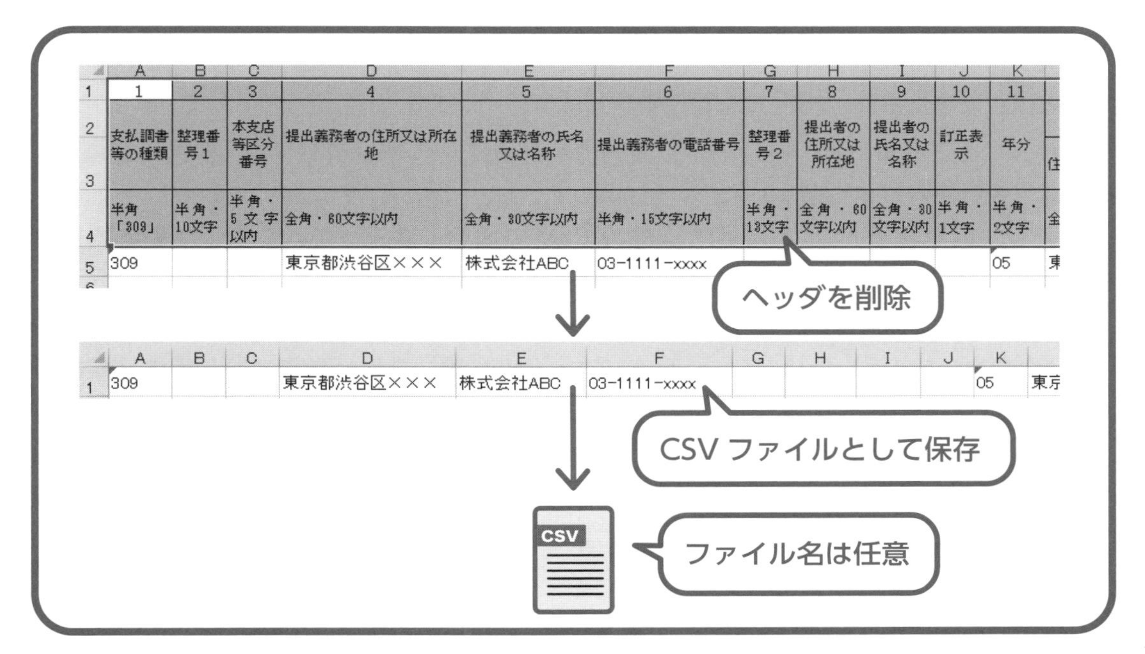

不動産の使用料等の支払調書についても同様です。
固定値が「313」になる以外は、通常の支払調書で入力している内容です。

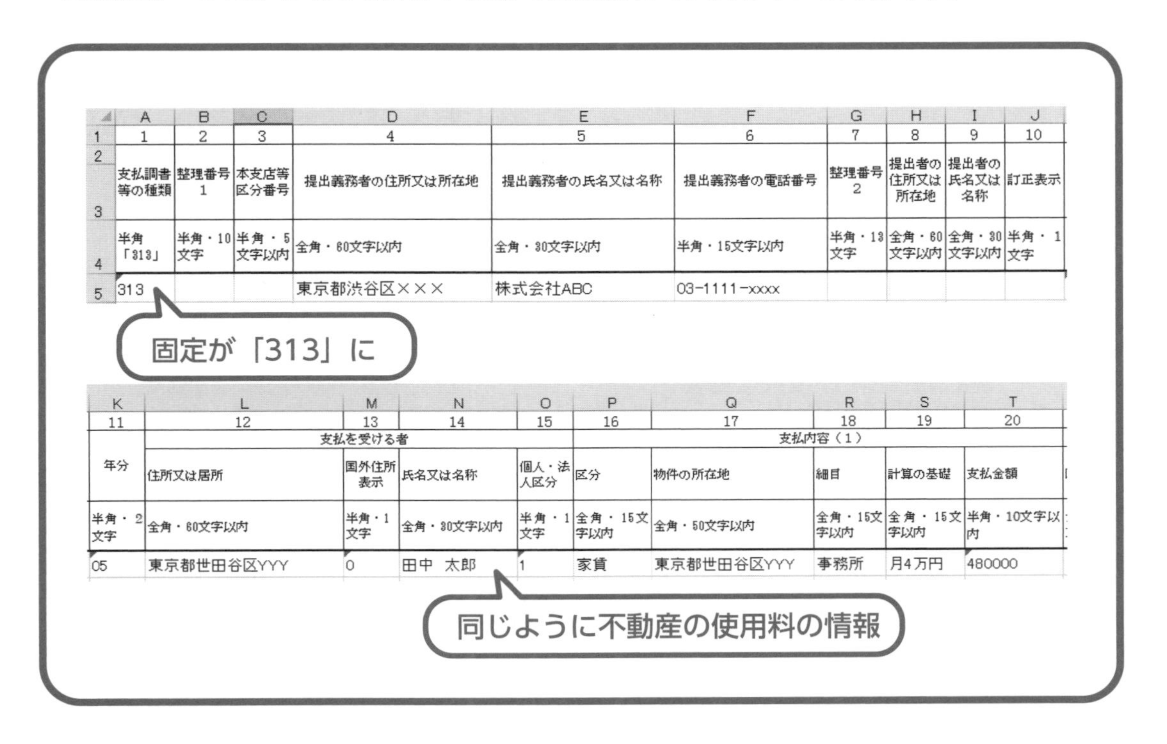

作成した CSV ファイルの送信

あとは、できた CSV ファイルを電子申告します。

使っている申告用ソフトでこの CSV 形式の取り込みが可能であれば、これを取り込んでそのまま申告すればよいでしょう。

ただし、財務諸表や勘定科目内訳書の CSV の場合とは違って、こちらの法定調書の CSV の場合は、市販の申告用ソフトでは対応していないものの方が多いです。

なので、こちらは e-Tax ソフト（Web 版）を使っての送信が主になってきます。e-Tax ソフト（ダウンロード版）ではなく、e-Tax ソフト（Web 版）を使います（給与等の法定調書については、現状 Web 版の方しか CSV 対応していないため）。

e-Tax ソフト（Web 版）にログインして、法定調書の作成画面を開くと、各 CSV ファイルをアップロードして送信できるようになっています。

源泉徴収票、各支払調書の作成

作成を行う源泉徴収票、支払調書を選択してください。「作成」ボタンを押すと作成画面が表示されます。
CSVファイル（※）の読込を行う場合は、「読込」ボタンを押してください。作成完了後、「次へ」ボタンを押してください。
なお、法定調書合計表のみ作成される方は、そのまま「次へ」ボタンを押してください。

※税務ソフトや表計算ソフトで作成したファイルで、国税庁の定める光ディスク及び磁気ディスクにより提出する場合の標準規格に準じたもの。

作成可能な調書の枚数は、100枚までとなっております。これを超える場合、光ディスク等で提出してください。

作成帳票	作成／CSV読込	合計枚数	訂正／クリア
給与所得の源泉徴収票	作成　読込	0枚	訂正　クリア
退職所得の源泉徴収票・特別徴収票	作成　読込	0枚	訂正　クリア
報酬、料金、契約金及び賞金の支払調書	作成　読込		
報酬、料金、契約金及び賞金の支払調書（社会保険診療報酬基金用）	作成	0枚	訂正　クリア
不動産の使用料等の支払調書	作成　読込	0枚	訂正　クリア
不動産等の譲受けの対価の支払調書	作成　読込	0枚	訂正　クリア
不動産等の売買又は貸付けのあっせん手数料の支払調書	作成　読込	0枚	訂正　クリア

ここから各 CSV を
アップロードできる

「読込」ボタンを押すと、ファイルを指定する画面が出てくるので、該当の CSV ファイルを選んで「決定」していくだけです。

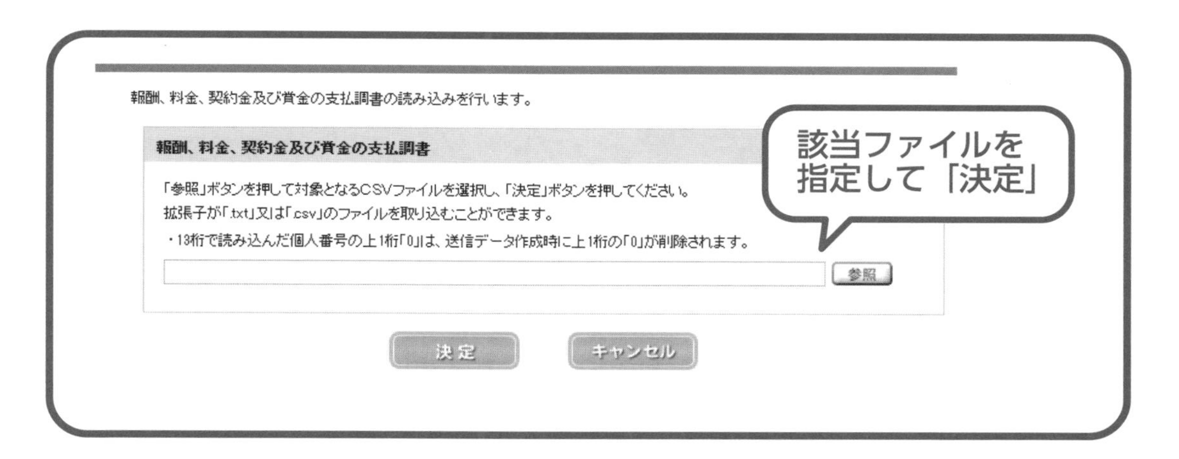

もし使用している給与計算ソフトや年末調整計算ソフトが、源泉徴収票の CSV 形式に対応したデータを出力できるようになっていれば、給与部分の CSV ファイルも一緒にこの e-Tax ソフト（Web 版）の方から、まとめて送信することができます。

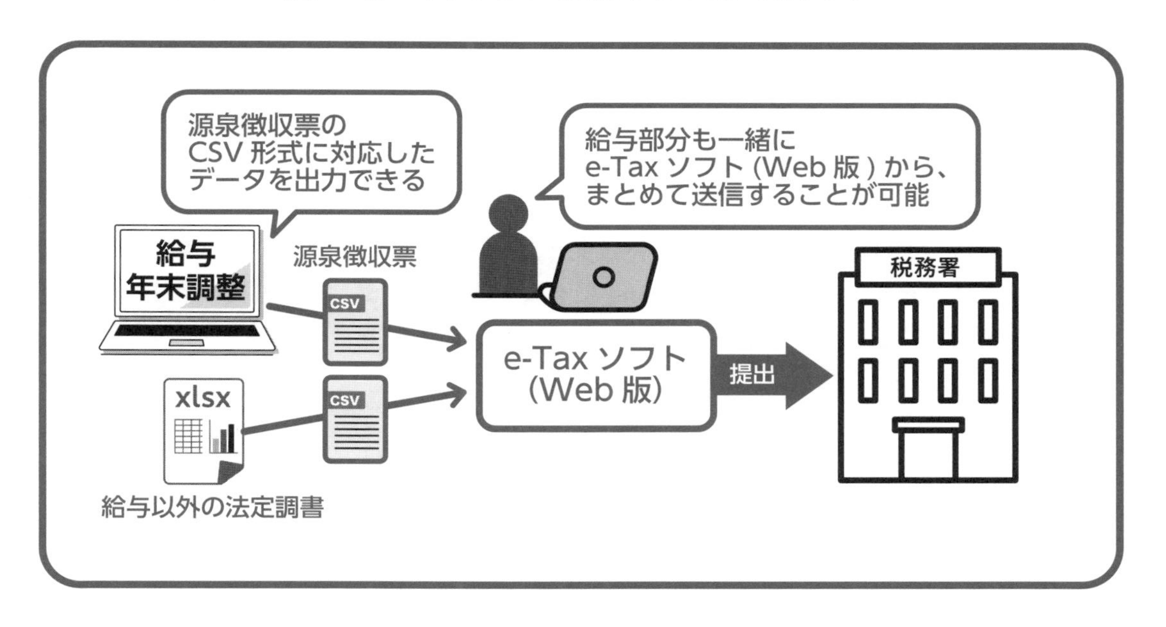

給与計算ソフトや年末調整計算ソフトが、この源泉徴収票の CSV 形式には対応していない場合は、給与部分とそれ以外の部分とを分けて送信するようにします。

法定調書の場合も「追加」分の送信ができるようになっています。

まず給与部分を連携している申告用ソフトの方から「新規」分として送信して、それ以外の報酬や家賃の部分は e-Tax ソフト（Web 版）の方から「追加」分として送信する形です。

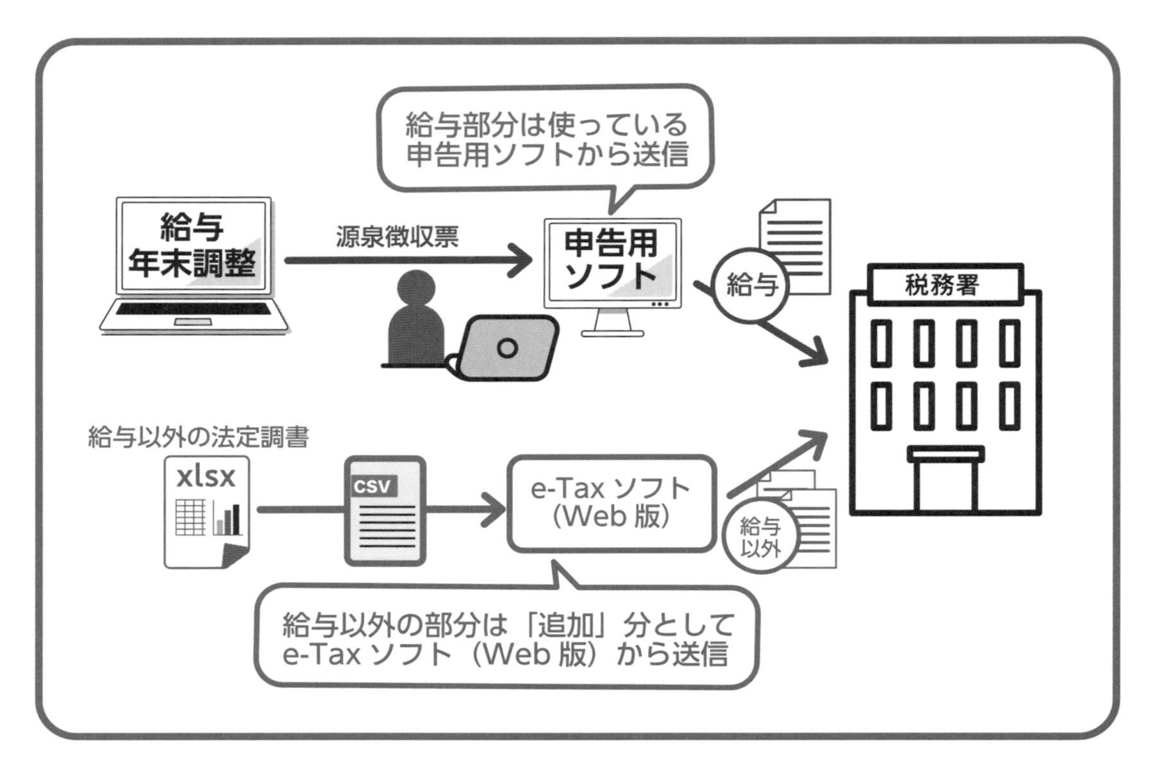

もちろん、これも分けて送信することになるので、手間がかかりますが、報酬や家賃の支払い対象の件数が数 10 件単位を超えてくると、いちいち再入力するよりも、Excel の内容を CSV に変換して、送信してしまった方が手間は少ないと思われます。

使っているソフトの仕様や現状の入力件数など、それぞれの状況によって活用の要否は変わってくると思いますが、元データが Excel になっている場合は、選択肢の 1 つとして検討してみる価値はあります。

第５章　まとめ
（有効活用のポイントは Excel 管理している税務帳票）

第５章では、税務申告においても、CSV を活用できる場面が増えてきたことを確認しました。

ただし、財務諸表や給与データのように、会計ソフトや給与計算ソフトで元データが管理されているものについては、CSV を使う場面はあまりないかもしれません。

会計ソフトや給与ソフトでは、すでに申告用ソフトへデータ連携できるように対応されていることが多いからです。

それよりも、元データを Excel で作成されているような場合に、CSV の活用が有効になってきます。

具体例として、勘定科目内訳書と給与以外の法定調書について確認しました。

これらは実務上、別途 Excel で作成されていることが多い帳票です。

CSV 形式で送信するためには、使っている申告用ソフトが CSV の標準フォームに対応してくれていることが必要になってきますが、財務諸表や勘定科目内訳書の CSV 標準フォームには対応してくれているものが比較的多いです。

もし対応していない場合も e-Tax ソフトから内訳書部分だけを後から「追加送信」することが可能です。

内訳書を Excel で作成している場合には、使っている申告用ソフトの仕様とあわせて、検討してみるのがよいでしょう。

一方、法定調書の方は市販の申告用ソフトでは、標準フォームのCSVに対応してくれているものが少ないので、e-Tax（Web版）からの送信が主になってきます。

その際、給与や年末調整計算ソフトの仕様によって、給与部分もまとめてe-Taxソフト（Web版）から送信するのか、給与部分とそれ以外の法定調書部分を分けて送信するのか、2つのやり方があることを紹介しました。

いずれにしろ、法定調書についても件数が多い場合には、CSVの活用を一度検討してみるとよいでしょう。

CSV形式は、以前は選ぶことができなかった形式です。

使う・使わないは別にして、選択肢の1つとして利用できるようにはしておきましょう。

第6章

XML という別の形式へ

電子取引の主役
XML とは

CSV からの流れで見る XML

請求書のPDF化に始まり、EDIや電子インボイス、法改正の話も含めて、最近では、会計・経理業界のいたるところで「電子取引」の話題ばかりだと思います。

この「電子取引」の話の中で、よく出てくるのが「XML」というデータ形式です。どこかで一度は耳にしたことがあるかもしれません。

XMLは「eXtensible Markup Language」の略称で、日本語にすると「拡張可能なマークアップ言語」となりますが、それだけ聞いてもよくわからないと思います。

「拡張可能」と言っているので、とりあえず「融通が利く」くらいに思っておいてもらえれば結構です。

このXMLという言語（ルール）に従って書かれたファイルがXMLファイルです。

XMLファイルは幅広い用途で使われますが、CSVファイルと同じように「データ交換」の場面においてもよく使われる利便性の高いファイル形式です。

中身はCSVと同じように単なるテキストファイルになりますが、電子取引においてはこのXMLでのやり取りが主流になっています。

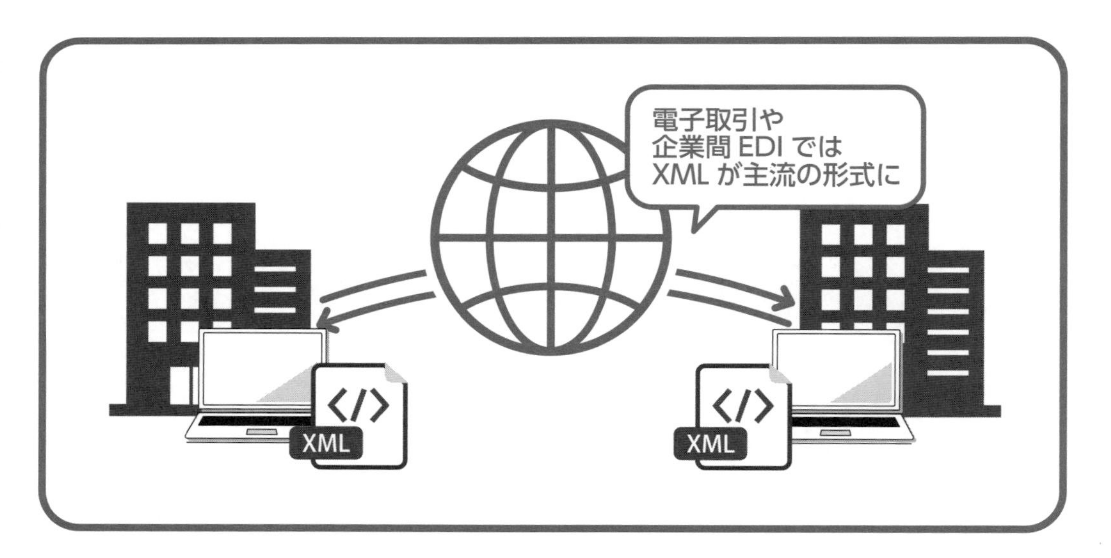

ここまで、会計ソフトへのデータインポート、エクスポートしたCSVデータの加工、税務申告の場面におけるCSVの活用など、CSVファイルのいろんな場面における取扱いを見てきました。

その中でも説明してきましたが、CSVファイルは加工するのが大変で、データを壊さないように注意しながら編集する必要があります。

CSVは確かに簡便なファイルで、システムに依存しないので、その便利さから、長年にわたってデータのやり取りをする場面で使われてきました。
しかし、一方でそれぞれのシステムに合わせた項目数にしたり、項目の並び順を修正したり、といった手間がかかります。

そういった面倒を気にせずに、スムーズにデータのやり取りを行えるのがXMLという形式です。

電子取引の場面が今後増えていくと、ますます、このXMLという形式を目にするようになってくると思います。
そこで、この章では、CSVからの流れでXMLという形式について見ていきたいと思います。

いきなり、XMLという名前を見てしまうと、難しそうに思えますが、CSVとの比較で整理していくと理解しやすくなります。

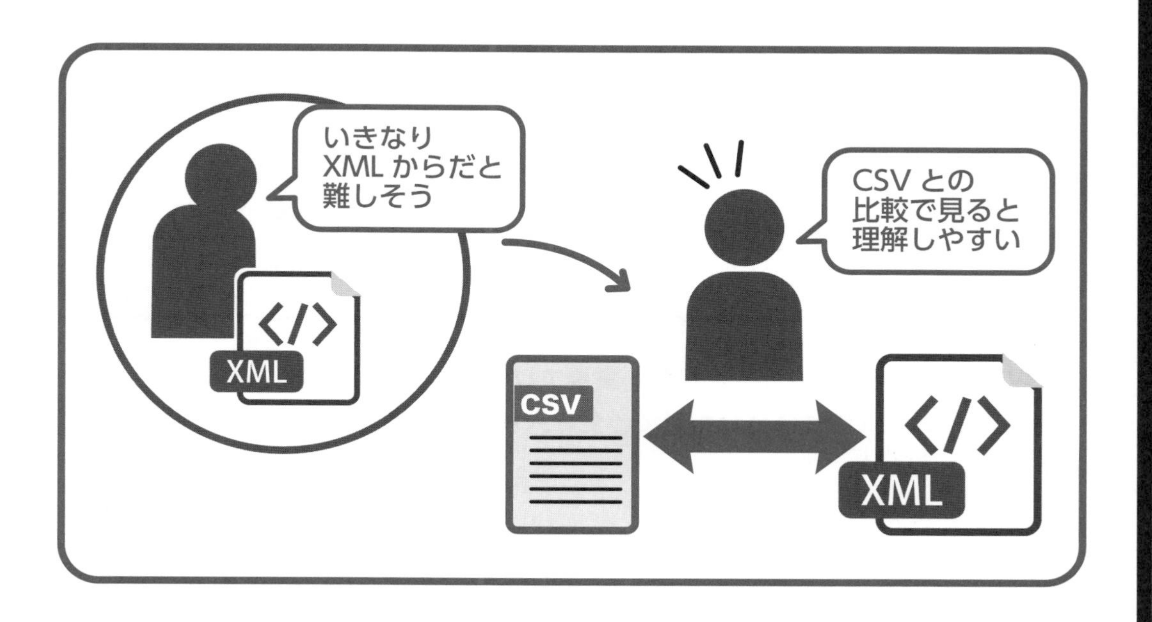

XML の基本構造と CSV との違い

XML が CSV に比べて、「融通が利く」のは、そのデータ構造に理由があります。

たとえば、次のような得意先リストで考えてみましょう。

	A	B	C
1	得意先コード	得意先名	住所
2	T0001	A商事	東京都港区ｘｘｘ
3	T0002	B株式会社	東京都新宿区ｘｘｘ
4	T0003	C商店	東京都渋谷区ｘｘｘ
5			

これを CSV にした場合、これまで見てきたようにカンマで区切られたテキストファイルになります。

単純に
カンマ区切り

得意先コード,得意先名,住所↓
T0001,A商事,東京都港区×××↓
T0002,B株式会社,東京都新宿区×××↓
T0003,C商店,東京都渋谷区×××↓

CSV では各項目の並び順や項目数が重要でした。

受けとるシステム側に合わせた形で、受け入れ可能な順番で項目を調整する必要があります。

この同じ得意先リストを XML で表現すると次のようになります。

```
<得意先リスト>
    <得意先情報>
        <得意先コード>T0001</得意先コード>
        <得意先名>A商事</得意先名>
        <住所>東京都港区×××</住所>
    </得意先情報>
    <得意先情報>
        <得意先コード>T0002</得意先コード>
        <得意先名>B株式会社</得意先名>
        <住所>東京都新宿区×××</住所>
    </得意先情報>
    <得意先情報>
        <得意先コード>T0003</得意先コード>
        <得意先名>C商店</得意先名>
        <住所>東京都渋谷区×××</住所>
    </得意先情報>
</得意先リスト>
```

タグを使って、それぞれのデータが何であるかを表していく構造になっています。
このタグは基本的には自由に決めることができます。英数字だけでなく、カナ文字や漢字を使うことも可能です。

勝手に作ったタグであっても、データをやり取りするシステム間の双方で、そのタグが何を表しているかの共通認識（定義づけ）ができていれば、データをやり取りすることが可能になります。

タグを使うことで、CSV のように項目の並び順をもとにするのではなく、タグ名で項目を特定するようにプログラムを作ることができます。たとえば、ここに「得意先区分」という新たな項目を追加したいとなった場合でも、項目の並び順を変更しなくてもよいので、少ないプログラム修正で済むようになります。

項目の定義を ファイル側で行える利点

CSV の場合、受取側のシステムの仕様に合わせて項目数や順番を調整する必要がありました。

つまり、どんなデータを作るのか（項目数やその並び順）は、受取側システムのプログラム（仕様）次第ということになります。

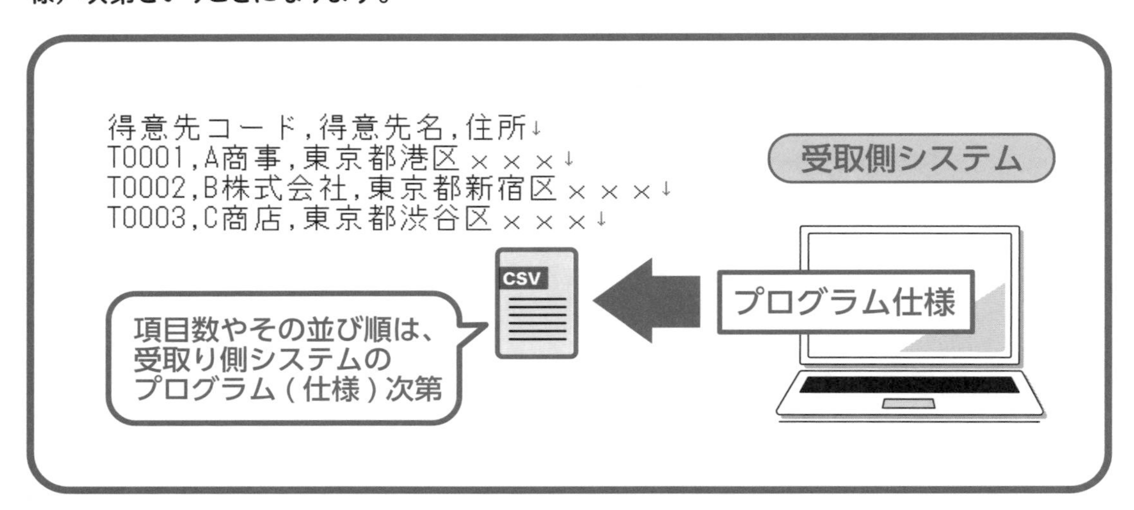

これに対してXMLの場合は、どんなデータを作るのか、プログラムには依存しません。

各項目にどんなタグ名を使うのか、また項目の並び順をどうするのか（固定することも、順不同にすることも）、ファイル側で定義するようになっています。

この定義部分は、データ本体部分と合わせて1つのXMLファイルとして作成することもできれば、データ本体部分と定義部分を切り離して別ファイルにして、定義部分を参照させる作りにすることもできます。

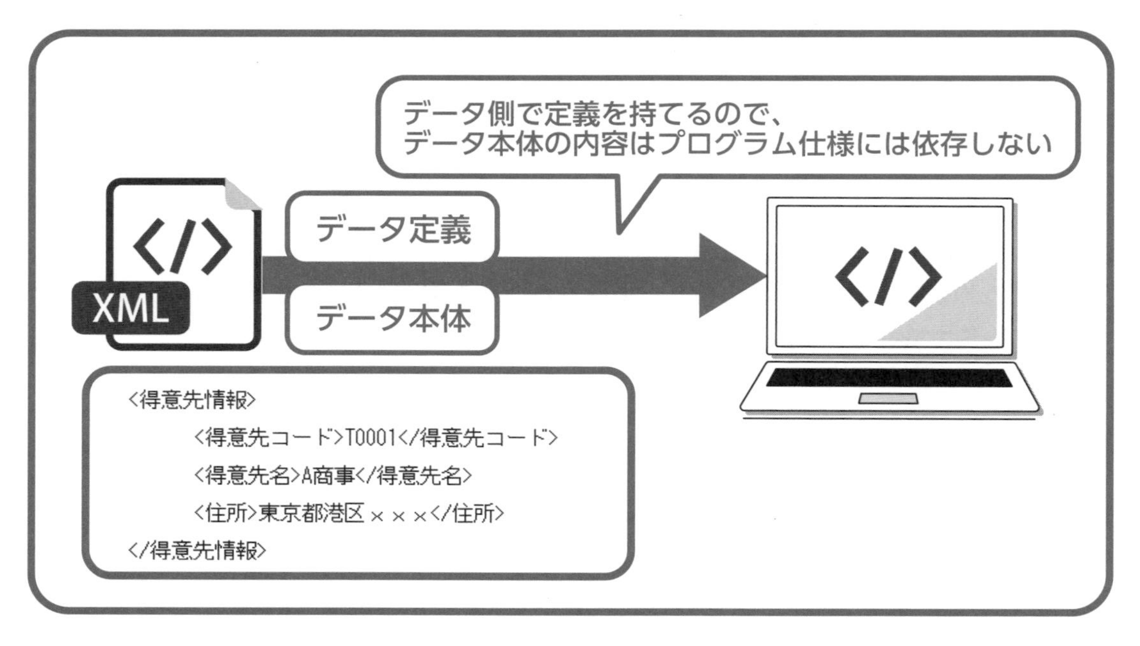

これの何がいいのかと言うと、データ交換の際のファイル編集が圧倒的に少なくなる点です。

CSV と違い、XML では、プログラムの外に定義（タグ名その他の取り決め）があるので、システム間でこの定義を共有してデータ交換を行うことになります。

このとき、システムごとに使っている項目や項目数が異なっていたとしても、必要な項目さえ入っていれば、定義に基づき、タグ名を指定した上で、それぞれが使う項目を取捨選択して処理することができるため、基本的にはファイル内容を編集する必要はありません。

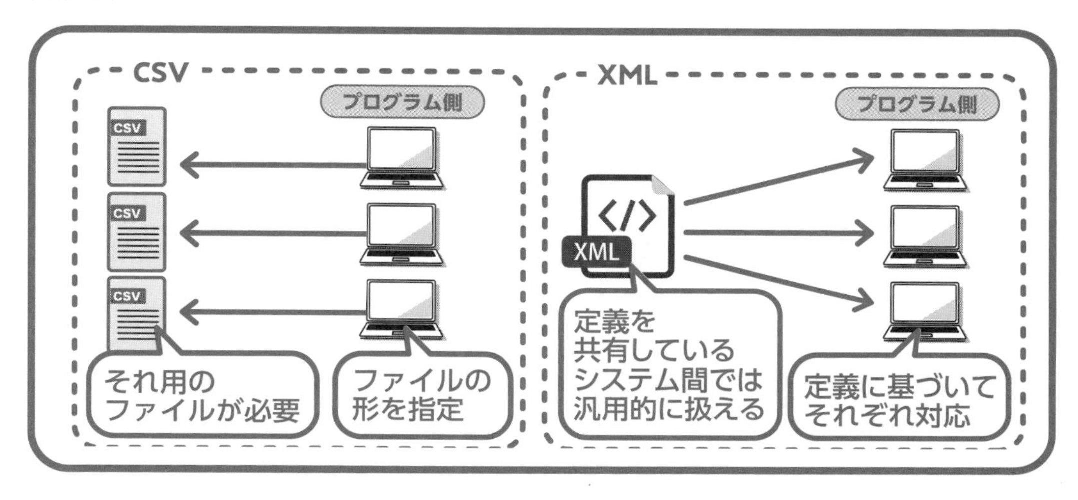

そのため、業界内や特定の分野におけるデータ交換においては、XML が広く採用されるようになっています。

その業界内においてデータ交換を行う際の定義（タグ名その他）を決めて共有しておくことで、データファイルを頻繁に作り変えることなく、業界内あるいは企業間におけるデータ交換をスムーズに行うことができます。

これがCSVとの大きな相違点と言えます。データファイルを汎用的に扱えるようになるため、CSVに比べて圧倒的に融通が利くと言えます。

では、今後、完全にCSVがなくなって、全てXMLになってしまうのかというと、そうとも言い切れないところがあります。

当然、XMLもメリットばかりでなく、デメリットがあるためです。

そのあたりを次に確認しておきましょう。

XML の弱み、CSV の強み

XML の強みは先に見たように、変更や追加に柔軟に対応できる点です。また、データ項目が何を表しているのか、わかりやすい点も特徴の 1 つです。たとえば、

＜得意先コード＞T0001</ 得意先コード＞

のように、値がタグ名で囲まれているので、「T0001」は「得意先コード」であることがすぐにわかります。

タグ名は基本的には自由に設定することができるため、その項目が何を表しているのか、わかりやすく意味づけを行うことができるのです。

CSV の場合、データを見ただけでは、各項目が何を表しているのかはわかりません。

プログラムの仕様を確認して、項目の並び順にどんな意味づけがあるかを理解する必要があります。

では、XML の方があらゆる面で優れているかというと、そうとも言い切れません。

XML の弱い点としては、

●簡単には編集できない

●データ容量が大きくなる

という 2 つが挙げられます。

これらは逆に CSV においては、強みになっている点です。それぞれ詳しく見ていきましょう。

簡単には編集できない

XML は CSV のように、手軽に Excel で編集するわけにはいきません。

CSV は単なる表形式のデータですので、そのまま Excel で開いて感覚的に編集するということができます。

一方、XML の場合は、そういうわけにはいきません。

先ほどのデータを見てください。これを見て、何となくプログラミング的な感じがしませんか？

```
<得意先リスト>
    <得意先情報>
        <得意先コード>T0001</得意先コード>
        <得意先名>A商事</得意先名>
        <住所>東京都港区×××</住所>
    </得意先情報>
    <得意先情報>
        <得意先コード>T0002</得意先コード>
```

タグで囲まれたデータ構造

その感覚は正しくて、プログラミング的な要素も入ってくるため、まず、XML の知識がないと編集することは不可能です。

本書では XML の記述方法の詳細には触れませんが、タグ等の定義の仕方から、データ本体部分の書き方、その他の記述ルールもあるので、CSV のように誰でも簡単に編集できるものではありません。

もちろん、CSV のように並び順を変えたりする必要がないので、システム間でのデータ交換においては、人が介在して編集する場面は少なくなります。

ただ、XML 形式のデータを使って、何か帳票を編集したいとか、2 次加工をしたいとなった場合、この「簡単には編集できない」という点はネックになります。

データの中身がブラックボックス化していて自分ではさわれないものとなると、どうしても心理的に大きなハードルとなります。

仮に何か不具合があった場合でも、中身を確認して自分で編集可能な CSV に対する安心感は無視できないと言えます。

データ容量が大きくなる

XML の弱みとして、もう 1 つよく言われるのが、データ容量が大きくなってしまう点です。

項目を 1 つ 1 つタグで囲んで表現していくデータ構造のため、どうしても CSV に比べて、データ容量は大きくなります。

そのため、数十万件単位などの大量データをやり取りする場合には、システム負荷と処理速度の問題が出てきます。

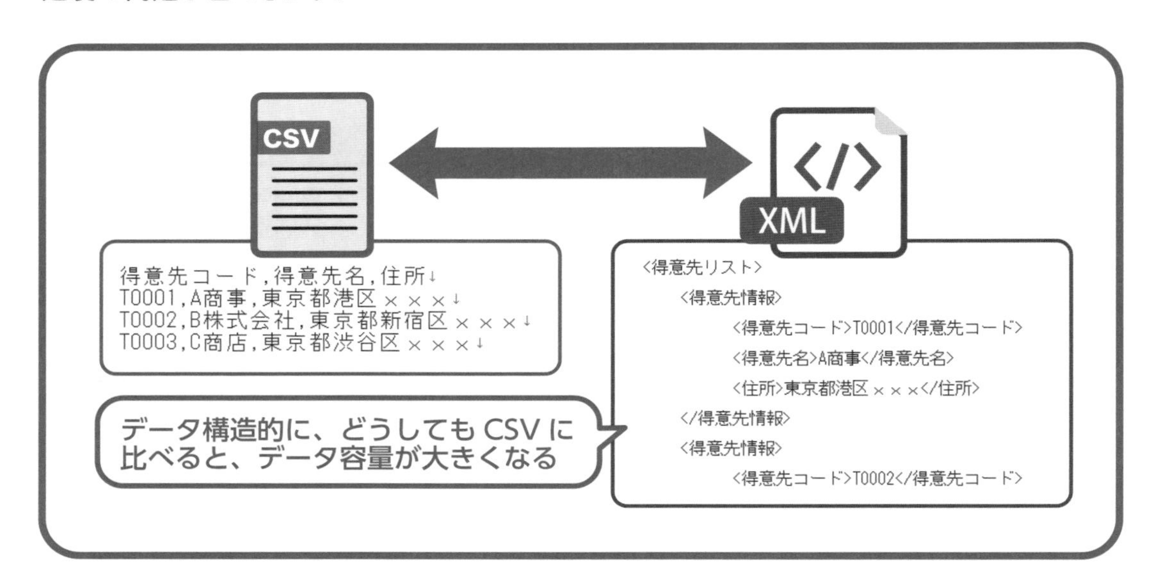

ただ、企業間の電子取引の場面では、数十万件とかの大量データを一度にやり取りすることはあまりないでしょう。

契約データや請求データのやり取りであれば、データ量はそれほど気にならない場合が多いと思います。

また、税務申告やその他のデータ通信の場面でも、そこまで大きなデータ量にはならないと思いますので、この弱点は無視できます。

XMLがメインの形式として使われるのはそのためです。

（XMLの利点の方が大きい）

ただ、社内システムでのやり取りにおいては、特に規模の大きな会社では数万件、数十万件単位のデータをやり取りする場面も珍しくないでしょう。

たとえば、販売管理システムと会計システムにおいて、月次処理で毎月の売上明細データをやり取りする場合などです。

この場合は、もしデータ形式としてXMLを採用していると、処理速度とシステム負荷の部分がネックとなってきます。

こういった大量データのやり取りでは、CSVの強みである「データ容量が大きくならない」という利点の方が大きくなります。

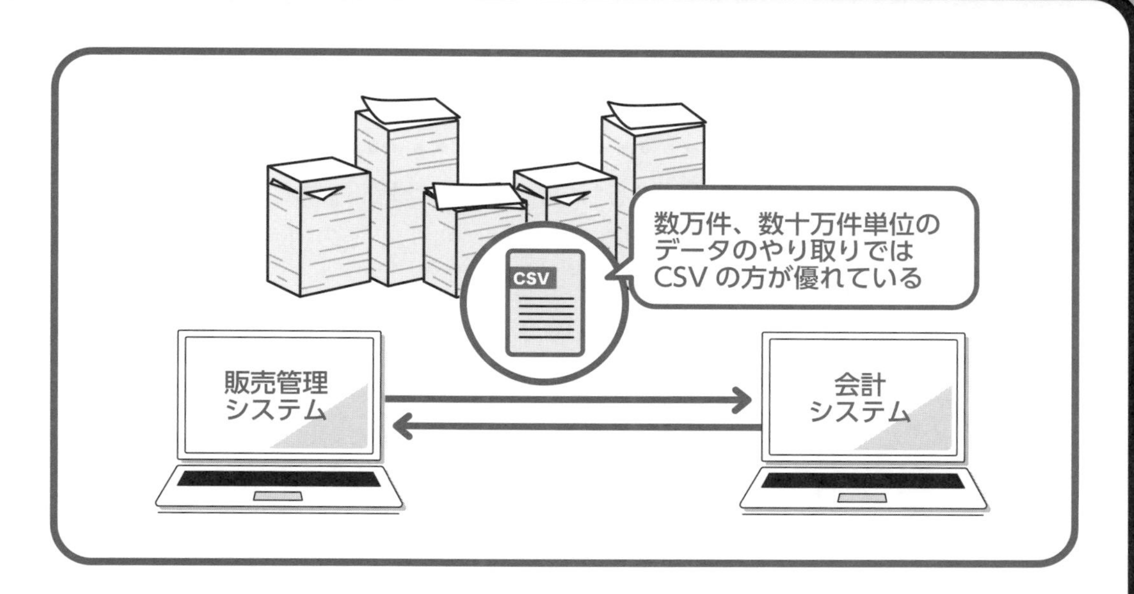

したがって、社内の閉じた世界におけるデータのやり取りとしては、CSV の方が有利な場面はしばらく続くと思います。

一方、社外とのオープンなやり取りにおいては、今後もいろんな場面で XML が採用されることが多くなっていきます。

もちろん、将来的にコンピュータの性能がさらに良くなっていって、大量データの処理でも気にならない程度になれば、社内システムのあらゆる場面においても、XML に切り替わっていくこともあるかもしれません。

ただ、当面は状況に応じて、XML と CSV の両方の使い分けがされていくことになると思います。

今後も広がるXML の活用場面

いま見てきたように弱点はあるものの、企業間や業界内など、広い範囲でのオープンなデータ交換の場面においては、やはり、その利点の方が大きいため、XML が活用されることが多くなっています。

その中でも代表的なものについて見ていきましょう。最近のトピックでもある金融 EDI や電子取引においては、ほとんどの場面で XML が使われるようになっています。

全銀協フォーマットもXML 形式へ

全国銀行協会の全銀EDIシステム(ZEDI)において、統一仕様として使われているデータフォーマットも XML 形式です。

ZEDI は 2018 年から稼働されていますが、それまで、総合振込などのときに使われていたのは固定長のフォーマットでした。

固定長フォーマットとは 1 桁目 ~ 何桁目まではこのデータ項目といったルールにもとづいて作られるテキストファイルで、カンマ区切りでデータを識別する CSV よりも古くから使われているフォーマットです。

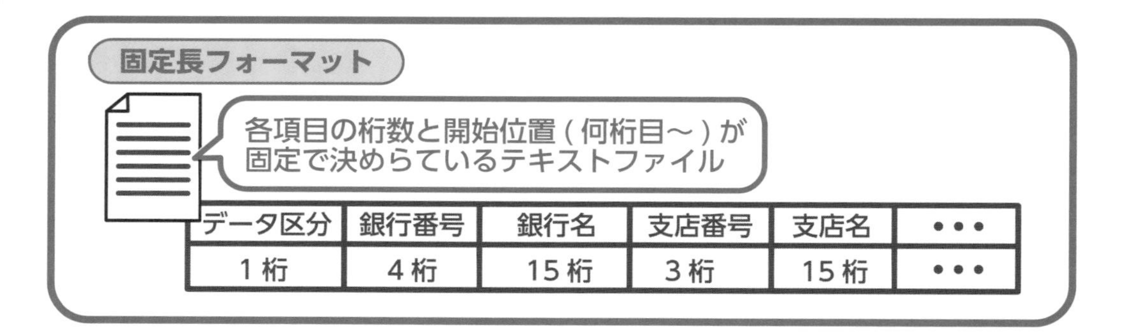

データ区分	銀行番号	銀行名	支店番号	支店名	•••
1 桁	4 桁	15 桁	3 桁	15 桁	•••

このフォーマットだと桁数が限られているので、必要最小限の情報しか送ることはできません。

これが、XML のフォーマットに移行することで、送れる情報の自由度が広がり、振込情報とあわせて支払通知番号・請求書番号といった商流情報も送ることができるようになりました。

これらの情報を使って、受取側では入金消込作業（請求書番号による突き合わせ）に活用できるため、効率化を図れるようになっています。

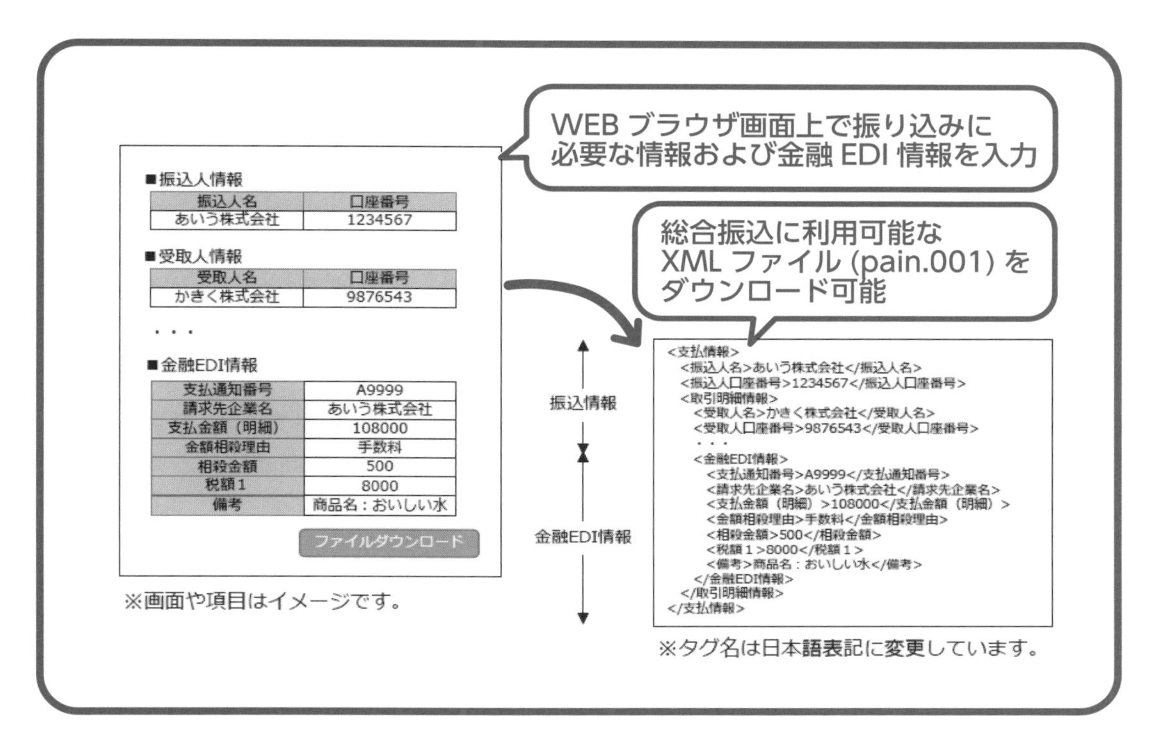

（出所）一般社団法人全国銀行資金決済ネットワーク / 株式会社 NTT データ「簡易 XML 作成機能（S-ZEDI）利用ガイド」（2019 年 12 月）

電子インボイスにおいても XML

消費税のインボイス制度導入にあわせて、デジタル庁が推進している電子インボイスにおけるデータ形式にも XML が使われます。

電子インボイスは、受発注や請求などのやり取りを標準化されたルールのもと、ネットワーク上で行えるようにする仕組みです。

電子インボイスの国際規格である Peppol（ペポル）に準拠して、文書様式などのルールが定められています。

その中で、拡張性の高い XML のフォーマットが採用されています。

電子インボイス自体は、デジタル化によって、企業間における受発注や請求業務の効率化を図ることを目的とするものですが、先ほどの全銀協の ZEDI への商流情報の付加への活用も期待されています。

ZEDI では、XML のフォーマットに移行したことで、振込情報に付加して請求番号などの商流情報も一緒に送れるようになりました。

これによって確かに、受取側では消込作業の効率が上がりますが、一方で、支払側にとっては、付加情報をつける手間が増えてしまいます。

受取側としても、お金を支払ってくれる取引先に対して、商流情報の付加を強要することは難しいため、この商流情報をどうやって付加するのかが課題でした。

電子インボイスの活用が広がると、この商流情報を付加してもらいやすくなります。

電子インボイスで請求データを渡して、相手側のシステムで、その商流情報を付加した振込データを自動生成してもらうような流れが期待されています。

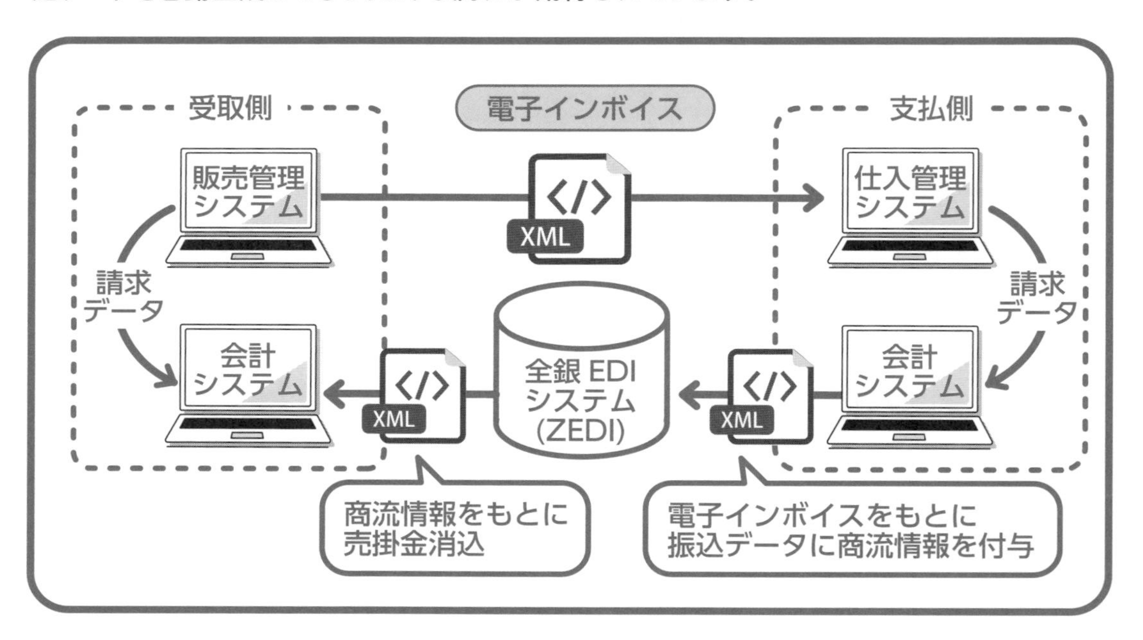

代表的な活用場面を紹介しましたが、この他にも電子取引や複数企業間のデータ交換の場面では、XML 形式のデータが使われる機会が多くなっています。

細かい XML の仕様まで押さえるのは難しいですが、CSV との比較で、その特徴を大まかに押さえておくだけでも、今後いろんな場面で目にするであろう XML に対する理解度が違ってくると思います。

XML と 併存していく CSV

ここまで見てきたように、追加や変更に対する柔軟性や、拡張性からシステム間のデータ交換においては、XML の方が全体としては優れていると言えます。

特に、複数のいろんなシステム間でデータをやり取りする場合には、XML が第一選択肢になってきます。

したがって、業界内や、複数の企業間におけるデータ交換など、オープンな世界では、今後ますます XML でのやり取りが増えていくでしょう。

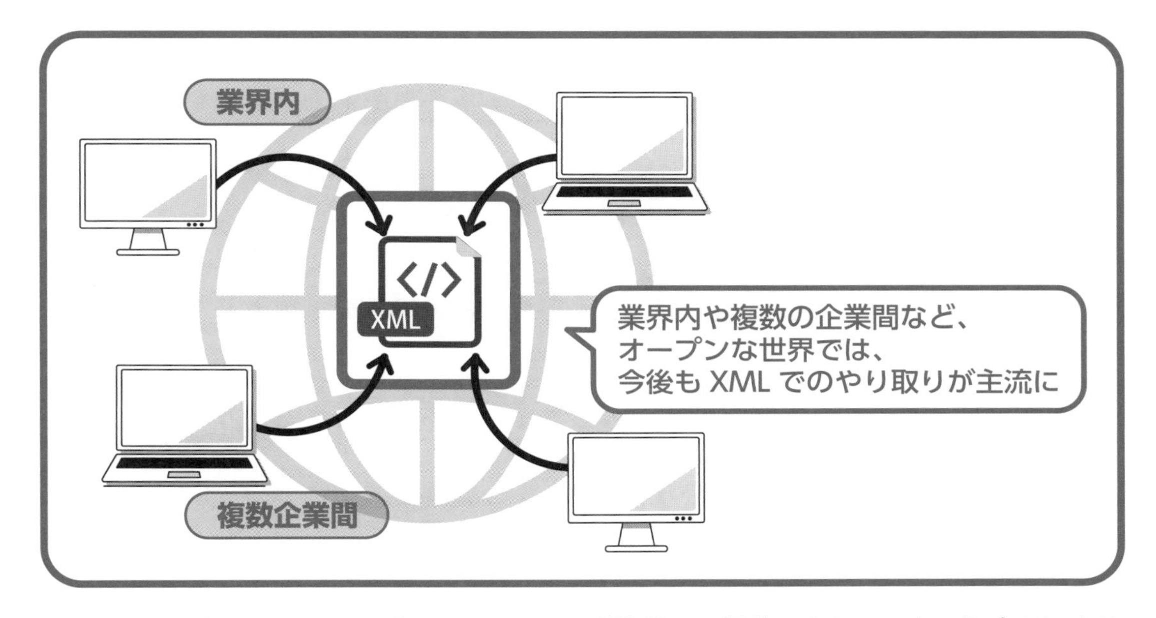

ただし、一般の人にとって「わかりにくい」、「簡単には編集できない」というデメリットは無視できるほど小さいものではありません。

人が介在する可能性がない「システム to システム」のやり取りであれば XML だけでも問題ありませんが、人が介在する可能性がある場合は、XML だけではなく、CSV という選択肢も併存させることになるでしょう。

たとえば、税務申告の場面において、一部の書類は XML だけでなく、CSV によるデータ送信も認められるようになったことからもわかります。

また、社内での閉じたシステム間のやり取りであれば、既に確立しているデータ交換のやり方を、あえて XML に変更するニーズもメリットもないでしょうから、当面は現状のやり方（CSV によるデータ交換）が継続すると思われます。

社内システム間において、数十万件、数万件のデータをやり取りするケースでは尚更、現状では CSV の方が優れていると言えます。

一方で、社内システムのデータを外部とやり取りする機会が増えてきたときには、今後、社内のやり取りも XML によるデータ交換に移行した方がよいのか検討する必要が出てくるでしょう。

その際は、データ容量やシステム負荷のデメリットと比較して、それでも XML に移行した方が有益なのかを検証することになります。

たとえば、「電子インボイス」の話はまさにそうです。

外部からの請求データを、仕入管理システム→会計システムへ受け渡し、その情報をもとに会計システムで作成した銀行振込データを、再度外部である全銀協システムへ受け渡しするという一連の流れです。

ここでは、社内システムのやり取りも XML で行った方がスムーズになります。

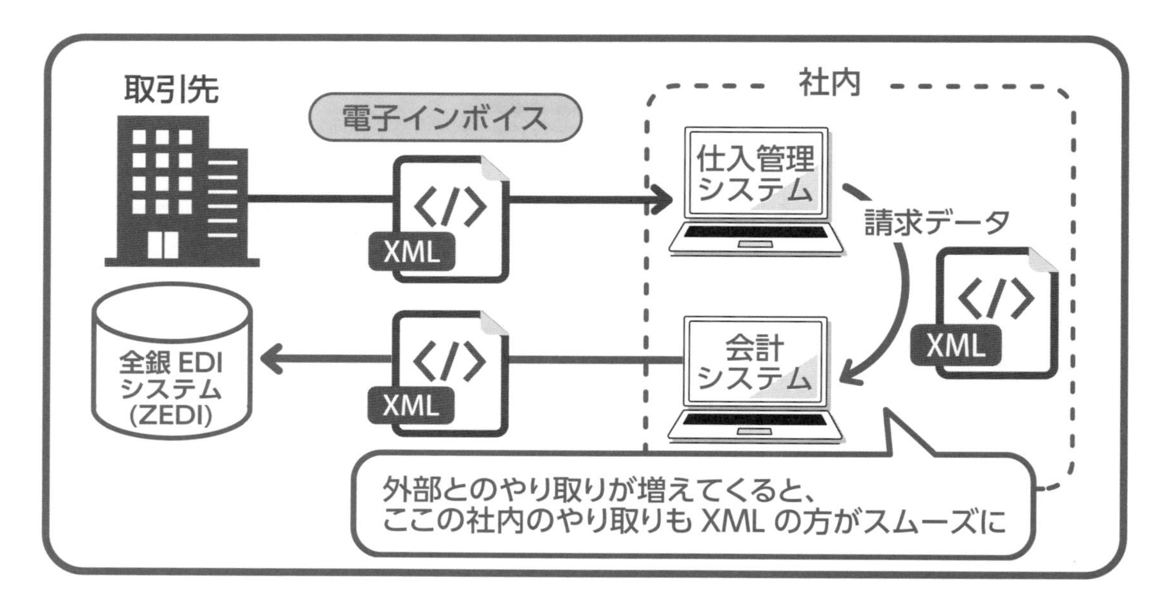

このように、社内システムにおいても、外部のシステムとのデータ交換が頻繁になってくると、社内におけるデータのやり取りも XML に切り替わっていく可能性はあります。

ただし、今のところ、社内における「データ交換」では、XML の弱みである「わかりにくさ」や「データ容量の大きさ」を無視できない場面が多いため、CSV がメインの形式として活用されています。

もちろん、全体的な流れとしてはXMLが主流になってきているのは確かですが、その場合でも、本書で見てきたような CSV の知識がムダになるわけではありません。CSV の知識をベースにして、XML の世界を見ることが可能だからです。

CSV を扱えるようにしつつ、今後は XML という主流もウォッチしていくようにしましょう。

第６章　まとめ
（CSV との比較で XML の理解を深める）

第６章では、電子取引などオープンなデータ交換の場面において主流になっている XML 形式について、CSV との比較で確認しました。

XML は、タグで囲んで項目を表すようになっているため、CSV のように並び順を固定しなくてもよいデータ構造になっています。

データの汎用性や変更への対応のしやすさなどから、昨今の金融 EDI や電子インボイスといった多くの企業間や広くやり取りされるようなデータ交換の場面では XML が採用されています。

ただし、「簡単には編集できない」、「データ容量が大きくなる」という弱みもあるため、この弱みが無視できない場面においては、今後も CSV が使われることが多くなると思われます。

もちろん、これからは、特に社外とのデータ交換においては、XML 形式によるやり取りが増えていくものと思われますが、その場合でも、CSV との比較で、その特徴を押さえることが重要です。

そういう意味では、本書で見てきたような CSV の知識がムダになるわけではありません。
むしろ、CSV を扱えるようにしつつ、そのデメリットなども理解した上で、XML 形式についての知識を少しずつ増やしていくのが大事になってきます。

著者紹介

上野 一也（うえの・かずや）

税理士・中小企業診断士。株式会社 経理がよくなる 代表／児玉上野税務会計事務所共同代表。
1976年生まれ。慶應義塾大学理工学部卒業後、ヤマハ株式会社へ入社。
情報システム部門に８年間勤務し、社内システムの設計・運用に携わる。
その後、会計事務所へ転職し現在に至る。税理士業務のほか、経理システムの改善、財務分析、経営計画の策定支援などを中心としたコンサルティング活動を実施。
経理社員のキャリアアップにも力を入れ、経理向けの研修を多数実施する。
経理関連の雑誌に記事を多数執筆。

〔主な著書〕

『30代からの仕事に使える「お金」の考え方』（共著：ちくま新書）

『３年で「経理のプロ」になる実践PDCA』（共著：日本実業出版社）

『会計データの価値を最大限引き出すExcel活用術』（清文社）

『改正電子帳簿保存法とインボイス制度対策のための経理ＤＸのトリセツ』
（共著：日本能率協会マネジメントセンター）

経理実務（けいりじつむ）がスマートになるCSVの“超（ちょう）”活用術（かつようじゅつ）

2023年12月5日　発行

著　者　上野（うえの） 一也（かずや）Ⓒ

発行者　小泉 定裕

発行所　株式会社 清文社

東京都文京区小石川１丁目３－25（小石川大国ビル）
〒112-0002　電話03(4332)1375　FAX 03(4332)1376
大阪市北区天神橋２丁目北２－６（大和南森町ビル）
〒530-0041　電話06(6135)4050　FAX 06(6135)4059
URL https://www.skattsei.co.jp/

印刷：大村印刷㈱

■著作権法により無断複写複製は禁止されています。落丁本・乱丁本はお取り替えします。
■本書の内容に関するお問い合わせは編集部までFAX（03-4332-1378）又はメール（edit-e@skattsei.co.jp）でお願いします。
■本書の追録情報等は、当社ホームページ（https://www.skattsei.co.jp/）をご覧ください。

ISBN978-4-433-74273-7